ローマクラブ『成長の限界』から半世紀

Come On!
目を覚まそう!

環 境 危 機 を 迎 え た 「 人 新 世 」 を ど う 生 き る か ?

エルンスト・フォン・ワイツゼッカー／アンダース・ワイクマン
[編著]

林 良嗣／野中ともよ
[監訳]

中村秀規
[訳者代表]

森杉雅史／柴原尚希／吉村皓一
[訳]

明石書店

ローマクラブ『成長の限界』から半世紀
Come On! 目を覚まそう!
──環境危機を迎えた「人新世」をどう生きるか?』

日本語版　はじめに

　まったく、大袈裟なんだから、この表紙!　と思いながらも、手にとってく
ださったあなたに、まず、感謝です。温暖化に始まって、異常気象、遂には環
境危機だって?……そうは言っても、地球は大丈夫なんでしょ、結局はね。と、
多くの私たちは、思っていました。答えは、はい「地球」は大丈夫。

　でも、私たち人類は、かなりマズイ状況です。しかも、多くの「いのち」あ
る生き物や植物たちを巻き込んで、絶滅させたり、存在の危機の輪を拡大して
います。

　「人新世」(The Anthropocene)?　耳慣れない言葉ですが、46 億年の地球誕生
からを目盛りに打つ、気の遠くなる単位の地質学の時間軸で捉えても、この
1950 年代からは、まったくそれ以前の時代(完新世 = 11,700 年前から)とは異な
る現象が地球上で起きていることがわかり、21 世紀に生まれた表現です。平
たく言えば、ヒトの営みによって、地球がそもそも持っている「地球エコシス
テム」そのものを破壊することも可能な時代に突入してしまった、ということ
です。

　1972 年、ローマクラブは「成長の限界」と題し、このままイケイケの経済
成長を目指すのは危険だ、と Problematique(問題群)を明確に示し、世界に警
鐘を鳴らしました。ただ、残念なことに、事態は改善されるどころか、問題群
は地球全体に広がりました。第 2 章にあるように、ローマクラブとしては、第
二代会長の A.King「1991 年:第一次地球革命」Resolutique(解決群)を発表、

003

それは92年リオ宣言の「Agenda21」を後押しし、SDGsへと繋がる動きを担ってきました。80年代には、日本の外務大臣も務め、ローマクラブの正会員でもあった大来佐武郎氏の尽力で、国連に、環境と開発に関するブルントラント委員会が設置され、そこから今日の「Sustainable Development」という概念も生み出されてきたのです。

　本書は、1968年に設立され、50周年を迎えたローマクラブが、あの警告から半世紀の間、いったい私たち人類は何を考え、何を求め、どんな行動をして、今日のような事態を招いてしまったのか？　35人の会員各々の専門分野の知見を結集し、その背景と原因分析の総括として、共同会長（当時）のエルンスト・フォン・ワイツゼッカー氏とアンダース・ワイクマン氏が編み上げたものです。現在、ドイツ語版、中国語版など各国語に翻訳されつつあります。

　お読みいただいている「あなた」の出身地はどちらですか？
　幼少時を過ごし、青春時を育んでくれた土地の影響は、私たち一人ひとりの人格にも大きな影響を与えてくれるものです。民族、国籍、宗教などなど。私たちを区別するモノサシや価値軸は様々ありますが、たった一つの共通点を見出せば、みんな「地球人」であること。「いのち」は一人一個。一度しか死ねません。この共通の価値こそ、これからの新しい「地球の価値軸」になるべきだ、と、私たちローマクラブ日本は考えます。

　本書の日本語訳を出版するにあたり、とりわけ、お読みいただく皆様と共有させていただきたい点は、いよいよ私たちの出番である、という点です。
　大変雑駁な表現で恐縮ですが、第二次大戦後の世界は「西洋化」することを一つの重要な価値軸にして「近代化」であったり、GDPを指標にした「経済大国」や「先進国」を目指し、各国が切磋琢磨してきたのだと思います。
　その結果としての、今日の環境破壊です。本書に詳しいこの状況を超え、新たな「方向性」を、どう志向していけばよいのか。
　これも大雑把で恐縮ですが、西洋化を支える「一神教」的な思想とは異なる、東洋的な「多神教」。日本で言えば「八百万の神々」を自然の中に見る力。こうした自然観に注目する時代だと思います。例えば「ヒトは生きているのでは

なく、生かされている存在でしかない」といった捉え方です。こうした、日本に繋がる「伝統知」に「最先端技術力」を編み込んでいく新しい編集力こそが、「幸福」な国創りや、惑星創りを可能にしていくのではないかと考えます。

　2019年、ローマクラブ日本が承認され、誕生しました。『Come On!　目を覚まそう！』をお読みいただき、ローマクラブ日本と共に、新たな日本のプラットフォームを、アジアやパシフィック地域にまで広げていく活動に同志としてご参加くださる方々をお待ちしています。

2019年12月
林　良嗣
野中ともよ

はしがき

　1968 年の創設以来、ローマクラブに対する報告書は 40 以上になります。最初の報告書である『成長の限界』は、ローマクラブ、そしてその報告書の著者たちを世界的な注目の下に送り出しました。その報告書は、現在わたしたちが人間のエコロジカル・フットプリントと呼ぶところの、継続する成長がもたらす長期的影響に関して、まだほとんど気付いていなかった世界に衝撃を与えました。ローマクラブの創設者であり当時会長であったアウレリオ・ペッチェイは、彼が人類の苦しみと呼んだ、世界が直面する一連の課題に対処する責任を指摘しました。そして『成長の限界』の報告書によって、わたしたちは、これらの問題は、全て人類が有限の世界で、無限の成長を求める結果起きている事柄と結びついていることを学び、驚きました。マサチューセッツ工科大学の大胆で若いチームの主張は、もし現在の速度が弱まらずに成長が続けば、資源の減少と重大な汚染によって世界の仕組が究極的に崩壊するであろう、というものでした。

　確かに、こんにちの計算機モデルは 1972 年のチームが使用した World 3 モデルよりもずっと進歩しています。既にほとんど 50 年経過した期間の経済成長のいくつかの側面――技術革新など――は完全には考慮されていませんでした。しかし『成長の限界』の核心的主張は 1972 年当時と同様に、現在でも通用します。こんにちの世界は 1970 年代に予測されていた多くのチャレンジに直面しています。気候変動、肥沃な土壌の希少さ、そして大規模な種の絶滅。その上、地球上の社会状況はあまりに不満足なままであり、およそ 40 億人が非常に厳しい経済条件で暮らしているか、自然災害や戦争の脅威にさらされています。新たな推測によれば、5,000 万人以上の人々が毎年住んでいるところを離れ、移住することを強いられます。彼らはどこに行くことができるのでしょう。2017 年には、世界に既に 6,000 万人の難民がいるのです！

でも、同時に、近代社会は、『成長の限界』が持続可能な世界を創る上で重要とみなしたほとんどの変革に、資金提供をし実行できるだけの経済的富、科学的知識、そして技術的能力を獲得してきました。

わたしたちローマクラブ執行委員会は『成長の限界』の長所と主張、そしてまたローマクラブに対して執筆されたその他のとても価値ある報告書の長所と主張とを、感謝を持って尊重します。さらに、アウレリオ・ペッチェイの後継者としてローマクラブの会長となったアレクサンダー・キングが、1991年に大胆な一歩を踏み出し、『第一次地球革命』という著書を当時のローマクラブ事務局長であったバートランド・シュナイダーとともに出版したことを、わたしたちはよく覚えています。他の報告書と異なり、『第一次地球革命』はローマクラブ評議会（こんにちのローマクラブ執行委員会に相当する機関）によって作成された報告書として発表されました。キングとシュナイダーは、冷戦の終結によって平和で繁栄する世界がもたらされる、大きな新しい機会が訪れていると実感していました。この楽観的な本は、『成長の限界』ほどではありませんでしたが、ローマクラブを世界の関心の対象に引き戻しました。

そして、世界は再び今、重大な状況にあります。わたしたちは大胆で新たな出発を必要としています。しかし、今回は、世界の現状の思想的な根源を見ることが特に重要であると信じています。わたしたちは、現在世界で最も強力な駆動力である実利優先の利己主義という気風の正当性を疑うべきです。そしてわたしたちは、何年も前にローマクラブが特定した中心的課題である、深まりつつある価値観の危機に対処する、教皇フランシスコの取り組みを歓迎します。新しい啓蒙を行い、短期間のみを考慮する思考と行動の現在の習慣をひっくり返すときが来たとわたしたちは信じています。今後15年間で実施されるべき17個の持続可能な開発目標からなる2030アジェンダを2015年に策定した際の国際連合の強力な手法を、わたしたちは認めています。しかし、純粋に実利的な経済成長という破壊的な駆動力が抑えられない限り、今から15年後にわたしたちの地球の生態系がこんにちよりもさらにひどい状況に陥っているという恐れから逃れることはできません。

この観点から、ローマクラブ執行委員会は、こんにちの現実に立脚して人類の苦境に対処する新しい野心的な報告書を統括して作り上げた、現共同会長の取り組みを心から支援しています。

そして最後に、驚くべき書名の説明です。原題の "Come On" は英語でいくつか異なった意味を持っています。日常用語としては、しばしば "C'mon" と書かれ、「私を騙さないで」という意味で使われます。わたしたちは本書の第1章、第2章をこの意味でとらえています。わたしたちは、世界の状況に関する通常の説明と通常の解答に騙されたくありません。そのような説明と解答は物事を良くするのではなく、逆に悪化させるのみです。そしてわたしたちは古くなった思想にも、もう騙されたくありません。書名のもう一つの意味は完全に楽観的です。「来たれ、一緒にやろう！」これが、本書第3章の意味であり、わたしたちが現実的な解答のわくわくする旅であるとみなしている章です。明らかに、本書の構成は両方の意味から、しかし意図された順序で構成されています。（もちろん、"Come On" には、いささかみだらなものを含めてもっと他の意味がありますが、それらは本書とは関係ありません！）

2017年6月　ローマクラブ執行委員会

　スザンナ・チャコン、エンリコ・ジョバンニ、アレキサンダー・リコタール、ハンター・L・ロビンス、グレアム・マクストン、シーラ・マレイ、ロベルト・ペッチェイ、ヨルゲン・ランダース、レト・リンガー、ジョアン・ローザス・シコタ、エルンスト・フォン・ワイツゼッカー、アンダース・ワイクマン、及びリカルド・ディエス・ホッホライトナー（名誉委員）

要旨

　人間が支配する世界は、今なお全ての人にとって繁栄する未来を持つことができます。このためには、わたしたちの地球を破壊し続けないことが必要です。わたしたちはこれが可能であると固く信じていますが、適切に行動するのを先延ばしにすればするほど、目的を達成するのがどんどん難しくなります。現在の動向は全く持続可能でありません。これまでどおりの成長を続ければ自然界のプラネタリー・バウンダリー（惑星の限界）と大衝突を起こします。金融制度の指令を受け、投機に誘惑されている経済は、富と所得の格差を広げることになりがちです。

　環境的理由のみならず、抗しがたい社会的経済的理由によって、世界人口は一刻も早く安定化されなければなりません。多くの人々が混乱と不確実のもとにある世界を目撃しています。深刻な社会的不平等、機能しない政府、戦争と内戦、失業、そして大量移民が何億人もの人々を不安と絶望の状態に陥れてきました。

　国際連合は、これらの挑戦に応じるために 2030 年までに達成する 17 個の持続可能な開発目標を含む『2030 アジェンダ』を全会一致で採択しました。しかし、アジェンダの 11 個の社会経済目標を成功裏に実行できたとすると、気候を安定化させ、海洋を再生し、そして生物多様性損失を止めるという 3 つの環境目標を達成できなくなってしまう可能性があります。こうした事態を避ける唯一の方法は、こんにちの分野別のやり方に基づいた構造を離れ、統合されたやり方を政策立案に採用することです。

　本書の第 1 章は、「人新世」——生物地球化学的組成を含めてこの地球のあらゆる側面を人間が支配するようになった時代——と呼ばれるようになったわたしたちの時代の持続不可能な動向について診断を提供します。「全ての人にとって繁栄する未来」がやって来るには、経済的福利厚生を、とりわけ農業に

おいて自然資源が破壊されることと大気が汚染されることから切り離さなければなりません。本書は、地球全体に影響する全ての事柄に関して、完全な国家主権を主張することの正当性が疑問に付されるべきであることを示唆します。

　第2章は、教皇フランシスコのカトリック教会司教宛文書である回勅『ラウダート・シ』（あなたはたたえられますように、の意）を皮切りに、こんにちの社会における基本的な思想的危機を示し、より深い分析を行います。こんにちの宗教と共通信念、そしてわたしたちの経済システムの基盤は、ハーマン・デイリーが言った「空っぽの世界」（地球のキャパシティに対して人類の数がうんと少ない世界）の時代に由来するものであり、わたしたちの現在の「いっぱいの世界」（人類の数が地球のキャパシティいっぱいになってしまった世界）にはふさわしくありません。わたしたちの知る、短期的利潤極大化に焦点を当てた資本主義は、間違った方向に——ますます不安定化する気候と劣化した生態系に——わたしたちを連れて行きます。わたしたちがこんにち有しているあらゆる知識にもかかわらず、わたしたちは進行方向を変えることができず、文字通り地球を破壊に導いています。最終的に、第2章は「いっぱいの世界」にふさわしく、**持続可能な**発展に適した新しい啓蒙の必要性を示唆します。その啓蒙は、教条ではなく、**バランス**という様々な徳を包含するものです。わたしたちは明示的に人間と自然、短期と長期、そして公的利益と私的利益の間のバランスについて言及します。第2章は本書の中で最も革新的な部分であるとみなせます。

　地球の劣化した自然の仕組みは、全ての人類文明が新しい啓蒙の長い過程を終えるまで待つことができるでしょうか。いいえ、第3章が説明します。わたしたちは今すぐ行動を起こすべきです。これは完全に実行可能です。わたしたちは楽観的な既に存在するさまざまな機会の一覧をやや雑多に示しています。分散化されたクリーンエネルギー、あらゆる種類の国における持続可能な仕事、そして人間の福利厚生の、化石燃料、基本物資、そして希少鉱物の利用からの大幅な分離です。金融制度に関するものを含めた実際的な政策が特筆されています。企業行動の枠組みを与える条件は持続可能な技術を真に利潤追求可能にしなければなりませんし、投資家に長期的な解答を支援させるよう促すものでなければなりません。

　最後に、読者と論者に対して、持続可能な世界という社会づくりのたくさんの可能な方法に参画するよう招待して、本書を終えます。

謝辞

　本報告書は多くの方々が貢献してできた本です。わたしたち筆頭著者は、以下の方々から受け取った素晴らしい草稿に関して大いなる感謝を申し上げます。ノラ・ベイトソン（2.7 節の一部）、マリアナ・ボゼサン（3.13 節）、リ・ヘン・チェン（3.17 節）、ハーマン・デイリー（1.12 節、2.6.2 節）、ラーズ・エンゲルハルト（3.13 節の一部）、ハービー・ジラルデット（1.7.2 節、3.6 節）、マヤ・ゲーペル（1.1 節、3 つの章をつなぐ節）、ガリー・ジェイコブズとエイトール・グルグリーノ・デ・ソウザ（2.8 節、3.18 節）、フォルカー・イェーガーとクリスチャン・フェルバー（3.12.4 節）、カールソン・"チャーリー"・ハーグローブス（3.9 節）、林良嗣（3.6.3 節）、ハンス・ヘーレン（1.8 節、3.5 節）、ケリン・ヒッグス（1.9 節、3.11 節、その他のいくつかの部分）、アショク・コースラ（3.2 節）、ゲルハルト・ニース（3.16.3 節）、デイヴィッド・コーテン（2.2 節）、デイヴィッド・クリーガー（1.6.2 節）、イダ・カビスゼウスキーとロバート・コスタンザ（3.14 節、1.12 節の一部）、ペトラ・キュンケル（3.15 節）、ウルリッヒ・レーニング（2.6 節、2.7 節に対する本質的コメント）、ハンター・ロビンス（3.1 節、及び 1.6 節と 3.4 節の一部）、グレアム・マクストン（2.5 節、3.12.2 節）ギュンター・パウリ（3.3 節）、ロベルト・ペッチェイ（はしがき、第 1 章、構成）、ヨルゲン・ランダース（2.5 節、3.12.2 節）、ケイト・ラワース（3.12.1 節）、アルフレッド・リッター（3.5 節の一部）、ジョアン・ローザス・シコタ（1.1.2 節と 3.11 節に対する本質的コメント）、アグニ・バラヴィアノス・アルバニティス（3.6 節の一部）、そしてマティス・ワケナゲル（1.10 節の一部）。全ての場合において、わたしたち著者は本書を内容と表現に関して一貫したものとするために修正を施しました。しかしこれらの貴重な貢献なしには、わたしたちはどうしてよいかわからなかったでしょう。

　ケリン・ヒッグス、マンフェラ・ランフェール、ヨルゲン・ランダース、ア

レキサンダー・リコタール、ウルリッヒ・レーニング、デイヴィッド・コーテン、アイリーン・シェーン、マティス・ワケナゲル、そしてジェイコブ・フォン・ワイツゼッカーは原稿の全てか少なくとも重要な部分について目を通すという面倒な作業を引き受け、わたしたちが弱点と欠落部分を見つけるのを大いに助けてくれました。スザンナ・チャコンとピーター・ヴィクターは2016年5月の書籍準備会合で大変重要なコメントを口頭で下さいました。ヴェレナ・ヘルムリングマイヤーは執筆過程の全てに付き添い、主要な文章を構成するのを支援してくれました。ハンス・クレッチマーは図版の質を管理し、必要に応じてそれらの出版許可を得てくれました。

終盤にかけて、わたしたちは本書全体に関する主たる言語編集者をホリー・ドレッセルにお願いしました。彼女は結局言語編集者以上のことをやってくれました。文章をより読みやすく魅力的にし、新たな語句を提案し、そしてよい参考文献を見つけ出してくれることで、彼女は真の貢献者となりました。

著者として、本書を執筆するにあたりわたしたちに寄り添い、激励してくれましたローマクラブ執行委員会の委員の皆様に心より感謝いたします。

ローマクラブメンバーであるアルフレッド・リッターに対しては、この野心的な執筆作業という取り組みを支え、多くの部分について財政的に支援してくださったことに対しても深く感謝いたします。ロバート・ボッシュ財団からの追加的な財政支援に対しても感謝申し上げます。

ドイツ・エメンディンゲン、およびスウェーデン・ストックホルム
2017年6月
エルンスト・フォン・ワイツゼッカー、およびアンダース・ワイクマン、
ローマクラブ共同会長

Come On!　目を覚まそう!

*
目次

日本語版　はじめに　003
はしがき　007
要旨　011
謝辞　013

第1章
人類の今の歩みが持続可能だなんて言わないでください！

1.1　はじめに：混乱の中にある世界 ……………………………… 021

1.1.1　さまざまな危機と無力感／ 1.1.2　金融化：混乱現象／
1.1.3　「空っぽの世界」と「いっぱいの世界」

1.2　『成長の限界』──その主張はどれだけ妥当だったのか？ ………… 036

1.3　プラネタリー・バウンダリー ……………………………… 040

1.4　人新世 …………………………………………………………… 042

1.5　気候変動 ………………………………………………………… 044

1.5.1　わたしたちには「一点集中計画」が必要だ／ 1.5.2　超過分をどうす
るか／ 1.5.3　マーシャルプラン？／ 1.5.4　人類は既に気候目標を達成する
機会を逃してしまったのか

1.6　その他目の前に立ちふさがる災厄 ……………………… 051

1.6.1　技術的な未知と既知である脅威／ 1.6.2　核兵器──忘れられた脅威

1.7　持続可能でない人口増大と都市化 ……………………… 058

1.7.1　人口動態／ 1.7.2　都市化

1.8　持続可能でない食と農の仕組み ………………………… 065

1.9　貿易対環境 …………………………………………………… 069

1.10　持続可能な開発のための 2030 アジェンダ
　　──悪魔は実行に宿る ……………………………………… 073

1.11　わたしたちは揺さぶられるのが好き？　デジタル革命の例 …… 081

1.11.1 揺さぶりをかける技術──新たな誇大広告／ 1.11.2　デジタル化は
現代の流行語／ 1.11.3　恐るべき「特異点」と「指数関数型技術」／
1.11.4　仕事

1.12 「空っぽの世界」から「いっぱいの世界」へ……………089

　1.12.1 物理的成長の影響／1.12.2　GDP のあやまり──無視される物理
　的影響／1.12.3　GDP のあやまり再び──費用をあたかも便益であるかのよ
　うに扱う

第 1 章と第 2 章との関係……………097

第2章
合わなくなった世界観にしがみつかないで！

2.1 ラウダート・シ──教皇が声を上げている……………107

2.2 物語を変えよ、未来を変えよ……………112

2.3 1991 年：「第一次地球革命」……………114

2.4 資本主義の思い上がり……………115

2.5 市場原理の失敗……………118

2.6 市場原理の理念的な誤り……………124

　2.6.1 アダム・スミス、予言者、道徳家、啓蒙者／2.6.2　デイヴィッド・リ
　カード、資本移動、そして比較優位 vs 絶対優位／2.6.3　チャールズ・ダー
　ウィンは地球規模貿易でなく局地的競争を意図していた／2.6.4 対照を減らす

2.7 還元主義思想は浅く不充分である……………136

　2.7.1 還元主義思想／2.7.2　技術の誤用

2.8 理論、教育、そして社会的現実の間にある相違……………144

2.9 寛容と長期的な視野……………147

2.10 わたしたちには新たな啓蒙が必要かもしれない……………148

　2.10.1 合理主義の再生でない、新たな啓蒙／2.10.2　陰と陽／
　2.10.3　排除でなく、バランスという思想

第 2 章と第 3 章との関係……………156

第3章
さあ！　持続可能な世界を目指すわくわくするような旅に参加しよう！

3.1　再生力のある経済‥‥‥‥‥‥‥‥‥‥‥‥‥‥‥‥‥‥‥‥‥‥‥161

3.1.1　新たな物語／3.1.2　自然資本主義：変化の物語／3.1.3　すべてを再設計する／3.1.4　再生の管理

3.2　ディベロップメント・オルタナティブズ‥‥‥‥‥‥‥‥‥‥‥‥‥171

3.3　ブルー・エコノミー‥‥‥‥‥‥‥‥‥‥‥‥‥‥‥‥‥‥‥‥‥‥177

3.3.1　中核的原則／3.3.2　コーヒー化学と食用キノコ／3.3.3　サルデーニャでのバイオリファイナリーとアザミの設計／3.3.4　三次元海洋養殖と気泡による釣り

3.4　分散型エネルギー‥‥‥‥‥‥‥‥‥‥‥‥‥‥‥‥‥‥‥‥‥‥182

3.5　農業に関するいくつかの成功事例‥‥‥‥‥‥‥‥‥‥‥‥‥‥‥190

3.5.1　持続可能な農業政策の一般方針／3.5.2　途上国における持続可能な農業／3.5.3　先進国の貢献

3.6　再生都市化：エコポリス‥‥‥‥‥‥‥‥‥‥‥‥‥‥‥‥‥‥‥195

3.6.1　エコポリス：循環資源フロー／3.6.2　再生都市／3.6.3　都市と自然災害／3.6.4　アデレード／3.6.5　コペンハーゲン

3.7　気候──いくつかの良い報せと更なる挑戦‥‥‥‥‥‥‥‥‥‥‥203

3.7.1　良い報せ／3.7.2　歴史的債務への対処と「炭素予算」法／3.7.3　二酸化炭素排出の価格付け／3.7.4　「戦後経済」体制で地球温暖化と闘う

3.8　サーキュラー・エコノミーは新たな経済論理を必要とする‥‥‥‥213

3.8.1　経済の仕組が変わらなければならない／3.8.2　サーキュラー・エコノミーへ移行する社会的便益

3.9　5倍の資源生産性‥‥‥‥‥‥‥‥‥‥‥‥‥‥‥‥‥‥‥‥‥‥218

3.9.1　運輸／3.9.2　資源効率的な建物／3.9.3　農場での水の効率的利用

3.10　健全な揺さぶり‥‥‥‥‥‥‥‥‥‥‥‥‥‥‥‥‥‥‥‥‥‥‥224

3.10.1　情報技術を歓迎する30年／3.10.2　「良い揺さぶり」／3.10.3　そして、ここで衝撃的提言：情報税

3.11　金融界の改革‥‥‥‥‥‥‥‥‥‥‥‥‥‥‥‥‥‥‥‥‥‥‥229

3.11.1　商業銀行と投資銀行の分離／ 3.11.2　負債の取り扱い／
3.11.3　貨幣創造の制御：シカゴプラン／ 3.11.4　国際通貨取引税／
3.11.5　透明性の強化／ 3.11.6　独立規制者／ 3.11.7　富裕層への課税
と税の徴収／ 3.11.8　「ビッグ4」監査法人を監督する

3.12　経済制度の改革 237

3.12.1　「ドーナツ経済学」／ 3.12.2　多数派の支持が得られる可能性のあ
る改革／ 3.12.3　グリーン転換をもっと収益が上がるものへ／ 3.12.4　共
通善のための経済

3.13　良質な投資 249

3.13.1　ウォール街から慈善事業まで／ 3.13.2　現在進行中の構造変化／
3.13.3　インパクト投資／ 3.13.4　主流となることが鍵／ 3.13.5　グリーン
ボンド、クラウドファンディング、フィンテック

3.14　GDP 以外で幸福度の評価を 261

3.14.1　新たな指標への近年の研究／ 3.14.2　GDP と GPI との乖離／
3.14.3　ハイブリッドアプローチに向けて

3.15　市民社会、社会関係資本、そして共同のリーダーシップ..........268

3.15.1　公的な会話：市民集会の概念／ 3.15.2　社会関係資本の創出：
多様な利害関係者による協力／ 3.15.3　共同のリーダーシップの事例：
コーヒーコミュニティによる共通行動規範

3.16　グローバルガバナンス 276

3.16.1　序論：国連システムと未来志向の考え／ 3.16.2　個別の仕事／
3.16.3　COHAB：国民国家による共生状態

3.17　国家レベルの行動：中国とブータン 284

3.17.1　中国とその第十三次五ヵ年計画／ 3.17.2　ブータン：国民総幸福
量指標

3.18　持続可能な文明に向けての教育 291

結論──わたしたちと一緒に始めよう！　305
本書に対する称賛の声　307
索引　311

凡例

1．本 書 は、Ernst von Weizsäcker, Anders Wijkman, *Come On! Capitalism, Short-termism, Population and the Destruction of the Planet*, New York: Springer 2018 の全訳である。

2．本文中の原注は（　　）で、訳注は［　　］で表示した。

3．原文におけるイタリック体はゴシック体で表示した。ただし、書名の場合は『　』を付して表示した。

4．ローマ教皇フランシスコの 2015 年回勅からの引用個所は、日本語訳（2016）『回勅ラウダート・シ──ともに暮らす家を大切に』（瀬本正之、吉川まみ訳、カトリック中央協議会）の訳によった。

5．聖書に含まれる文章の日本語訳は新共同訳（日本聖書協会）によった。

第1章

人類の今の歩みが持続可能だなんて言わないでください！

1.1 はじめに：混乱の中にある世界

わたしたちは皆、世界が危機の中にあることを知ってはいます。科学はしっかりとわたしたちに教えています。地上の表層土のほぼ半分が最近150年間で失われています[1]。漁業資源の90%近くが過剰に採取されているか、もう採りつくされているものも[2]。気候変動はもはや危機的状況です（1.5節と3.7節を参照）。そして地球は、歴史上6度目の大量絶滅の時期にあるという報告もあるほどです[3]。

おそらく生態学的な状況に関して最も正確な説明がなされているのは、2012年の共同論文「環境と開発への課題：緊急に成すべき行動」[4]でしょう。これは、グロ・ハルレム・ブルントラント、ジェームズ・ハンセン、エイモリー・ロビンズ、ジェームズ・ラブロック、そしてスーザン・ソロモンら、地球環境保全

1　Arsenault (2014).

2　FAO (2016).

3　Kolbert (2014).

4　Blue Planet Prize Laureates (2012).

に関するブループラネット賞の（2012年までの）18名の受賞者全員によって立ち上げられました。鍵となるメッセージは次のようなものです。「人類の活動能力は理解能力をはるかに凌駕しています。その結果、過剰人口、富める者の過剰消費、環境破壊技術の使用、そして根源的不平等によって引き起こされる、これまでに経験したことのない暴風雨のような問題群に文明は直面しているのです。物質的な経済発展は永遠に続くのだ、という根拠のない信念にとり憑かれた国際社会は、急速に悪化していく生物的物理的システム環境の姿というものをほとんど認識していないのです」

1.1.1　さまざまな危機と無力感

　危機は周期的に繰り返すだけでなく、むしろ増長しています。これは、わたしたちをとりまく自然に限ったことではありません。社会的危機、政治的文化的危機、倫理的危機、そして民主主義、イデオロギー、資本主義体系の危機をも巻きこんで進んでいくのです。多くの国々において深まる貧困や、世界人口の相当な部分における失業ももちろん含まれます。数十億の人びとの心は、もう自分たちの政府を信用しないというところまで到達しています[5]。

　地理的な視点からは、危機の徴候は世界のほぼあらゆるところに見出せます。「アラブの春」の後には一連の戦争と内戦、ひどい人権侵害と何百万人もの難民が続きました。エリトリア、南スーダン、ソマリア、イエメン、あるいはホンジュラスの国内状態も同じ。ベネズエラとアルゼンチンは、かつて世界の富める側の国でしたが、大変な経済危機に直面しています。隣国のブラジルは何年もの景気後退、政治的混乱を経験しています。ロシアといくつかの東欧諸国は共産主義後の時代において重大な経済的政治的問題に苦しんでいます。日本は十年越しの経済停滞を克服したかにみえた矢先に、2011年の津波とそれにより破壊された原子力発電所によるその後の放射能災害への対処に困難を覚えています。そしていくつかのアフリカ諸国が享受した一時的経済成長は、鉱物資源価格が暴落するや否や、またいくつかの国における稀に見る激しい干ばつ

5　信頼度調査エデルマン・トラストバロメーター2017によれば28ヵ国の人口の53%は彼らの統治制度が失敗していると信じています。15%のみが、制度は機能しているとみなしています。

022

第1章　人類の今の歩みが持続可能だなんて言わないでください！

のせいで、力強さを失いました。国内外の企業、政府、個人による大規模な土地の争奪は、多くのアフリカ諸国とその他の国々を苦しめて、数百万の人びとが移住を強いられ難民となり、次々と連動する国々で様々な問題を引き起こしています[6]。

　政府による反応は、最悪の場合には自分たち自身の政治的イメージを維持することにのみ注がれ、良くても危機の原因でなく症状に対処することに終始してきました。根本的な問題は、世界の政治の舞台が、投資家と力のある民間企業に強力に影響されているという事実です。

　このことは、現在の危機が地球規模の資本主義の危機であることをも示しています。1980年代以降、資本主義は、国、地域、そして世界を経済発展させて利潤を最大化させる役割から、投機による大規模利益目的へと移行してしまいました。加えて、英米語圏において1980年以降、そして世界的には1990年以降、その資本主義は金融資本主義へと大きくエネルギーの中心を変えてきたのです。この潮流は過剰なまでの規制撤廃と経済自由化によってもたらされました（2.4節参照）。「株主価値」という用語が、今やあらゆる経済行為の新たな目的かつ指針であるかのように、世界中のメディアのビジネス欄に躍り出ました。現実には、この用語によってビジネスは短期利益追求へと狭められ、しばしば社会的な価値、生態系の価値を犠牲にすることとなりました。「株主価値」という神話は、リン・スタウトの最近の著書によって見事にその正体が暴かれています[7]。

　危機と同時に「混乱」のもう一つの特徴は、しばしばポピュリズムと呼ばれる、OECD諸国におけるグローバリゼーションに反対する攻撃的な、大抵は右派の運動の興隆です。これらは英国の欧州連合離脱や米国大統領選挙におけるトランプ大統領の勝利を通じて明白になりました。ファリード・ザカリアは次のように見ています。「トランプ現象は、西洋世界に広がっている幅広いポピュリズムの盛り上がりの一部である。……多くの国々では、力は強まっているものの、ポピュリズムは反体制運動にとどまっている。しかし一部の国々では、ハンガリーのように、今や支配的なイデオロギーである」[8]

6　Liberti (2013).

7　Stout (2012).

8　Zacharia (2016).

023

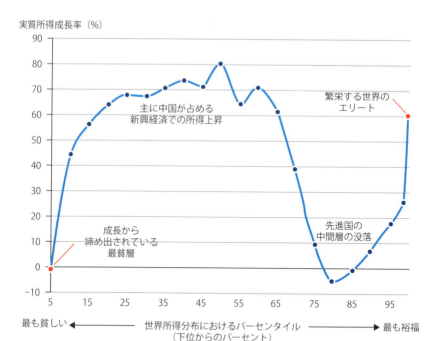

出典：The American Prospect、ブランコ・ミラノビッチ提供データを使用

図1.1 最貧困層から最富裕層までの21の所得階層における1988年から2008年までの世界所得成長率。曲線は象の形に似ており、「エレファントカーブ」と呼ばれている（出典：http://prospect.org/article/worlds-inequality）

　この右派ポピュリズム現象は、20年間にわたる**先進国**中間層の没落を示している「エレファントカーブの鼻の谷間」（図1.1）[9]によって、ある程度説明できます。世界人口の半分以上は60％を超える所得の上昇を享受していましたが、OECD諸国の中間層は米国、英国、その他の国々の多くの地域で起こった脱工業化と雇用喪失が主な理由となった所得低落に苦しみました。米国では1979年以来、所得中央値は誠に不充分と言わざるを得ない1.2％しか増加していません。

---

[9] Branko Milanovic. 2016,
https://milescorak.com/2016/05/18/the-winners-and-losers-of-globalization-branko-milanovics-new-book-on-inequality-answers-two-important-questions/

第 1 章　人類の今の歩みが持続可能だなんて言わないでください！

　およそ 20 億人を貧困から救い出した、カーブの左半分の驚くべき所得上昇、
「象の背中」は、主に中国やその他いくつかの国々の経済的成功によってもたら
されました。図で見えないのは「象の鼻」の一番端です。2017 年の世界経済
フォーラムでオックスファムによって公表された数字によれば、世界で最も富
裕な 1%、そしてもっと嫌なことには、世界で最も富める 8 人が、世界人口の貧
しい側半数を合わせた人々の富と同じだけの富を保有しているという事実です[10]。

　ただ、「エレファントカーブ」からは、ポピュリズム現象の出現に対する二
番目の理由（所得以外の貧困）については、明確なことはよみとれません。オッ
クスフォード貧困・人間開発イニシアティブ（OPHI）は、単なる所得を超え
て、健康、教育、そして生活水準に関する 10 の指標を含む多次元貧困指数
（MPI）を提案しています。その MPI を用いて、OPHI は 2016 年に 16 億人が
「多次元貧困」のうちに生きていると説明しています――所得のみで計測した
場合の極度の貧困のもとに生きている人びとの数の **2 倍**近い数です[11]。

　三番目に、カーブを解釈する際には各パーセンタイルの階層内部の人々を分
析する必要があります。実際、彼らは階層間を移動する傾向があります。そし
てカーブは、1990 年以降に所得の多くを失ったロシアや東欧諸国の人びとと、
全く別の理由によってやはり敗者に含まれる米国デトロイトや中部イングラン
ドの人びととを区別できません[12]。製造業と貿易部門から金融部門への資金と
所得の大量の移動というもう一つの事実も、この図からは見出すことはできま
せん[13]。

　米国レーガン政権とブッシュ政権の双方の上級政策顧問だったブルース・
バートレットは、この経済の「金融化」が所得不平等、賃金低下、そして業績
悪化の原因であると論じています。レーガン政権における行政管理予算局長
だったデイヴィッド・ストックマンは、わたしたちの今日の状況を「1970 年

10　https://www.oxfam.org. 2017-01-16. たった 8 人が世界の半分と同じ富を所有する。調
　査の題目は「99% のための経済」。データは『クレディ・スイス グローバル・ウェ
　ルス・データブック 2016』に基づいています。Jamaldeen (2016) も参照のこと。

11　OPHI (2017). Dugarova and Gülasan (2017) も参照のこと。

12　更なる詳細については Corlett (2016) を参照のこと。

13　Greenwood and Scharfstein (2013). 著者らは 1980 年には金融部門で働く人びとはその
　他の産業で働く人びとと同じだけ稼いでいたが、2006 年までには 70% 以上稼ぐよう
　になったと述べています。

025

代以降、経済を巨大なカジノに変えた腐敗的金融化」と捉えて、この考えに同意しています[14]。

OECD諸国の大衆迎合政治家は、彼ら自身が忘れられた「普通の」人びとを代弁し、真の愛国主義の為に語っていると思っています。しかし、彼らは**民主的な**制度を代表する人びとと戦い、敵対する傾向にあります――何という皮肉でしょう！

欧州連合にとってポピュリズムの最強の引き金は、近東、アフガニスタン、そしてアフリカから欧州へやってきた、または来たいと思っている数百万人の難民でした。最も寛容な欧州諸国においても、想定していた受入上限に達しました。難民に対して欧州連合の諸制度はあまりに弱かったため（ネオ・ナショナリストが言うように強力すぎて、ではありません）「難民の危機」に対処することができず、結果として欧州連合内のアイデンティティの危機をもたらしています。欧州連合は、その統合のための物語――平和と経済発展を保証する政体というかつての成功物語――のいくばくかを失いました。大衆迎合的な右派の運動や政党は、欧州連合をあらゆる種類の望まない出来事の犯人であるとみなして批判します。皮肉なことに、このストーリーを成功させようとするならば、逆に、より少なくではなくより多くの欧州連合の力が必要になるのです。難民危機に対処し、欧州域内でのパスポート検査なしの国境通過を認めたシェンゲン協定の長所を維持するために、欧州連合には国境警備、十分に資金措置された共通収容所、そして難民政策の権限が与えられるべきです。そして通貨ユーロの再安定化のために、新たなフランス大統領のエマニュエル・マクロンが提案しているように、欧州連合か、少なくともユーロ通貨圏は共通財政政策を必要としています。しかし、これらの諸点こそ、ナショナリスト大衆迎合政治家が最も怖れる施策なのです。

現在の形態の欧州連合に欠点がないわけではありません。自由市場主義原則が欧州連合の政策形成を支配するようになり、環境政策をはじめ多くの政策もその従属の下に置きました。とりわけ英国はその優先順位を望みました。というのも、欧州連合を主に相互貿易のための連合としてとらえることを好んだからです。そして経済的弱者にとって過酷な政策が追求され、多くの適切な投資

---

14 Bartlett (2013). Stockman (2013).

が阻まれ、何千万人もの欧州人が不必要な苦しみを味わいました。しかし、こうした欠点は、欧州連合の全体目的——平和のための連合、法の支配、人権、文化的理解、そして持続可能性——をあいまいにしてしまうようなものであってはなりません。

　民主主義の地球規模の危機に対処するため、ドイツ・ベルテルスマン財団は、ベルテルスマン改革指標（BTI）を使って測定した、民主主義の進捗（またはその不在）と社会的市場経済に関する 3,000 ページに及ぶ実証的報告書を出版しました[15]。報告書は、過去数年にわたって、市民の権利、自由で公正な選挙、意見表明と報道の自由、集会の自由、そして権力分立といった指標が一貫して低下していることを示しています。同時期に、主に宗教的な権威主義的教条が、政治的意思決定に影響している国の数は 22% から 33% に増加したと述べています。その報告書は、2016 年夏にトルコやフィリピンで起きた民主主義と市民の権利への攻撃以前に出版されました。政治的圧制の徴候は拡がっており、自由と民主主義のしっかりとした伝統を有するいくつかの国々でもそのような徴候が見られるようになっています[16]。

　異なる種類の危機についても少し見てみましょう。それは、厳密には危機そのものではなく、危機をもたらさない限りは、実りある意思疎通の道具、「ソーシャルメディア」の不快な特徴のことです。ソーシャルメディアは、毎日の手配や、ニュース並びにまっとうな意見のやりとりには実に役立ちます。でも同時に、人々の対立とほとんど無実の個人に対する中傷を拡大したり、「ポスト・トゥルース［真実の終焉、事実よりも事実でないが故にもっと感情に訴えるものが影響を持つ状況］」の不合理を広げる装置にもなってきました。考え方が似ていて鬱屈した市民同士のつながりにとっては「エコー・チェンバー［こだまする部屋、自己意見の増幅器］」としてとても機能するため、ソーシャルメディアの政治的会話のほとんどの内容は、自己増幅する政治的なたわごとと言っていいでしょう[17]。中国での実証研究によれば、怒りや憤慨はソーシャル

15　ベルテルスマン財団。2016 年。（統括執筆者：サビヌ・ドネル）政治的社会的圧力が世界中で高まっています。主要要旨。ベルテルスマン財団の改革指標。ギューターズロー。

16　Snyder (2017).

17　Quattrociocchi et al. (2016).

メディアで最も伝染しやすい感情で、他の感情よりも数倍速く、そして強くなります[18]。

インターネットとソーシャルメディアは、伝達内容を混乱させたり破壊したり、不合理を倍加させたり、あらゆる種類の災いの種を創り出したりできる「ボット」［ロボットの短縮形］の乗り物にもなります。さまざまな種類の悪意あるボット（そしてボットネット［インターネット経由で操作されるコンピューター群］）があり、メールアドレスを盗んだり、ウェブサイトの内容を取得して許可なく再利用したり、コンピューター・ウィルスやワーム［虫、悪質なウィルス］を拡散させたり、娯楽イベントのいい席を買い占めたり、多くのユーチューブ動画を観たり、あるいは広告主からお金をもらうために閲覧数を増やしたりしています。

もっと恐ろしい混乱の要因はテロリズムに関係しています。初期には、人類の暴力的紛争はたいてい異なった国々の間で起きました。最近では、国境というくくりをこえ、少なくとも部分的には宗教が関わる紛争が広がり、人々を不安に感じさせるという明確な意図を持ってテロ攻撃が行われています。20世紀のほとんどの期間、宗教は大人しく、非攻撃的で、そして地理的にはどちらかといえば安定な領域に制限されてきました。でももはやこれは過去のこと。部分的にはグローバル化した市民となった人びとが移住したり母国を追われたりしたために、イスラム教のいくつかの宗派は地理的に拡がりました。例えば、宗教が政治を支配することを認めない伝統を持つフランスのような国々を攻撃して、国民国家への強い影響力を持つことを主張しています。

宗教の肯定的な役割については、メディアであまり取り上げられていない傾向にありますが、キリスト教が支配的な欧州では、啓蒙主義によって一世紀以上も、以前のような教条的、権威的、そして植民地支配・伝道主義的な信仰の表明は信用が置けないという認識が拡がり、自由で寛容な宗教という姿は欧州の固有価値の一部となりました。冷戦の間は、社会的結合というキリスト教的目標が、しばしば社会福祉国家、あるいは「社会的市場経済」と記述される「西洋的価値」の体系を構築するのに役立ちました（社会的市場経済の部分的な死については2.4節参照）。

18　Fan et al. (2014).

第1章 人類の今の歩みが持続可能だなんて言わないでください！

イスラム教をキリスト教同様に、温和で協力的な社会的役割を持つ宗教へと導く見方を提示して、シリア生まれのバッサム・ティビなどの何人かのイスラム教学者は、欧州にいるイスラム教徒に対して民主的社会に自分たちを統合するよう呼びかけています[19]。しかし、ティビは、穏やかな表現で言うと、急進的イスラム教徒の間で人気がありません。それでもイスラム教の急進化を理解するには、西洋、とりわけ米国による近東諸国への介入が果たす役割を過小評価すべきではありません。

これまで述べてきたような問題含みの状況や報道の見出しに繰り返される話題は、わたしたちの世界の「混乱」の表面にすぎないという人もいるでしょう。より深く、より全体的な問題の一端は、と考えれば、あまりに容易に制御不能になるかもしれないテクノロジーの発達があげられます。その速さは息を呑むほどです。一つの潮流は、数百万人の職を潜在的に危機に晒すデジタル化です（1.11.4節参照）。別の潮流ないしは発展としては、生物学的な科学と技術の分野でしょう。CRISPR-Cas9技術[20]を通じた遺伝子工学の大変な加速は、人間の効用基準では価値があるとは思われない怪物の創造や、種の絶滅や多様性の喪失の恐れを引き起こしています。

多くの分野で、昨今は、「進歩」には怖い面があり、既に取り返しのつかないことが起きているかもしれないという、具体的には特定できない感覚が拡がっていると言えましょう（1.11.3節参照）。

疑いなく、さまざまな政治的、経済的、社会的、技術的、そして環境的危機の徴候と根源を分析し理解する必要があります。人びとがどの程度、さまざまな混乱の現象を自覚し、方向を見失っていると感じているのか、それを認識するとともに、実際にはこうした混乱には倫理的次元、さらには宗教的な次元さえ関わっていることを認識することも大切です。

---

19 Tibi (2012). 彼は、「イスラム主義」は民主主義と相容れないと見られているが、イスラム教は民主的な問題解決手法に深い根を持っており、主にイブン・ルシュド——アヴェロエスとラテン語で呼ばれる——を通じて12世紀の最初期の啓蒙主義を受け入れていたと考えています。

20 例えばHsu et al. (2014) を参照のこと。

1.1.2 金融化：混乱現象

　混乱の重要な部分は金融市場に関係します。低下する自己資本水準と大量の借り入れに支えられた銀行バランスシートの膨張を見れば、歴史家たちは懸念を持って過去30年間を振り返ることでしょう。その結果の一つが一時的な民間部門主導の好景気でした。もう一つの結果は、しばしば金融化と呼ばれる、世界の金融部門（金融、保険、不動産―― FIRE）の大幅拡大と、それに続く2008 – 2009年の金融危機でした。

　過剰なリスクをリスクとも思わずつき進むやり方は、金融制度全体を止めてしまいかねないほどの危機に発展しました。バブルがはじけたとき、多くの政府が幅広い支援プログラムで介入することを余儀なくされました。

　そして、それ以前にはなかった精神構造（2.4節参照）にとらわれた政府は、金融化のあらゆる側面に密接に関与しました。確かに、民間金融部門には深刻な不適切行為の多くの事例があります。しかし、より多くの債務を発行して経済成長を刺激する意図で、政府が銀行の体系的な規制撤廃をもしも行わなかったとしたら、状況は根本的に違っていたでしょう。危機の背景にある原因は数多く、また各々に異なっているのです。

- 銀行業界による過剰な貸付
- 規制当局や中央銀行の一部が (i) 過剰貸付、(ii) 特殊な金融手法（合成資産・債券、不動産抵当証券担保債券（CMO）、仕組債など）の拡大、そして (iii) 純粋な投機的取引、を止めるために措置しなかったこと
- 不明瞭な租税回避地があること。国際社会一般並びに主要な管轄地や金融中心地で受け入れられ実施される拘束力のある法的枠組みがそこにはないこと
- 投資銀行やその他の金融機関による、元の貸し手から最終債券所有者への信用リスクの移転を行うような抵当関連資産と投資手段に関する証券化と分配
- いくつかの格付け機関や監査会社が、多くの金融商品がもたらす固有のリスクについて適切に評価し報告することに失敗したこと

　金融危機の背景にある主要因について、より深い分析が、経済学者のアナト・アドマティとマーティン・ヘルウィグ[21]によって示されています。西洋の銀行は、自分たちのビジネス――数兆ドルの金融派生商品市場での取引から、

しばしば向こう見ずな不動産への貸付に至るまで――でうまくいかなくなった
ときの拠り所とするにはあまりに頼りないバランスシート上の自己資本の下で、
あまりに多くの貸し付けを受けました。第二次世界大戦後の数十年間、銀行は
自身の負債の 20% から 30% にあたる自己資本を有して営業を行っていました。
2008 年までにその値はたった 3% にまで落ち込みました。銀行は、リスクを取
り除き、以前持っていた余裕の十分の一で銀行経営を可能にする手法を発明し
たと、明らかに信じていました。それは大変非現実的であることがわかりまし
た。しかし銀行は彼らのリスクを引き受けるのに政府を当てにしていました。

　金融化の過程で、銀行は壮観なほど自らを富裕にしました。彼らは自身を
「大きすぎてつぶせない」――そして大きすぎて投獄できない――ようにした
とも言えるでしょう。2008 年の金融危機はほとんどその無責任な強欲によっ
て引き起こされました[22]。それにもかかわらず、2009 年には、銀行家は刑事
訴追を逃れ数千億ドルの政府支援を受けただけでなく、何人かは記録的な賞与
を自分たちにまだ支払っていました。同時に、住宅価値が急落して米国のほと
んど 9 百万世帯が家を諦め、彼らはもはや変動金利住宅貸付を利用できなくな
りました――いわゆる抵当流れの危機です[23]。

　金融化とは、世界経済における金融部門の隆盛と、蓄積した利潤（と借り入
れ資金を利用して高い利益率を目指すレバレッジ）が不動産やその他の投機的投資
に流れ込む傾向を指します。債務はこの過程に内在する要素です。例えば、米
国では、1980 年から 2007 年までの間に家計と民間企業の債務が国内総生産
（GDP）と比べて 2 倍以上に増えました[24]。同じことがほとんどの OECD 諸国
で起きました。同時に、「金融資産価値は 1980 年に GDP の 4 倍だったのが
2007 年には GDP の 10 倍に成長し、そして企業利潤に占める金融部門の割合
は 1980 年代初期の約 10% から 2006 年までにはほとんど 40% に至るまで伸び
ました」[25]。2007 - 2008 年の危機に続く期間、英国の金融サービス機構長官

21　Admati and Hellwig (2013).

22　例えば McLean and Nocera (2010) を参照のこと。

23　NCPA (2015).

24　「1981 年には家計の債務は GDP の 48% であったが、2007 年には 100% になった。民
　　間企業債務は 1981 年に GDP の 123% であったが、2008 年後半までに 290% になっ
　　た」（Crotty 2009, p.576）。

25　Crotty (2009)、前掲書。

だったアデア・ターナーは、これは、監視されない民間信用創造が破壊的な帰結を伴う危機をもたらした鍵となり、それを可能にした制度上の欠陥であるとみなしています[26]。金融部門は経済における重要ではあるけれども、増加しつつあるリスク要因を構成していると言えるでしょう。

　金融化の程度は国によって異なりますが、金融の力の増大は世界に共通して起きています。現在の金融部門の姿は、1970年代後半から徐々にその速度を上げつつあった規制撤廃の文脈において成長し、1999年の米国における商業銀行業務と投資銀行業務との分離撤廃後において劇的に拡大した結果です[27]。この撤廃された障壁というのは、奔放な信用創造と金融相場の時期、1929年のウォール街大暴落への対処として、1933年にルーズベルト政権によって導入されたものでした。同様の投機が2007-2008年の危機に先立って生じていたのです。金融商品の額面価値は2008年9月に640兆米ドルに達し、これは地上の全ての国のGDPの14倍でした[28]。

　リエターら[29]は、投機を、財とサービスに対する支払いのための通常の送金と比較しています。「2010年には、外国為替取引量は一日4兆ドルに達していました」。これには金融派生商品が含まれてさえいません。対照的に、「世界中の全ての財とサービスの一日の輸出または輸入はこの4兆ドルの約2%しか占めていません」。財とサービスのための支払いではない取引は、ほとんど定義上、**投機的**です。リエターらは続けて、そのような金融商品と取引は、定期的に通貨崩壊、国家債務危機、そして金融制度崩壊をもたらし、毎年平均的に十ヵ国以上が危機に陥ると述べています。

　このような発展の帰結の一つは、前の節で示した新しいオックスファムによる数字のとおり、経済成長の多くの部分は富裕層だけに配分されてきているということです。

　金融部門のビジネスは、それらが人びとと、地球の双方にもたらしている大きな、しかも酷い影響などは全く無視していることを示しています。そのビジ

26　Turner (2016)。「先進国において、民間部門債務は1950年の国民総所得の50%から2006年の170%にまで増加した」(p. 1)。

27　この分離は1986年に英国で取り除かれました。

28　Sassen (2009).

29　Lietaer et al. (2012). 11-12ページからの引用。

第1章　人類の今の歩みが持続可能だなんて言わないでください！

ネス習慣とは、明白な短期主義、銀行の積立金に対する貸付金の比率、実物経済を支える銀行貸し付けに対する財産や金融派生商品への投機の比率、監視されない信用創造——実際にはお金の創造、そして長期的な気候や環境のリスクに責任を負うことの失敗、が含まれます。マサチューセッツ工科大学のオットー・シャーマー[30]の言葉ではこうです。「わたしたちが有している制度は、高い財務収益と低い環境・社会収益を生み出す分野に資金が過剰に供給され、同時に重要な社会的投資の必要に応じる分野には過少にしか資金が供給されないように資金を集めています」

　環境のリスクに責任を負うのに失敗しているという表現は、需要がある限り、既に希少な天然資源の利用圧力が加速している——つまり、平たく表現すれば、木々は倒され、河川は汚染され、湿地は干上がり、石油、ガス、石炭の掘削は増大している——という意味です。それはまた、巨大な貯蓄、とりわけ年金基金が化石燃料関係の資産への投資を継続していることを意味しています（3.4節参照）。

1.1.3 「空っぽの世界」と「いっぱいの世界」

　ローマクラブはいつも、人類史の思想的根源に意識を向けてきました。価値ある文言の一つに、ケネス・ボールディングの『21世紀の意味』の中の表現があります。簡潔に言うと、ローマクラブの存在意義は「宇宙船地球号の世話役」である、と述べてあるところです。彼の著作は、五つの「持続可能性をはじめて公的な争点にした、先見の明のある古典」のうちの一つと呼ばれています[31]。

　しかし、その際多くの思想家は「**いっぱいの世界**」という条件下では世話役は困難だと考えました[32]。『成長の限界』に書かれている通り、それは初期のローマクラブの主な主張ともなりました[33]。人口が少なく地上の天然資源の恵みが無限に見えた、つまり欧州啓蒙主義が展開され、南北アメリカ大陸が入植者や起業家にとって無限に新たな場所を見出すことができるように見えた、

30　Scharmer (2009).

31　Rome (2015).

32　Daly (2005).　1.12節も参照のこと。

33　Meadows et al. (1972).

「**空っぽの世界**」の時代に形作られた発展の思考、科学的モデル、そして価値体系では、人間は宇宙船地球号のよき世話役になることはできません。

　今日、実際には20世紀中盤以降、人類は「**いっぱいの世界**」に生きています。限界は、人間が行うほとんどあらゆる行為に関して明白です。しかしながら、『成長の限界』が公刊されて45年を経て、「**空っぽの世界**」の延長上にある従来どおりの発展を示す、1972年の『成長の限界』モデルの「標準予測」に沿って世界は進んでいます。最近の研究[34]は実際に『成長の限界』の予測の妥当性を支持しています。限界という現象を示す新たな用語は**プラネタリー・バウンダリー（惑星の限界）**[35]というものです（1.3節参照）。

　『成長の限界』が出版されたとき、多くの人びとが、とりわけ政治家は、わたしたちが、人類は繁栄と快適な生活様式とを断念しなければならないと主張していると判断して、この本を怖れたのです。ローマクラブの考えは決してそうではありませんでした。増大していく、人類による環境への影響と、経済活動とは根本的に異なった様式を心しなければならないこと。それがこの報告書の主眼でした。

　古い潮流、それまでのアタリマエというものを変えるのはとても難しい。何故かといえば、それまでにあった流れやアタリマエを変えるには、ものの考え方というよりも精神構造そのものを変える必要があるからです。

　欧州啓蒙主義の経験をふりかえりましょう。あの勇気ある過程には17世紀から18世紀のおよそ2世紀を要し、それによって王と教会によって定められた権威主義的な規則と物語［世界観］からの偉大な解放がもたらされました。啓蒙への変容は、科学的方法の適用による人間の理性と論理的変化の擁護によって成功しました。啓蒙主義は、それまでの欧州史にほとんど存在しなかった個人の自由、経済成長、そして技術革新という概念を打ち立てました。民主主義と権力分立の概念は、より多くの男性（まだほとんど女性は含まれませんでした）や選出する代表によって行われる政治に影響を及ぼしました。そして革新者、起業家、そして商人は、王族であることによってではなく彼ら自身の仕事によっ

34　Turner and Alexander (2014). 更なる文献としては Jackson and Webster (2016) を参照のこと。

35　Rockström and Klum (2012).

第1章　人類の今の歩みが持続可能だなんて言わないでください！

て正当化されて繁栄が許され、そして新たな「貴族」となりました。欧州のほとんどの人びとは、啓蒙主義を大変歓迎すべき発展として経験したのです。

　望ましくないこともありました。傲慢さと狂気の限りを尽くした欧州植民地主義について、ほとんど誰一人啓蒙主義の知識人に批判者が見当たりません。世界中の植民地の地元民は言うに及ばず、労働者階級や困窮農民の悲惨さはほとんど有産階級には気付かれませんでした。女性と男性との等しい価値についても全く理解は見られませんでした。そして無制限の成長は完全に正当なものであると見なされました。

　こうして歴史は続いていきました。世界人口は18世紀の10億人から今日の76億人に増加しました。並行して、エネルギー、水、空間、そして鉱物の一人当たり消費量も増えています。この双子の発展がわたしたちを「いっぱいの世界」へと突進させました。生態学的に見ても、経済的観点から見ても、この現実を見れば啓蒙を求めなければならないときがやってきたことは明らかです。「成長」は、もはや良い生活を送ることにはつながらず、むしろ有害にすらなり得てしまうのです。18世紀と21世紀における、この単純ですが根本的な違いは、社会の価値、習慣、規制、そして制度の全てを支配する技術、誘因［行動の誘い水となる要因］、そして規則に対する評価と査定を変えなければならないことを意味します。

　したがって、「いっぱいの世界」に適合するように経済学理論を更新する必要があります。資本の貨幣表示に置き換えて、環境や社会の懸念事項を取り込むだけでは不十分です。様々な形態の汚染や生態系の損失をただ「外部性」——問題点が何かわたしたちをとり巻くまわりの事であるというような表現——と呼んでいたのではダメ。人類が「いっぱいの世界」に移行したならば、この小さな地球上の全ての文明の態度、優先事項、そして誘因体系を変えることも必要なのです。

　幸運なことに、いくつかの（まれな）歴史的な証拠は、成熟した発展段階において、エネルギー、水、または鉱物の消費を一定にして、または減らしてさえ、人間の幸福は向上したり維持されたりしうることを示しています（3.1、3.2、3.3、3.4、3.5、3.6、3.7及び3.8節参照）。「ゆりかごからゆりかごまで」［資源のできる限りの循環を目指すものづくりの理念］の方法[36]によって資源利用の洗練度と効率を増加させること。そして、それによって、経済成長と技術進化は、加速

035

とは呼ばないにしても、恐らくは達成可能です。例えば、18世紀のろうそく
からLEDまでの進化で、投入エネルギーあたりの光度出力はざっと一億倍に
なり[37]、「いっぱいの世界」でも、ずっと少ないエネルギー消費でずっとたく
さんの便利な明るさが可能になっています。

しかし、まわりを見回せば、資源消費、気候変動、生物多様性損失、そして
土壌劣化など、今起こっているほとんど全ての負の動きは、公共政策、ビジネ
ス戦略、そして基盤となる社会的価値の目指すものとは逆方向に進んでいきま
す。不十分さと誤った方向性を映し出しています。それは、教育制度の不十分
ささえも反映しています。こうした傾向の蓄積した意味合いは、わたしたちに
劇的に進歩の方向を変え、新たな啓蒙の創造のために一生懸命働くことを迫っ
ています。その新たな啓蒙は、探求する精神と大胆な未来像づくり、そして原
始的な人間中心主義でなく他の生物への共感を可能にし、長期的な未来への、
ずっと強い注意を向けさせるような、ある種の人間性を再び勇気づけることに
もつながると思います（2.10節参照）。

しかし、本書『Come On!』は難しいものです。理解するのは容易ではない
でしょう。政治的には、本書はとても不快なものです。本書は、新鮮で独創的
な考え方や方法を要求し、また示してもいます。本書は、読者や論者に
「Come On!」と、「いっぱいの世界」を持続可能で繁栄する世界にする新しい
方法を開発し検証する、素晴らしい旅に参加するよう呼びかけている招待状で
あると見なしていただけたら、と願っています。

1.2 『成長の限界』——その主張はどれだけ妥当だったのか？

本書の主要な関心事の一つは、「いっぱいの世界」に住んでいるのはどうい
う意味なのか、を社会が見誤っているという事実です。1972年に戻り、ドネ
ラ・メドウズ、デニス・メドウズ、ヨルゲン・ランダース、そしてウィリア
ム・ベアランズ三世によって執筆されたローマクラブへの代表的報告書、『成

36　Braungart and McDonough (2002), McDonough and Braungart (2013).

37　Tsao et al. (2010).

38　Meadows et al. (1972).

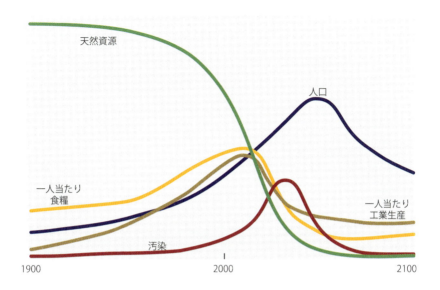

図1.2 『成長の限界』における標準予測。資源の枯渇と激しい汚染によっておよそ2025年までに崩壊がもたらされる（出典：Meadows et al. 1972（脚注20））

長の限界』をふりかえることからはじめてみたいと思います[38]。この本によって、ローマクラブは持続可能でない成長という挑戦に取り組む最初の組織の一つとなったと言ってよいでしょう。

　この報告書での鍵となる図は従来どおりの筋書き（BAUシナリオ）です（図1.2）。天然資源、一人当たり食糧、人口、汚染、そして一人当たり工業生産の間に一定の関係を仮定すると、21世紀前半に災厄に突入することを示しました。でも、多くの人びとは、あたかも世界は10年かそこらで行き詰まりを迎えるというように本報告書を読んだのかもしれません。報告書の主張は決してそのようなものではありませんでした。この報告書は50年から100年先を見通す視野を確立した、という理解がされるべきでした。しかも、報告書の焦点は、経済成長の増大する物理的影響——人類のエコロジカル・フットプリント——であって、成長それ自体ではありませんでした。

　『成長の限界』は世界中で反響を呼び、何百万部も売れました。しかし、出版後、多くの批判が、とりわけ伝統的経済学者によってなされました。報告書が「人間の発明の才」を取り込んでいないというのが主要な批判でした。さら

に、経済学者たちは資源の希少性は主に価格の問題であるとも主張しました。それらの批判は部分的に正しいものでした。『成長の限界』において技術革新の扱いはあまりに静学的でしたから、マサチューセッツ工科大学での研究で用いられた World3 という計算機モデルはどちらかといえば柔軟性を欠き、工業生産と汚染など異なった要因間における一定した相互関係を仮定していました。

このモデルは、大気、水、そして土壌の汚染から生ずる悲劇から、多くの国々が部分的に回避することを可能にした、汚染コントロール技術が出現するなどという進歩は予測することができませんでした。そうは言っても、実際に、技術が達成できることには、もちろん限界がありますが[39]。

資源の希少性について言えば、結果はいろいろです。魚の乱獲、地下水の枯渇、あるいは森林破壊、そして生態系の悪化と汚染のように、再生可能資源は過剰に採取される傾向にあります。再生不能資源については、モデルが描き出す像はより複雑です。鉄鉱石のように、いくつかの物質は豊富に存在し続けています。ある種の鉱物やリンのように、その他の物質は疑いなく希少性のリスクを抱えています。さらに共通する問題は、一度、最も豊富な鉱石が採掘され尽くすと、それ以降の採掘にはより多くのエネルギーが必要とされ、より多くの汚染を生じるという事実です[40]。

使用された World3 の計算機モデルのいくつかの欠点があるにせよ、伝統的経済学者たちが報告書の警告を無視したことは決して正しいことではありませんでした。彼らの自然界機能への理解は限られていました──そして今でも限られていますが、彼らは、一方の金融・産業資本と他方の自然資本を同じようにしかとらえていません。つまりこれらの種類の資本は、ほとんど完全に相互に代替可能であるように取り扱っているのです。「金融資本が増加する限り、わたしたちは大丈夫だ」──このように考えは進みます。しかしわたしたちはお金を食べることはできませんし、一度乱獲や汚染があまりにひどくなると、お金はオランウータンや、綺麗な水や安定した気候を今以上に生み出すことはできません。

さらに、伝統的経済モデルは本質的に線形で［要因どうしが比例関係にあり］、

---

39 Higgs (2014, pp. 51-62; 257-268).
40 Bardi (2014).

第 1 章　人類の今の歩みが持続可能だなんて言わないでください！

気候系のような自然の仕組みの非線形性を持った社会を取り扱い、導くことはできないのです。科学者たちは熱帯雨林、土壌、あるいは湖沼といった重要な生態系や気候系の双方に関してわたしたちに「臨界点」のことを思い出させ続けています。一度そのような臨界点が踏み越えられ元の生態系が大きく変化したり、あるいは気候系がひどく不安定化したりすると、生み出される損害は後戻りできないほどになるかもしれません。事例としては、シベリアの融解しつつあるツンドラから漏れ出る炭化水素、サンゴ礁の白化、そしてアマゾン熱帯林の一部の破壊とサバンナ化が挙げられます。

　『成長の限界』が出版されてすぐに、石油輸出諸国（OPEC）は石油とガスに関する彼らのほとんど独占に近い力を大胆に使い、一致協力して石油価格を 4 倍にしました。しかし、この石油ショックはより多くの石油資源の探索を強化し、その後 10 年以内に供給は需要を超え、再び石油価格は下落し始めました。環境に関する楽天家やとりわけ伝統的な経済学者は、これは彼らの『成長の限界』に対する批判が正しいことの証明であるとみなしました。1980 年代と 1990 年代を通じて、ローマクラブによる『成長の限界』の主張はほとんどまったく主流の評価を得たり注意を引くことがなかった、と言えるでしょう[41]。

　でも実際に、当時の報告書の主張の核心をみてみれば、それが妥当であったことも明白です。新たな工業界の巨人、中国とインドが世界の汎用商品市場に大挙して登場し、化石燃料、セメントそして金属鉱物の需要は増加しており、これら汎用品の価格は再び上昇し始め、新たな希少性の時代が始まったように見えます。しかし、2008 年経済危機の始まりとともに価格は再び暴落しています（図 1.3 参照）。

　グラハム・ターナーによる最近の研究によれば、1970 年から 2000 年にかけての歴史的データにおいて、『成長の限界』でなされた予測の価値が再度確認されています[42]。多くの意思決定者たちは『成長の限界』の主張を無視し、政治的に人気がある、より楽観的な筋書きを好んできましたが、『成長の限界』は結局本質的に正しかったと、わたしたちは変わらず確信しています。

41　Higgs (2014, 前掲書、pp. 91-91).
42　Turner (2008-09).

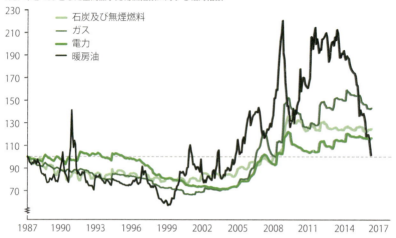

図1.3　エネルギー価格指数は2004年から2008年末まで上昇し、2014年まで再度上昇し、それ以降下落している（出典：Dempsey et al. 2016）

1.3　プラネタリー・バウンダリー

　プラネタリー・バウンダリーという考え方は地球の状態を測定するとても有効な手法であることが示されてきました。この概念は2009年にヨハン・ロックストロームとウィル・ステファンに率いられた28名の国際的に著名な科学者らの集団によって導入され、最近もまた更新されました[43]。科学的研究に基づいて、この概念は産業革命以来、人類活動は徐々に地球環境変化の主要な駆動力となってきたことを示しています。一度人間活動がある閾値や臨界点（「プラネタリー・バウンダリー」と定義される）を超えると、「不可逆で急激な環境変化」が生ずるリスクが存在します。ロックストロームらは人類の生存に不可欠な九つの「地球の生命維持システム」を特定し、どのくらい限界を既に超えているのかを定量的に示そうと試みました。

　九つのプラネタリー・バウンダリーと、続く一覧表が図1.4に示されています。

43　Rockström et al. (2009a, b). Steffen et al. (2015) も参照のこと。

040

第 1 章　人類の今の歩みが持続可能だなんて言わないでください！

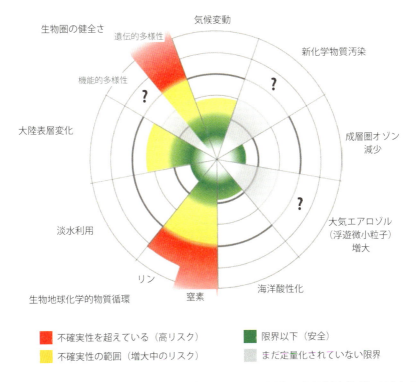

図 1.4　七つのプラネタリー・バウンダリーに関して異なった統制変数が 1950 年から現在までどのくらい変化したかの推計値。緑色で塗られた領域が安全な運転空間を示す（出典：Steffen et al. 2015; http://science.sciencemag.org/content/347/6223/1259855）

一覧表はどちらかといえば明快です：

- 成層圏オゾン減少
- 生物多様性の衰退と絶滅
- 化学汚染と新たな物質の放出
- 気候変動
- 海洋酸性化
- 大陸表層変化
- 淡水消費と全球水循環
- 生物圏と海洋への窒素とリンの流れ

041

● 大気中へのエアロゾルの放出

　本書では、全てのプラネタリー・バウンダリーの詳細についての説明よりも、最も重要な課題、気候変動について 1.5 節で取り上げます。

1.4　人新世

　今日の、人類が支配する時代を記述する最も衝撃的な方法の一つは、人間と家畜（図 1.5 参照）を合わせると地上の全ての脊椎動物の重量の 97% を占めるという計算です！　これはゾウやカンガルー、コウモリやネズミ、鳥類、爬虫類、そして両生類を合わせても世界中の地上の脊椎動物の総重量のたった 3% にしかならないということです。

　この目を引く観察の元は過剰な食肉消費への批判から来ています[44]。

　人類のとりわけ最近 50 年間の急激な消費速度の増加が、大気と生物圏の大きな変化を引き起こしてきたことはほとんど明らかです。人間の健康への影響は、かなり有害であるというたくさんの逸話的証拠はあるものの、まだ定量化されていません。

　大気化学者でノーベル賞受賞者のパウル・クルッツェンは、人新世（人類による新たな地質年代）が今始まっていることを理解するためのより科学的な方法は、過去 250 年間に観測されたさまざまな物理的社会的指標の変化を示す曲線を見ることだと述べています。図 1.6 は、いかに 24 個のそのような指標が発展したか、過去 50 年に成長劇が演じられたこととともに示しています[45]。

　こうした大量の変化が、おそらくは過去のどんな時代にも見られることがなかったような規模で、暴力的紛争を引き起こす可能性を持っていると結論するのに、不自然な想像力は必要とされません。明らかに戦争下においては、SDGs（持続可能な開発目標、1.10 節参照）の内、どの 11 の社会経済目標（目標 1 から目標 11 まで）を達成することも不可能になるでしょう。したがって、人類の社会経済的幸福のために、世界がプラネタリー・バウンダリーを超えること

44　World Society for the Protection of Animals (WSPA) (2008). 数字は Smil (2011) による。
45　Steffen et al. (2017).

第 1 章　人類の今の歩みが持続可能だなんて言わないでください！

図 1.5　工場食料生産（この写真ではブタ）が地上の生存する脊椎動物重量の 97% が家畜と人類であるという事実の主要な理由である。3% が野生動物である
（出典：Getty Images/iStockphoto/agnormark）

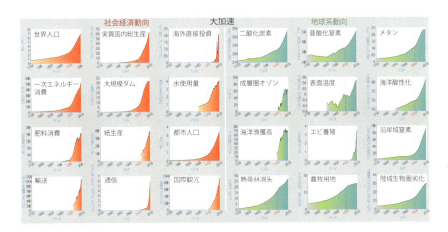

図 1.6　人新世。人類の人口、大気化学組成、そして人間の建設・消費形態の劇的な変化を示す 24 の曲線。劇的な変化は過去 50 年間に起きた（Steffen et al. 2007 より引用。Globaïa、www.globaia.org の厚意による）

043

から生じるその種の環境災厄を避けることは非常に重要です。

1.5　気候変動

　2015 年 12 月にパリで開催された国連気候変動枠組条約第 21 回締約国会議
（COP21）は大成功ともてはやされました。パリでの会議に出席した全 195 ヵ
国が「全球での温室効果ガスの排出量の増加をできる限り早く止め」、「その後
速やかに減少させること」の必要性に確かに合意したのです。全球平均温度の
上昇を「産業革命前の水準から 2 度より十分低く食い止め、そして上昇を 1.5
度に留める努力を行う」のは疑いなく大変野心的です。

　公式の賞賛にもかかわらず、たくさんの批判的論評もありました。主導的な
気候科学者のジム［ジェームズの愛称］・ハンセンはパリ協定を詐欺と呼びまし
た。「ただの価値のない言葉だ。実際の行動性がなく、ただの約束だけだ。
……化石燃料が手に入る最も安い燃料であるように見える限り、燃やされ続け
るだろう。……その決定は、温室効果ガスの排出に課税する約束なしには無意
味だ」と、彼は『ガーディアン』紙[46]にこう述べました。ハンセンは強い価
格シグナルが排出量を十分速く減らす唯一の方法だと信じています。

　ジョージ・モンビオは、やはり『ガーディアン』紙で別の形で要約していま
す。「合意はあり得た最悪の状況と比べれば奇跡的だが、最良の状況と比較す
れば大惨事と言っていい。合意の本当の結果は、わたしたち全員にとって危険
で、ある人びとにとっては致死的な水準の気候の崩壊となってわたしたちを拘
束するであろう」と[47]。

　モンビオの論評は真剣に取り上げる必要があると思います。実際、協定は、
「2 度より十分低く」温度上昇を留めるだけでなく、「上昇を 1.5 度に留める」
よう努力することに合意したという内容でした。しかしながら、これらの目標
を達成するのにどのような手段をとるかについてはほとんど何も議論されてい
ません。地球規模の炭素税の必要性や化石燃料補助金の段階的撤廃についても、
何も合意はなされませんでした。その上、2030 年までの期間——大気中の過

46　The Guardian. 13 Dec., 2015.
47　Monbiot (2015).

044

剰な二酸化炭素量の蓄積を避けるのに重要な期間——における排出量削減の予想される速度は良く見積もっても平凡な程度にすぎません。現在なされていること、計画されていること、そして必要とされることとの間には深刻な不一致があるように見えます。

もし国々の多くが彼らのパリにおける約束——いわゆる国別約束草案（INDC）——に固執するなら、早くも今世紀後半に、産業革命前より最低3度、全球平均温度が上昇するのを食い止める可能性はほとんどありません。そうした温暖化は破壊的なものになりえます。気候系は本質的に非線形であり、1.5度や2度の温暖化でも既に不快な臨界点に到達するかもしれないからです。とにかく、今なのです。何をどう行動に移すのか。それが重要なのです。

1.5.1　わたしたちには「一点集中計画」が必要だ

今、行動に移すこと。それがどれほど重要なのか。パリ協定の目標を達成する可能性を得るには、世界はその生産と消費の仕組みを急速かつ完全に転換しなければなりません。2度目標を超えるのを避けるためには、世界経済の炭素強度（経済価値創造単位あたりの二酸化炭素排出量）を少なくとも年間6.2%削減しなければなりません。1.5度目標を達成するには年率10%近くの削減が必要です。このことを視野に入れてみると、世界の炭素強度は2000年から2013年までの間で平均0.9%しか減っていません。

肯定的な徴候は、多くの小さな、しかし鍵となる活動団体——政府、都市、企業、金融機関、市民社会組織、宗教団体、そして地域団体——がパリ協定に賛同して勢ぞろいしたことです。世界中の1000以上の都市が100%再生可能エネルギーを達成すると約束し、世界の最も大きな100近くの企業も同様の旨を提唱しました。

しかし挑戦は巨大です——とりわけ市場に基づく開放された経済においては。人類は真に「一点集中計画」を必要としています。ある一つのことは明白でしょう。市場だけでは問題を解決できないだろうということです。気候変動を避けるためには相当に大規模で急進的な行動計画を必要とするので、どの一つの技術——新しいものであれ既開発のものであれ——だけでも解になり得ないでしょう。したがってこの挑戦には、新しいものと成熟したエネルギー関連の技術、並びに非エネルギー関連の技術を協調的に組み合わせることが急務です。

これを可能にするためには、政府が——短期の収益こそが命と考えるマーケットメカニズムではなしに——運転席にいる必要があります。

社会には、災厄を避けるのに間に合うように低炭素社会に移行するだけの知識、資金源、そして技術があるからね、と楽観的に議論する向きもあります。太陽光発電と風力発電——そしてより最近ではエネルギー蓄積技術——に関する学習曲線［累積生産量が増大すると単位あたり生産費用が低下する関係］が極めて素晴らしいから大丈夫じゃない？　といって、強い行動を起こさなくてもと考える向きもいます。

より低下した技術費用があれば大丈夫という訳にはいきません。化石燃料で動かす発電所、車両、そして製造施設のあらゆるサンク・コスト［既に投資してしまった費用］は思い切った転換の大きな障壁です。多くの人々は、必要な転換を妨げるか、少なくとも遅延させるためにあらゆる可能なことをするだろうことは想像にかたくありません。地球規模の炭素税がこれまでどおり不在で、石油価格が1バレル当たり約50米ドルにとどまっているとしたら転換はまったく容易ではないでしょう。

ほとんどの人はそれについて話したくありません。しかし、ことの真実は、経済の脱炭素化に必要な「一点集中計画」をなんとか実施に移せなければ、もう実効性も非常に疑わしく、生態系への影響すらわかっていない二つの選択肢が残されるだけだと思います。その二つの選択肢とは、ジオエンジニアリング［地球温暖化を解決する全球工学、気候制御、捕集貯留などの技術］と、「負の排出技術群」［温室効果ガスを正味で減らす技術全体］の大規模配置です。

1.5.2　超過分をどうするか

二酸化炭素は大気中に長く滞留し、残された炭素予算［今後排出してもよい二酸化炭素の量］は極端に厳しいものです。したがって二酸化炭素排出量は［排出しても気候への影響が限定的なため、ここまでは排出してよいと考えられる］予算を超過すると仮定するのが現実的です。問いは、どれだけ超過するのか、です。

パリ協定は2050年までに温室効果ガスが実質排出ゼロに到達することを約束しています。協定に書かれている言葉は、比較的無害だが高価なCCS（二酸化炭素捕集貯留）や生物起源CCS（BECCS）から、平均気温を低下させる目的で全球放射の態様を変えるという見方による大気圏、成層圏または海洋表層の

操作という、荒唐無稽な夢物語までの、「ジオエンジニアリング」への招待であると読むこともできます。

ローマクラブ内には、CCS が暴走気候変動を食い止める可能性を持つただ一つの方法であると論じ、CCS を支持する強い声があります。他方、技術的 CCS と BECCS の双方で、効果を生み出すのに必要な空間は広大です。スウェーデンのウプサラ大学客員教授で英国ティンダール・センターの所長代理であるケヴィン・アンダーソン教授の以下の意見は、BECCS に対して正しい見方をしています。

　パリ協定を支える BECCS が仮定する大きさ全体は息を呑むほどである――インドと同じかその 3 倍の面積に対して、数十年も継続してエネルギー作物［燃料の原材料として使用する作物］を栽培し収穫するというものだ。同時に、航空産業はバイオ燃料で航空機を飛ばすことを想定し、船舶業界は船の動力源としてバイオマス［化石燃料以外の生物由来資源］を真剣に検討しており、そして化学部門はバイオマスを化学物質原材料の潜在的な供給源として見ている。そしてその上で 90 億かそこらの人口を養わなければならない。確かにこの決定的な仮定は、協定内での真剣な注目に値するものだった[48]。

加えて後方支援、法律、そして社会的受容の問題にも答える必要があると思います。気候変動に関する政府間パネル（IPCC）による 2 度目標の多くの筋書きでは、二酸化炭素排出超過分を補償するために貯留されるべき二酸化炭素の量は異常なほど巨大です。残念なことに、そのような量の貯留が一体可能かどうかに関する厳密な分析の努力は限られています。明らかに、二酸化炭素排出が超過したときの備えとして必要となるため、CCS 技術をさらに開発する強力な努力が必要です。今見えている将来において、世界中の多くの場所で石炭の継続的利用や鉄鋼とセメントの生産が行われることを無視はできないのです。

48　Kevin Andersson. 2015. The hidden agenda: how veiled techno-topias shore up the Paris Agreement. Nature の World View（2015 年 12 月）に掲載されたパリ協定に関する彼の要約の編集前の版。
　　http://www.nature.com/polopoly_fs/1.19074!/menu/main/topColumns/topLeftColumn//pdf/528437a.pdf

1.5.3 マーシャルプラン？

負の排出［温室効果ガスの吸収］もまた必要となるであろうこと、そして
BECCS［生物起源の二酸化炭素捕集貯留］がここでの一つの選択肢であることは、
まさにそのとおりです。しかし、「負の排出技術群」への過度の依存は危険で
あり、使用範囲を限定するためにあらゆることが行われるべきです。こうした
技術は、社会が気候問題を工学的に解決する方法を見つけるだろうという誤っ
た安心感を人々に与える傾向があるのです。

技術的・経済的視点からは可能な、マーシャルプラン［第二次世界大戦後の欧
州復興計画］に似た低炭素技術への大量投資計画に合意する代わりに、パリ協
定は、2030年までの期間の気候変動緩和措置は年あたり2%幅の削減しかもた
らさないであろうと仮定しています。もし気候変動が深刻な脅威であるなら
──そしてパリ協定はそうだと言っていますが──思慮深くわたしたちは後回
しにせず今すぐに、より強力な行動をとるべきでしょう。そうした行動がなけ
れば、負の排出技術群への依存は危険なほど高いものになるでしょう。

パリ協定後の大きな希望は、異なった役割を担う人々（政府、都市、企業、金
融機関、そして市民社会組織）が課題を真剣に受け止め、揃って排出緩和努力を
強化するのを直ちに支援するためにあらゆる可能なことをしそうだということ
です。個々の政府、州、または都市による強力な行動は大変重要です。世界は、
あなた自身の近隣を含めた好事例を大いに必要としています。

1.5.4 人類は既に気候目標を達成する機会を逃してしまったのか

パリ協定からほとんど2年が経過しました。2016年だけでも人為起源の気
候変動に関する数多くの物語が生まれました──いくつかは良く、いくつかは
悪く、そしていくつかは率直に言って醜いものでした。

肯定的な側面について言えば、多くの人が信じていたよりもずっと早くパリ
協定が批准されたという事実が挙げられます。気候条約の締約国は2016年11
月にモロッコのマラケシュで再会しました。注視していた多くの人々は、（会
議中に起きた）米国大統領選挙でのトランプの勝利を口実とし、多くの政府が
温室効果ガス排出削減へのやる気をなくすことを怖れました。対照的に実際に
は、（まだオバマ大統領が担当していた）米国と中国を含める主要な政府は（パリ
協定を締結した）第21回締約国会議（COP21）での約束を再度繰り返して提唱し、

第1章　人類の今の歩みが持続可能だなんて言わないでください！

人類社会に対してパリ目標を達成するための努力を強化するよう迫りました。

さらに、マラケシュ会合の1ヵ月前の2016年10月に、ルワンダのキガリでの会合で、およそ200の国々が最も強力な温室効果ガスの一つであるハイドロフルオロカーボン（HFCs）の排出を削減する画期的取り決めを締結しました。今世紀末までの全球温度上昇を0.5度までに抑えられるかもしれない動きです。

おそらく最も良い報せは、世界中でのクリーンエネルギー——主に太陽光と風力——の急速な費用削減と拡大です。[経済情報社の]ブルームバーグの記事見出し[49]には「世界のエネルギーは転回点を迎えた」とあります。「太陽光発電は、初めて、新しい電力の最も安い形態になりつつある」と、記事は驚きを示しています（3.4節参照）。

否定的な側面について言うと、上述のような進捗にもかかわらず、地球温暖化は続いています。2016年は、2015年に打ち立てられた、最も暑い年の記録を破りましたが、その2015年の記録自体も、2014年最高記録を打ち破って達成されたのです。ウェブサイトのクライメート・プログレスを主催するジョー・ロムは次のように述べています。「このような3年連続の記録更新は136年間にわたる気温の記録の中で見られたことがない。しかしこれは、地球温暖化が、気候科学者たちが何十年も警告してきたのと同じくらい悪い——あるいはもっと悪くなるであろう——という2016年の大量の証拠のうち、最新のものだ」[50]。

もし、気温の記録では人々が温暖化の傾向を説得されないとしても、いくつかの2016年の研究によれば海洋が温暖化していることに関する新たな証拠が見つかっています。海洋中に蓄積された超過エネルギーは膨大であり、これは地球におけるそれだけの量のエネルギー余剰が海洋中に何世紀も留まり続けることを意味します。

気候変動によって促された気象上の出来事に関して、2016年は狂乱めいていました。世界の多くの地域で強い干ばつが発生し、別の場所では深刻な洪水が発生しました。北極域ではすさまじい熱波が生じ、記録では冬季の氷面積にして最少となりました。ハリケーンと台風は地球温暖化によりますます強力に

49　Bloomberg New Energy Finance 2016.12.15. World Energy Hits a Turning Point.
50　Romm (2017).

なっています。専門家ジェフ・マスターズ[51] によると、観測史上最大の嵐は2016年に二つの地域で発生しており、また七つのカテゴリー5［最大］の嵐が観測されました。七つというのは一年に起きる数としては大変大きいものです。この傾向は2017年にも続いており、アジアと南北アメリカで大型の熱帯性低気圧が発生しました——ハーヴェイとイルマは米国テキサスとフロリダにひどい惨状をもたらしました。

　真にたちの悪い事件と言えば、何の驚きもなく米国大統領選挙でのトランプ当選をその最たるものとして挙げられるでしょう。何人かの分析者はトランプ大統領が最終的には科学者たちの言うことを聞き始め、気候変動を真剣に取り扱うことを望んでいました。しかし、2017年3月のトランプ大統領による石炭、石油そしてガスを重視する様々な決定はそのような楽観的希望を打ち砕くものでした。もちろん、さらに悪いことは、2017年6月初めに彼が米国をパリ協定から離脱させると決定したことです。

　気候変動は、国際協定が不可欠な課題です。世界がパリ協定に到達するには、1992年の地球サミット——そして気候条約の締結——から23年を要しました。米国は——オバマ政権下で——協定を可能にする上での重要な役割を果たしました。トランプによる決定は、気候条約と、危険な気候変動を防ぐために世界中の多くの政府、都市、企業、そして市民社会組織が行ってきた努力にとって悲劇以外の何者でもありません。彼の行動は傲慢であり、無思慮です。他の諸政府は気候を優先することに合意していますが、彼は米国を一番にすることを主張します。皮肉なことに、米国は、世界政治における地位——指導者としての役割を放棄することで——そしてクリーン技術開発の主導的役割の双方に関して、敗者となることでしょう。他の国々——とりわけ中国——がその地位を乗っ取るでしょう。

　既に述べたように、今後数年間の温室効果ガス排出量削減の速度はパリ協定で想定されているものをずっと超えております。そうでなければ、パリ協定の目標を達成するどのような意義もないでしょう。米国の積極的な参加がなければ、挑戦は途方もないものとなるでしょう。

　結論として、パリ協定と全球温度上昇を「2度より十分低く」する可能性に

51　Jeff Masters. The 360 Degree Rainbow. Jeff Masters Blog. 2016 年 12 月。

関するわたしたちの見方は、一年前よりも現在ずっと悲観的になっています。トランプの当選——そして化石燃料を基盤とする経済を存続させ、化石燃料エネルギーの所有者を豊かにすることを目的とした彼の行動——は一つの重要な要因です。もう一つの重要な理由は、これまでのところ、パリ協定で合意された野心的な目標という挑戦に向けて立ち上がり、約束草案（INDC）の目標を見直した政府がほとんど存在しないということです。世界は今なお、最低でも3度温暖化する途上にいます。

　パリ協定を守り危険な気候変動を防ぐ可能性を得るには、欧州連合、中国、そしてインドといった活動主体が気候変動の政策形成にこれからはずっと積極的な役割を果たす必要があります。欧州連合は過去20年間にわたって、とりわけ、トランプと同じく否定的だったジョージ・W・ブッシュ米国大統領の時代に、気候に関する主導的役割を果たしました。今や世界は、より悪くはないにしても、同様の状況にあります。

　欧州連合が主導的役割を再び果たすには、欧州連合によって設定されている2030年目標—— 1990年と比べて温室効果ガス排出量を40%削減する——では全く不十分です。中国とインドでさえ彼らの目標を見直して、より野心的な目標を作る必要があります。それと並行して、企業が炭素税を支払ったり温室効果ガス排出量取引制度に参加したりする国々と比べて、米国で生産される商品が有利になる分を差し引くための国境調整関税に関してどのような方法をとるべきか、取り組みを考える必要があります。持続可能な開発目標（SDGs）とパリ協定の双方に関係するこれらの挑戦に関しては、本書の第3章で再び取り上げます。

1.6　その他目の前に立ちふさがる災厄

1.6.1　技術的な未知と既知である脅威

　英国ケンブリッジ大学に2012年に設立された、存在に関するリスク研究センター（CSER）は、人類の絶滅さえもたらすかもしれないいくつかの危険を提示することで急速に世界中の注目を浴びました。もちろんこれらには、地球の巨大隕石との衝突といった天文学的大事件や、対処法がすぐには見つからない、致死的で大変感染力の強い微生物の出現などの可能性が含まれます。しか

し実際には、ショーン・オヘイガティによって率いられた研究チームは、完全に人間によって設計された技術開発についても探っています。オヘイガティはこれらを技術的な未知と呼んでいます[52]。それらは以下のようなものです。

- 人間に感染し世界中に広がりうる新型で致死的な特性と能力を有したウィルス性またはバクテリア性の生物を創り出すことができる合成生物学。とりわけ議論を呼ぶ研究分野は「機能獲得型」ウィルス研究で、全く未知の能力を持つウィルスを生み出すものです。より慣習的なものは、家畜に対する抗生物質の予防的過剰使用や、抗生物質薬産業からの適切に処理されない排水中の抗生物質の高い濃縮によって引き起こされる、多耐性微生物の意図せぬ拡散です[53]。
- ジオエンジニアリング。最も深刻な気候変動の影響を遅らせたり逆転さえさせたりしようとする、わたしたちの気候を「工学」する目的を持った、一そろいの提案されている大規模技術介入。表面的には、米国のトランプ大統領はジオエンジニアリングに多大なお金を費やすつもりです[54]。
- 幅広い領域と課題において、人間の知的能力に追いつくか追い越すことができるほどの人工知能の進歩（1.11.3 節参照）

明らかに、人類はそのような絶対的に恐ろしい見通しに対応していかなければなりません。技術の査定は最低限のなされるべき事柄です。人類の絶滅につながるかもしれない研究の禁止も考慮されるべきです（3.16.2 節参照）。

ある意味でよく知られた潜在的災厄については、かなり状況が異なっています。「経済的破綻」をインターネット検索[55]すると約 3,500 万もの情報源が返されてきます。気の滅入るような文献も広く入手可能です。挑戦とは何も大気圏や生物圏への深刻な擾乱に関するものに限りません。主要な社会的課題に対しての挑戦については既に 1.1 節で言及した通りです。

---

52 Sean Ó hÉigeartaigh (2017).
53 Lübbert et al. (2017).
54 https://www.thegurdian.com/environment/true-north/2017/mar/27/trump-presidency-opens-door-to-planet-hacking-geoengineer-experiments
55 Economic Collapse, Google 検索 , 2016 年 9 月閲覧。

第 1 章　人類の今の歩みが持続可能だなんて言わないでください！

　2016 年初頭、英国地質調査所の代表的な地質学者は、人間が地球に引き起こしている変化は、最終氷河時代の終わりに起きた変化よりも大きいと述べました[56]。問題である化学物質、ペルフルオロオクタン酸［有機フッ素化合物］は、現在ホッキョクグマや地球上全ての人類の細胞組織の中に見出されます。プラスチックは海鳥の 90％の腸内で見つかります[57]。毎年生み出される何百万トンものプラスチックごみが分解された微粒子は今やどこにでもあります[58]。人間が消費した石油の 90％は 1958 年以降によるもので、50％は 1984 年以降によるものです[59]。そしてそれらは氷河の氷にブラックカーボン［すす］として恒久的な記録を残しています。

　かなり極端な予測として、ウォルターとワイツマン[60]は気候変動によって引き起こされそうな経済ショックを示しています。彼らは、農業について大規模な破綻が生じ、延いては栄養について影響が見込まれ、2030 年に向けた持続可能な開発目標（SDG）の 2 番目の目標［飢餓をゼロに］に含まれる希望の多くを打ち砕いてしまう可能性があることを示しました（1.10 節参照）。

　具体的には示されていないものの、かなり潜在的に危険なのは生物多様性の大規模な消失です。今日既に、地球は「第 6 番目の絶滅事件」の渦中にあります[61]。最初の五つは地質学的時間尺度で地殻運動や火山活動によって引き起こされました。恐竜の場合は、天文学的破局も鍵となる役割を果たしたと考えられています。しかし、過去一世紀にわたって大変急速に拡大している 6 番目の絶滅は、完全に人間によるものです。この期間に、人口の爆発的増加と増え続ける土地利用（1.10 節の「フットプリント［足跡］」の物語を参照）によって野生の植物種と動物種のほとんどの棲息域が破壊されたか、完全に変化させられました。小さな驚きは、毎日およそ数百の動物種と植物種が失われており、その多くは絶滅前に科学的に特定されることさえないということです。この悲劇が人

56　Waters et al. (2016).

57　The Guardian,
　　http://www.theguardian.com/environment/2015/sep/01/up-to-90-of-seabirds-have-plastic-
　　in-their-guts-study-finds 共同通信、2015 年 9 月 1 日。

58　Hasselverger (2014).

59　BP Statistical Review of World Energy 2006.

60　Walter and Weitzman (2015).

61　Kolbert (2014).

053

間にもたらす効果はきっととても危険なものでしょうが、詳細を予見することは難しいのです。最新の著作で、生物学者のE・O・ウィルソンは地球表面の半分は自然保護のために取っておくべきだと示唆しています[62]——さらなる人口増大という条件の下では必ずしも現実的ではない提案です。

　土壌侵食、土壌劣化、干ばつ、洪水、そして侵入種の多くが将来世代の直面する災厄に加わることでしょう。ネオニコチノイド系農薬のような「浸透性農薬」を用いる工業化された農業はミツバチやその他の送粉者［花粉媒介者］に対する死活的な脅威となります[63]。さまざまな食品中の残留農薬に関する証拠も増えています。どれだけの期間、生物学的仕組みを工業生産と同様の方法で管理することができるのか、という問いを避けることはできません。数十年にわたる農薬の散布が土壌に及ぼす長期的な影響が主要な争点であり、これまでのところ研究が十分ではありません。真正細菌［バクテリア］と菌類の双方が失われると、土壌は劣化します。「土壌が攪乱されるたび、つまり人為的な肥料や農薬が使われるたび、土壌中の生命は死に、土壌の構造は悪化する」と土壌科学者のエレーヌ・インガムは述べています[64]。

　その他にも様々に複雑にからみあう課題があります。例えば、バイオ燃料の生産に関係していますが、林業や農業生産の残留物からバイオ燃料を生産する場合は、その便益は明確です。しかし、米国で見られるように肥沃な土壌や、インドネシアで見られるように人手の入っていない森林がトウモロコシやヤシ油の大規模単一種栽培地へと転換されると、負の社会的ないし環境上の影響は正の効果をはるかに上回ってしまうことがあるのです。

　別の新たに不安にさせる技術上の懸念は、人間が開発した「遺伝子ドライブ」です[65]。遺伝子ドライブが成功すると、意図的に、または事故によって、ある生物種の全集団を変えたり、または絶滅させたりすることが可能になります。これまでのところ、これらの人為的な遺伝子ドライブはCRISPR-Cas9として知られる新たな「遺伝子編集」の仕組みを使って開発されています。遺伝子ドライブは、保全目的で野生種への侵入種を根絶させるために、あるいは農

62　E.O. Wilson 2016. Half Earth: Our Plant's Fight for Life.

63　例えば van der Sluijs et al. (2015).

64　Elaine Ingham. 2015. The Roots of Your Profits (video).

65　National Academies of Science, Engineering, and Medicine (2016).

第 1 章　人類の今の歩みが持続可能だなんて言わないでください！

地から雑草種を取り除くために、意図的に導入されるかもしれません。一見、望ましい計画ばかりです。しかし遺伝子ドライブは、生物兵器として軍事目的で使われたり、または食糧収穫量を抑制したりするのにも簡単に適用することが可能なのです。意図せざる効果もあります。「遺伝子ドライブによって改変された生物は、環境中に拡散させることが意図されているため、研究者や批評者の間では他の生物種や生態系に有害な影響を及ぼすかもしれないという認識が広がっている」[66]。つまり、遺伝子ドライブの使用開始に起因する国境を越えた影響を効果的に統治するための国際的に合意された政策過程は存在しないため、そこには大きな統治上のギャップが存在することも確認すべきです。多くは途上国からの参加である 160 以上の非政府組織（NGO）が 2016 年 12 月にメキシコ・カンクンで開催された国連生物多様性条約第 13 回締約国会議に現れ、遺伝的に改変された遺伝子ドライブの応用研究、開発及び使用開始の実施猶予を要求するところまではいきましたが [67]。

1.1 節で触れたように、政治的な危機も存在します。戦争や紛争は近東、いくつかのアフリカ諸国、そしてアフガニスタンとミャンマーで猛威を振るっています。戦争によって、実際の戦闘地帯の国内外の双方に、国内避難民や難民という移民が生まれてきました。

政治的な災厄はしばしば自然現象とつながっています。気候変動は水と肥沃な土壌を巡って引き起こされる紛争の部分的要因です。そして、戦争はしばしば最も人口増加率が高い地方で起こるという事実を無視しないようにしましょう。もちろん、それは「空っぽの世界」でも真実でしたが、「いっぱいの世界」では脱出する簡単な方法がないため、資源を巡る紛争が助長されます。その上、初期の頃は、貧しい人々でさえ基本的に温和で、頑健で、そして肥沃な地球の一部となっていました。もはやそのような状況にはありません。

1.6.2　核兵器──忘れられた脅威 [68]

ほとんど忘れられた脅威に、核兵器という亡霊があります。核兵器は大量破壊兵器の中でも最も致命的です。それは文明、人間の未来、そして地球上の生

66　同上。doi:10.17226/23405
67　Civil Society Working Group on Gene Drives (2016).

055

命の未来を深刻な危険にさらし、不法であり、非道徳的であります、そしてそれは、もっと多くの資源を無駄遣いしているだけのことでもあります。わたしたち人類は、核兵器が人類を滅ぼしてしまう前に、核兵器を廃絶する道を見出さなければなりません。

しかし、冷戦の終結以来、国際社会において核兵器は各々の国策の自己満足としてとらえられてきたのかもしれません。九ヵ国の兵器庫にあるこれらの兵器はだいたい視界から消え去り、忘れられていました。核兵器を持たなければならないという脅迫観念の裏には、それを持たなければ核の抑止力を持ち得ないこと、つまり核兵器による報復という脅威、を基盤として正当化する一般論があると言えます。

社会は全面核戦争が**核の冬**をもたらすかもしれないことを忘れ始めています。核の冬になれば、18,000 年間で最低の気温になるかもしれず、氷河時代の引き金となり、そして地球上の生命の大部分を破壊するかもしれません。

1970 年の核拡散防止条約（NPT）は世界を核の「持てる国」と「持たざる国」に分けました。NPT で定義されるように、核保有国（NPT）とは 1967 年 1 月 1 日より前に核兵器を製造し、爆破させたことがある国々です。後に条約に加盟して、フランスと中国が核の「持てる国」に加わりました。三ヵ国が条約に加盟していません——イスラエル、インド、そしてパキスタンです。これらの国は核兵器施設の建設を継続しています。そして一つの国、北朝鮮は、2003 年に条約を脱退し、核兵器施設を建設しながら邪悪なポーカーゲームをしています。

核兵器を保有する九ヵ国全てがその兵器施設を近代化しています。米国は今後 30 年間で 1 兆ドルを支出する計画です。他の核保有国も野心的な近代化計画を持っています。資源の無駄遣いと失われた機会費用は驚くほどです。しかし、その上、核兵器施設の近代化によって核兵器はますます小型化、正確化、そして効率化しています。これら全てのことが合わさって核兵器は戦闘指揮者にとってより使いやすいものとなり、こうしてより使用される可能性が高まり

68　この致死的危険への警告は、核の時代平和財団とその会長であるデイヴィッド・クリーガー、ローマクラブ会員によるものです。彼らのホームページ　https://www.wagingpeace.org/ を参照のこと。

図 1.7　世界の核兵器施設、2017 年（出典：Kristensen and Norris 2017, https://fas.org/issues/nuclear-weapons/status-world-nuclear-forces）

ます。核兵器施設の近代化は NPT の明確な違反です（図 1.7 参照）。

　地球安全保障研究所のジョナサン・グラノフは次のような見解を付け加えています。もし世界中の九ヵ国の核保有国の兵器庫にある 14,000 の核兵器の 1％未満でも爆発したとしたら、何トンもの岩石破砕物が成層圏に入り、地球の気温を下げ、オゾン層の安定性を破壊し、ガンやその他のひどい病気を引き起こして拡散させ、そしてわたしたちがあたりまえだと思っているような農業を終わらせるでしょう。まとめると、たった二ヵ国の、例えばインドとパキスタンの、核保有国の核兵器施設間で、ただ一回の核兵器の応酬が行われるだけで、各地の文明を終わらせることができる、とも表現できる——ロシアか米国のどちらかの核兵器施設からの確かな最初の攻撃が世界の文明を終わらせるのと同様に [69]。

　冷戦終結後の四半世紀の間、およそ 2,000 発の核兵器が高い警戒水準のもとで運用され、命令の数分後には発射できる状態が続いています。これは核兵器の応酬が行われる、ある日の午後に文明が滅びうることを意味します。2016

69　2016 年 12 月 16 日付けで、granoff@gsinstitute.org より広く配信された電子メール。

年7月、オーストラリアのシドニーで核兵器と人類文明の破壊に関する国際人民法廷が開かれ、同法廷は、政治家と核兵器産業が今なお核兵器施設を「近代化」し、これらの兵器の使用を真剣に考慮していることで人権を侵害していると批判しました。

脅威は地球規模であり、したがって解決策も地球規模でなければなりません。そのためには核兵器を真に禁止し、廃絶する目的を持って交渉する必要があります。交渉の取引の場では多くの利害があるでしょうから、交渉は簡単ではないでしょう。段階的で、確証可能で、後戻りしない核兵器の廃絶をするために、新たな法的装置が必要となるでしょう。既存の核保有国によって世界が支配されないように、核廃絶を達成する条約が締結されなければなりません。結局、その条約は、相互確証破壊（MAD）という狂気から地球確証安全保障と生存（PASS）という、今もっとも必要な現実を創り出し、この地球の力学を変化させるようなものでなければならないのです。

1.7　持続可能でない人口増大と都市化

1.10節の図1.14には二つの水平な点線があります。上の線は「1961年の世界の環境容量」で、つまり31億人が住む世界で許容される一人当たりの生態学的影響です。下の線は70億人の人口の下での、2013年の環境容量です。もし世界人口が50年前に35億人以下で安定していたら状況はずっと快適だったでしょう。しかし、ほとんどの人口学者たちは、安定化は今世紀後半まで起きず、むしろ人口は100億人を超えると信じています。持続可能な発展に取り組む上で、世界人口の問いを考えることは絶対に避けて通れることではありません。これは同時に政治的には大変デリケートな問題です。

1.7.1　人口動態

古くから工業化した国々では19世紀に急激な人口増加を経験し、過剰人口という国内問題を、南北アメリカ、アフリカ、そしてオーストラリアという世界の他の地域を征服し、多数の人びとをその地に移住させることで解決してきました。これを考えると、彼らが途上国に人口成長を止めさせることは政治的に見込みがありません。

第 1 章　人類の今の歩みが持続可能だなんて言わないでください！

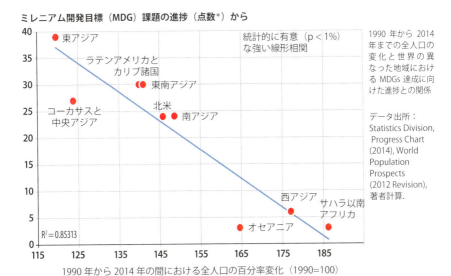

図1.8　人口増大率は弱い発展と相関している（出典：Michael Herrmann (editor). 2015. Consequential Omissions. How demography shapes development – Lessons from the MDGs for the SDGs. New York and Berlin: United Nations Population Fund and the Berlin Institute for Population and Development, UNFPA 2015）

　途上国自身にとってこの持続的な人口政策にいたる道筋と手段を考えることはとても実り多いものでもあります。

　国連人口基金（UNFPA）は新たな調査結果[70]を示し、経済的成功と人口成長の抑制との間の正の相関を確認しています。急速に人口が増加している地域では発展が弱くなっています。もちろんこの相関の論理は双方向に解釈可能です。しかしながら、たいていの文化圏において、高水準の発展を達成し、つまり十分な教育、雇用、そして女性の自己決定を達成し、また十分なエネルギーを入手できると、その集団の人口は安定化するというのは確立された事実です。逆

---

[70] UNFPA 2015. Consequential Omissions. How demography shapes development – Lessons from the MDGs for the SDGs. Fig. 8.
http://www.berlin-institute.org/fileadmin/user_upload/Consequential_Omissions/UNFPA_online.pdf

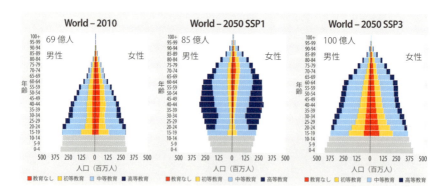

図 1.9 人口の教育特性ごとの異なった 2050 年の人口予測。真ん中の予測「SSP1」は高い教育水準の筋書きで 2050 年に 85 億人になることを示し、「SSP3」の予測は低い教育水準の筋書きで 2050 年に 100 億人に達することを示している（KC S, Luts W (2014) Demographic scenarios by age, sex and education corresponding to the SSP narratives. Population and Environment 35 (3): pp. 243-260. DOI: 10.1007/s11111-014-0205-4）

に言えば、政策決定者と宗教指導者は強力な人口増加が彼らの国の経済発展を弱める傾向があることを認識すべきです。

　有限な地球上では、自然がわたしたちに決断を迫る前に、人口成長を食い止めるべきです。ローマクラブは急速に出生率を減らした国々を称えます。そして出生率を減らす上で知られたプログラム、つまり 5 歳未満の乳幼児のための医療、家族計画を含む生殖医療サービス、女性［そして男性］の教育と解放、そして一人当たりの豊かさの向上や高齢者社会保障の提供を、積極的に推進してきた国々を祝賀します。これら全ての施策は大家族を持とうとする原動力のいくつかをなくすのに役立ちます。

　KC とルッツによる最近の研究では、よりよい教育は 2050 年に現在の予測よりも 10 億人少ない世界人口を導きうると推測しています（図 1.9 参照）。多くの途上国は、持続可能な発展の追求の一部として教育と経済的包摂を通じた女性の能力強化に献身してきました。開発協力にとってこの分野の望ましい成果を達成することは不可欠です。

　より豊かな国々は 1994 年のカイロ行動計画で生殖医療サービスと家族計画を提供することを約束しましたが、どの国の政府も援助機関もこれらのカイロでの約束を守っていません[71]。これは、世界中で推定 50 万人の女性が今なお毎年出産の際に死亡していることを意味します。何億ものカップルが避妊の手

第 1 章　人類の今の歩みが持続可能だなんて言わないでください！

段を持ちません。最近までカトリック教会がこの状況を固定化するのに寄与していました。10 年前と比べてより多くの子どもたちが学校に通っていますが、少年と少女との間には以前大きな隔たりがあります。インド、ネパール、トーゴ、イエメンといった国々やトルコの一部では、少年は少女よりも 20% 多く学校に在籍しています。パキスタンの貧しい地方部では、教育を受けている少女の割合は 4 分の 1 以下です。

多くの途上国では女性一人当たりの出生数は今なお 4 人から 8 人の間です。主たる要因は貧困ですが、社会における女性の低い地位も大きな役割を果たしており、女性に対するあらゆる形態の差別は今なお大きな問題です。インドでは女性の機会を飛躍的に向上させる視点で、男女格差の経済的費用と便益を測定する TalentNomics という活動が始まっています[72]。

人口増大に結びついた環境影響に関しては、人間の数それ自体が全体像を示さないことは明らかです。パウル・エールリッヒとジョン・ホールドレン[73]によって作られた「I＝PAT 方程式」では三つの要因が人間の環境に及ぼす影響（I）を決めています：人口の数（P）、相対的豊かさ（A）、そして技術使用（T）です。そして T は単位付加価値生産あたりの環境影響を劇的に削減するという希望を表現しています（3.4、3.8 及び 3.9 節参照）。

近年の「大加速」（図1.6 参照）は、人口だけでは人間の影響の大幅な増大が説明できないことをはっきりと示しています。人間の数は 5 倍しか増えていないのに対して、世界の経済生産高は 40 倍に、化石燃料使用は 16 倍に増えています。漁獲高は 35 倍、そして人間の水使用量は 9 倍です。

しかし、同時に、人口は増え続ける人類の環境への影響を説明する要因の一つではあるので、世界中で——特にアフリカで——出生数を減らすよう家族に働きかける努力の増大は不可欠です。気候変動や生態系劣化に対応する挑戦は、もし世界人口が約 90 億人で増大しなくなるとすれば——それはまだ十分可能

71　Guttmacher Institute.　（著者：Jacqueline E. Darroch, Vanessa Woog, Akinrinola Bankole and Lori S. Ashford）2016. Adding It Up: Costs and Benefits of Meeting the Contraceptive Needs of Adolescents.

72　国際通貨基金の男女所得格差調査、マッキンゼーの男女格差所得損失分析（いずれも 2015 年）参照のこと。詳細はインターネットで検索してください。

73　Ehrlich and Holdren (1971).

です—— 100億から110億人の間や、それ以上の人口で最大となるよりもずっとやりやすいでしょう。

1.7.2 都市化

人類は田舎の種から都市の種へと変わりつつあります。地球規模の都市化は世界中でとどまることを知らないように見えます（図1.10参照）。先進国と途上国で、都市部では地方部よりも資源や雇用機会、そして文化面、教育面、健康面での利益をより容易に得ることができます。経済力と社会的相互作用、そして生産と消費の双方における中心として、都市は人びとをひきつける魅力を持っています。

1800年には百万人都市はロンドンただひとつでした。その時以来、地球規模の都市化が産業革命技術と密接に関わって始まりました。1900年から2011年にかけて、世界人口は15億人から70億人へと4.5倍に増大しました。その間に世界の都市人口は2億2,500万人から36億人へと16倍に拡大しました。世界人口の約52%が都市人口になりました。2030年までには世界人口の60%、49億人の人びとが都市に住むと推定されています。この都市人口は1900年の世界総人口の3倍以上です[74]。

今日、300を超える100万人以上が住む都市があり、1千万人以上が住むメガシティは22あります。そのうち16は途上国にあります[75]。

数百万人の人びとが住む近代都市は確かに驚くべき達成です。都市は、その中で人間が多くの社会的、経済的、そして文化的取り扱いを行う空間です。都市は、地球規模の通信と輸送の体系の中継地です。比較的低い一人当たりの費用でさまざまなサービスを提供するため、都市は投資家をひきつけます。持続可能性の向上に関する都市の一側面は、都市化の進行と出生率の低下とは強く正に相関しているという既存の経験的事実です[76]。

しかし、いくつか生態学的に負の側面もあります。都市における資源の需要と廃棄物の排出は人間のエコロジカル・フットプリントの大半を代表していま

74　United Nations (2011).

75　World Resource Institute Washington, Urban Growth, www.wri.org/wr-98-99/citygrow.htm

76　Martine et al. (2013).

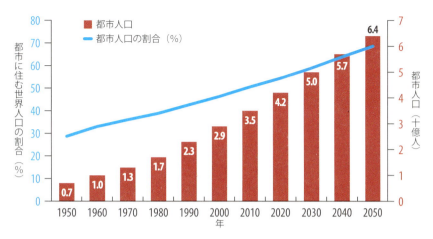

図 1.10　都市の時代ができるまで。100 年間にわたって都市人口は約 10 倍に増加すると予測され、世界人口の 70% を占めるようになる（出典：UN Department of Economic & Social Affairs, Population Division）

す。中心的な矛盾を取り上げてみましょう。都市はわたしたちの主要な棲息地となっている一方で、現在の形態での都市化は急速に増大する人類の生態学的影響を引き起こしているという矛盾です。中国とインドでの研究によれば村から都市へ人びとが移動すると彼らの資源消費は典型的には 4 倍に増加します[77]。人類の集計された環境影響は、既に地球の環境容量を大幅に超えています（1.10 節参照）。

　物質的豊かさと都市の郊外への拡張は密接に関係して進行します。それらは人びとのより広い生活空間への欲求、通勤のための自動車利用、そして都市の騒音・汚染・犯罪から逃れたいという望みともつながっています。世界中で、都市の成長と都市をつなぐ交通インフラはますます多くの生産的農地を飲み込んでいます。したがって都市化現象はますます農業のための——そして野生生物のための——空間がなくなっているという問題にもなっています。これら全てのことは、都市は世界の土地表面のほんのわずかの部分に建設されている一方で、その生態学的影響は今や全球の生産的な土地と海洋表面の多くを占めていることを意味します。

77　Sankhe et al. (2010). Brugmann (2009) も参照のこと。

本書の共著者の一人であるハービー・ジラルデは、ロンドンのエコロジカル・フットプリントは都市自身の表面積の 125 倍で、ざっとイングランドの全ての生産的な土地に等しいことを示しました[78]。典型的な人口 65 万人の北米の都市は、その都市内の必要を満たすために、3 万平方キロメートルの土地——およそカナダのバンクーバー島と同じ広さの土地——を必要とします。対照的に、(ずっと低い生活水準で主に菜食の) インドの同じ大きさの都市は 2,800 平方キロメートルの土地しか必要としていません[79]。

　世界で最も人口が多い中国の立場はとりわけ興味深いものです。中国は世界最速の都市成長を遂げており、都市人口比率が 2016 年の 54% から 2020 年までに 60% に達すると予測されています。数億の人びとが村から都市、そしてしばしばメガシティに移動してきました。最近、中国のエコ文明を創出しようとする意図が広く知られるようになってきました (3.17 節参照)。もちろん、都市化によって快適な繁栄を生み出すことは公式の政府の政策です。「国家新型都市化計画 (2014 - 2020 年)」[80] が多くを表しています。「内需は中国の発展の基本的な原動力である。そして内需を拡大する最大の潜在可能性は都市化にある」。内需と都市化の双方は中国の不健全な (黒字の) 貿易不均衡を削減するためのものでもあります。とはいえ、これら全てが、この国の環境面での持続可能性目標と大きく対立しないかどうかは、今後示されるべきものです。

　郊外へと拡大する都市とメガシティに支配され、広大で地球規模のエコロジカル・フットプリントを持つ都市の世界は不可避でしょうか、あるいは他の選択肢があるでしょうか。地球全体の資源でなく地域の資源で都市は存続し、うまくやっていくことはできないでしょうか。有限の地球で、都市は、継続的にそれが依存する資源を再生させるように設計できるのでしょうか。3.6 節ではいくつかの楽観的な解答を示します。

78　Girardet (1999).

79　International Institute for Sustainable Development (IISD). www.gdrc.org.uem/e-footprints. html での報告による。

80　Chinese government. 2016. China to promote new type of urbanization. Feb 6, 2016. english. gov.cn

1.8 持続可能でない食と農の仕組み

　人類が定住し、狩猟採集のみに依存するのではなく、食べ物を育て始めたとき以来、食糧安全保障は全ての社会の懸念事項の中心にありました。人間の発明の才によって、地球社会は、ただ次から次へと収穫するだけ（天候、害虫、あるいは様々な自然災害によってしばしば失敗しつつ）から、醜聞と言ってよいほどの水準の余剰と廃棄物を出すまでに移行してきました。

　およそ8億人の地球上の人々が慢性的飢餓に苦しんでいる一方で、約20億人は体重過多か肥満であり、別の3億人は2型糖尿病を患っています。これは全て、先進国と途上国の双方における今日の食料生産と消費の態様が質と多様性について不十分なために起きています。現行の農業の仕組みは確かに余剰を生み出していますが、わたしたちの土壌、水、生物多様性、そして実際は全ての生態系とそれらの生命維持サービス、さらには地球規模の気候を脅威に晒してもいます。

　どのようにして人類はそのような状態に至り、またそれを修正するには何が必要なのでしょうか。これらの問いが、『岐路に立つ農業』[81] を含む、多くの最近の農業と食料の仕組みに関する研究の枠組みとなってきました。同書は、南アフリカのヨハネスブルグでの2002年持続可能な開発に関する世界首脳会議において六つの国連機関と世界銀行によって委託され、開発のための農業知識・科学・技術の国際的評価（IAASTD）によって作成された画期的な報告書です。その執筆過程は半分政府、半分市民社会の代表からなる多元的な利害関係者の事務局によって管理されました。農家で実際農業を営む人々から、全ての農業と食料の仕組みに関係する分野の科学者と専門家に至るまで、およそ400人が全ての大陸から訪れ、4年に渡ってその制作に参加しました。

　この報告書は2008年3月に59ヵ国によって承認されました。全ての参加国によって完全に支持されたわけではありませんが、鍵となる知見は**食と農の仕組みのパラダイムシフト**が明らかに必要だということでした。これらの知見は多くの報告書によって繰り返し引用されています。国連環境計画（UNEP）と

81　Agriculture at the Crossroads. 2009. Washington: Island Press（地球規模報告書1冊、要旨1冊、及び地域報告書5冊からなる）

065

国際資源パネルによるもの、国連貿易開発会議（UNCTAD）の『手遅れになる前に目覚めよう』、そして国際農業開発基金（IFAD）による『小規模農家、食糧安全保障、そして環境』などが代表例です[82]。

　農業は、生態系へ与えるダメージについての、全ての主要な側面においてとても大きな関係性をもっています。生物多様性並びに生物種の消失は、新たな農地を得ることや、現在も継続している森林の伐採と湿地の干拓にも密接に関わっています。農業用肥料の流出は窒素とリンの循環を攪乱し、水路を死の一帯に変えています。毒性のある殺虫剤や除草剤が対象ではない無数の動物や植物を殺しています。そして農業と林業が温室効果ガス排出の約25%を占めています。したがって、農業は、現在の生態系と気候の危機を根絶するために変わらなければならない最も主要な分野の一つなのです。

　産業化された農業は小規模農家や土地固有の農家を彼らの土地から追い出しもします。小規模農家は世界人口の三分の一を占め、世界の貧困層の半数を占めます。彼らはそれにもかかわらず、世界の四分の一の農地で、上述の生態系への被害をほとんど出さずに、世界の食料のおよそ70%を生産しています[83]。小規模農家は、政府が企業と取引を行うことにより、その伝統的慣習形態の財産権をしばしば一掃されてしまうことで、より脆弱になります。これらの土地の収奪について、ほとんど事前に合意形成や適切な補償がなされることはありません。特に2006年以降、「土地収奪」は加速し、先進国と、中国や湾岸諸国といった国々からの企業が、とりわけアフリカで広大な土地を乗っ取っています。

　より一般化した説明の下では、わたしたちの時代に営まれる農業とは、その外部費用［様々に与える外部影響］を計算し、単なる生産費用に追加すると、劇的な負の利ざや［つまり損失］をもたらす最も費用のかかるビジネスであることが明らかとなります。図1.11は10の異なった経済部門を示しています。最

82　UNEP and International Resource Panel. 2014. Assessing Global Land Use: Balancing Consumption with Sustainable Supply; UNCTAD. 2013. Trade and Environment Review 2013. Wake up before it is too late: Making agriculture truly sustainable now for food security in a changing climate; IFAD. 2013. Smallholders, food security, and the environment.

83　GRAIN and La Via Campesina (2014). 大規模ダム、工業地帯、そして鉱業も小規模農家を追い出す。

第1章 人類の今の歩みが持続可能だなんて言わないでください！

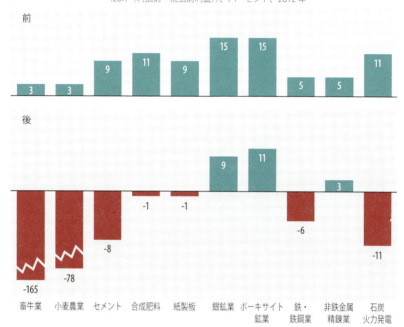

図1.11 農業は、一方での生産、輸送、及び消費に伴う表面的費用と、他方の「真の費用」との差が圧倒的に最大である（出典：Truecost and TEEB 2013; Paven Sukhdev の厚意による）

初の二つ、畜牛業と小麦農業はともに中核的農業ビジネスでありますが、生態系と生物多様性の経済学（TEEB）によれば、「自然資本費用」を含めると圧倒的に最大の「損失」（赤色の棒）を示すことになります。

図は驚くべきものです。もし自然を利用する費用を会計に取り入れると、経済の多くの部門での商業活動が採算の取れないものになる——実際赤字である——ということがわかります。

IAASTDの過去50年間にわたる詳細な分析では、短期的ないくつかの便益は見られたものの、1960年代の緑の革命は全体として飢餓という鍵となる課題の解決に失敗したと結論付けています。飢餓は、供給総量の不足というよりは、食料の入手可能性がなかったことに起因していました。同時に、農家の労働

067

生産性を向上させるために大型の単一種栽培が好まれ、高収量作物を支えるために毒性のある化学物質が必要になりました（多くの伝統的に栽培されている穀物は自然に害虫に抵抗します）。新しい特別な変種や雑種は水をとても必要ともし、地下の帯水層が大量に枯渇しました。害虫や雑草は毒に対する耐性を発達させるのにとても長けているため、ほんの数回の季節農薬を使用するだけで、多くの害虫や雑草は再び発生してより大きな問題を引き起こしました。今日、これと同じようなことが遺伝子組み換え作物に関して繰り返されています。

　近代農業、あるいはむしろ近代の食事の、別の持続不可能な特徴は、肉の生産と消費の一定した増加です。ブライアン・マコヴィナらが論ずるように、食肉生産は唯一最大の生物棲息地損失の駆動力であり、生物学的多様性の大部分が存在する熱帯途上国において、畜産と飼料生産の双方が増大しています[84]。

　まとめると、少なくとも 2009 年の IAASTD 報告書以来、「従来どおり」は選択肢ではないことが広く受け入れられてきました。もし気候、生態系、増大する不平等、そして飢餓の問題を解決するのなら、農業は抜本的な変革を必要とするのです（3.5 節参照）。

　「近代」農業の奇妙さ、矛盾、失敗、そして破壊的性質は世界中のどの国でも公的なメディアにおいてあまり取り上げられていません。理由は単純です。人々は食べたい、そしてそのことについて気分良くしていたい。農家は売りたい、そしてそのことについて気分良くありたい。近代農業は深刻な問題を抱えているという、まさにその考えが、メディアの読者や視聴者にとって忌み嫌われる対象なのです。

　メディアでは、76 億人、そしてやがて 100 億人に達する全ての人々を満足させるだけの十分な食料があるのかという問いだけは、よくとりあげられますね。答えるのは易しくありません。R・ワイラーらによる新たな取りまとめはいくつかの重要なデータと提言を示しています[85]。

　最新の気候、気象、地理、そして人口のデータを用いて、著者らは、「恐るべき砂漠化」と予想される人口の大量増加のために、主にアフリカで今世紀終わりにかけて食糧不足が起こるであろうという不安な結果にたどり着きます。

84　Machovina et al. (2015).
85　Weiler and Demuynck (2017).

第 1 章　人類の今の歩みが持続可能だなんて言わないでください！

倫理的な考察は別として、提言はほとんどが農業技術に関係していますが、多くの点で IAASTD の見方とはかなり異なっています。

1.9　貿易対環境

　わたしたちの時代において最も激しい国際的な対立を引き起こすものの一つは、国際貿易に関する議論です。2001 年、カタールのドーハでの世界貿易機関（WTO）の大臣会合で始まったドーハ・ラウンドはなんら目に見える結果を生んでいません。その会合では、WTO の前身である関税貿易一般協定（GATT）のウルグアイ・ラウンドの期間においては、主に先進国と中国を利するためにグローバルな自由貿易を急速に推進するような動きを感じた途上国たちに対し、その視点を改善することが意図として盛り込まれていました。しかしドーハ・ラウンドの議題に関しては先進国も途上国も、合意する意思がないように見えました。先進国は農産物輸出補助金を撤廃する気がなく、途上国は自由貿易に従うことの利益について懐疑的です。

　これらの貿易交渉において環境は明らかに周辺的な役割しか果たしていません。環境保全をガバナンスするほとんどの国家規制は「貿易障壁」とみなされ、したがって拒否されます。二国間および多国間の貿易協定によって、WTO はより安い生産、市場形成、貨幣利得、商業利益、そして経済成長に特権を与えます。例えば、1991 年には、GATT 紛争小委員会は、「もし米国の議論が認められれば、**どの国も、輸出国からの製品の輸入を、自分の国と異なった環境、保健、社会政策を有しているから、という理由だけで**禁止できることになる」からということで、米国によるイルカの並行捕獲殺傷を伴うマグロの輸入禁止に反対しました[86]。ここでは、WTO は、政府や代表される人々の願いにかかわらず貿易は環境、健康、そして社会正義上の考慮に優先する、と大胆にも述べています。マグロの捕獲がイルカを殺してしまうとしても、それは残念なことですが、貿易とは関係のないことなのです。

　貿易は、環境と消費者の保護に適用されるものとは異なった論理に従います。何よりも多国籍企業によって主張される貿易の議題は生産と消費の拡大、市場

86　強調は著者による。Higgs (2014), WTO (2010).

069

の優位、そして民間企業の成長に向けられています。（低価格で消費財を提供するという、貿易によって実現可能な便益を除いて）公共財という課題には全く関心がありません。それは「企業に対する規制を政府に対する規制で、そして消費者と環境を保護する規制を貿易会社と投資家を保護し促進する規制に」[87] 置き換えます。

　もしWTO紛争小委員会がある国に反対の裁定を下すと、その国にとって快い代替策はありません。その国は国内法を変えるか、悩まされた企業に対して「逸失利益」に相当する罰金を支払うか、一方的貿易制裁を受けるかとなります。WTOがメキシコとベネズエラからの原油輸出を排除してはならないと裁定した際、米国は大気汚染法を弱めなければなりませんでした。日本は自国の規制が要求するよりも多くの食品中の農薬残留量を受け入れなければなりませんでした。欧州と米国との間の紛争では、WTO小委員会は欧州連合に反対する裁定をし、米国はさまざまな欧州連合の製品に対する報復関税を課すことが認められました。

　WTOの場合、産業界に安全性の証明が要求されるのではなく、反対を唱える者が有害性を証明する必要があります。それに対して欧州では「予防原則」が適用されており、新物質は、信頼の置ける科学的リスク評価に基づいて製品が安全であると判明するまで、許可されません[88]。グリーンピースによって2016年5月に公開された漏洩記事によれば、計画されている環大西洋貿易投資パートナーシップ（TTIP）では欧州の予防原則は無視される予定であることが示唆されています[89]。欧州の消費者と環境にとっては幸運なことに、大統領としてドナルド・トランプが登場したことで、米国内ではTTIPへの抵抗が強まっています。

　とはいっても国家主権の唱道者の主張に加わるには注意が必要です。高度に絡み合っている世界にあっては、負の環境影響は多くの場合、地球規模です。したがってローマクラブはそのような破壊を追求する国家の権利を制限する、ある種の地球規模の統治制度を支持します。地球規模の気候条約はそうした制

87　Beder (2006).
88　Higgs, 前掲書 pp. 249-250. 出典はこの著作に全て示されている。
89　Neslen (2016).

第 1 章　人類の今の歩みが持続可能だなんて言わないでください！

限的な規制の一例です。しかしこれまでのところ、国際貿易条約は環境規制を
制限しています。貿易規制は経済的成果を強化することを意図しており、常に
環境問題につながるものです。WTO によって作られた規制が、国際的に作ら
れた規制のうち、実際に法制度が執行能力を持つ唯一の例であるというのは皮
肉です。このような法的強力力は、WTO が自由貿易の便益と（環境に関する）
害の双方について平等な検討を行うように義務付けられている場合にのみ——
今日それは全く事実ではありませんが——正当化されますが（地球規模の統治制
度については 3.16 節参照）。

　一方で、WTO での進捗が見られない中、多くの国々が二国間または多国間
の貿易協定を締結しており、いわゆる貿易取引のスパゲッティ容器を埋め尽く
しています。そのような協定のうち最大のもの——環太平洋および環大西洋協
定——はオバマ政権下の米国によって開始されました。環太平洋パートナー
シップ（TPP）は 2016 年に締結されましたが、米国議会によって批准されない
でしょう。同様に、TTIP は採択される見込がほとんどありません。

　米国大統領であるドナルド・トランプは、米国における製造業の雇用の喪失
は、国境を開放して企業により安い労働力、より安い税、そしてより弱い（環
境を含めた）規制を求めることを認めた結果であると主張し、公然と保護主義
者の立場を取ってきました。ここで彼は、恐らくは中国とシンガポールという
例外を除いて実質上全ての国々に存在する自由貿易に対する反対陣営に組みま
した。この反対の理由は、自由貿易は理論上全ての貿易参加者を利するが、現
実には企業に環境、人権、そして将来世代の福祉を無視させるものになるから、
というものです。これらはトランプ大統領の関心ではないかもしれませんが、
結果さえ良ければ理由を問わない機会主義的な連携にとって、動機は必ずしも
重要ではありません。わたしたちが目指しているものは貿易と公共財との間の
公正なバランスのための連携です。

　ほとんど定義によって、自由貿易は強きを助け、弱きを害します。ウルグア
イ人ジャーナリストの故エドゥアルド・ガリアノが言うとおり、「国際的な分
業は、いくつかの国々は勝ち組に、その他の国々は負け組に特化するようにし
て成り立っています」[90]。公式の経済学的教義によれば貿易はいつも両者を利
するとされますが、現実はそれほど自明ではなく、勝敗があるのは国と国との
間だけでもありません。勝ち組の諸国にも敗者がいつもおり、負け組の諸国に

071

も勝者がいます。国としての英国は長期間にわたって更なる自由貿易を推進してきましたし、ロンドン・シティはその恩恵を大変受けてきました。しかし英国の伝統的製造業地帯の敗者は、英国の欧州連合離脱の投票に際して優勢となり、そして彼らは自身の政府や国際金融市場でなく、欧州連合（と移民の自由移動）に不満を表明してきました。

　中国と「アジアの虎」［香港、シンガポール、韓国、及び台湾］によるいくつかの成功にもかかわらず、多くの途上国、とりわけアフリカとカリブ海諸国においては、国内農民・産業が安い輸入品の洪水によって破産しました。これは米国と欧州が自国の農業部門からの輸出へ補助金を出し続けたことが起因し、とりわけ農業製品について顕著です。ドナルド・トランプの保護主義の宣言はますます途上国を心配させています。マーティン・コーが書いているとおり、米国が貿易赤字を有する途上国からの輸入品に関税をかけることや[91]、多くの途上国における社会・環境プログラムに損失を与える国連拠出金の削減についても、トランプは途上国に衝撃を与えています。コーはトランプの目に余るほどの環境の軽視、そして国際環境条約の撤回可能性についても言及しています。

　貿易の別な側面は強い資本の地球規模の流れです。WTO は、政府が外国籍企業による参入、行動、そして活動を規制する権利を制限することでこれを促進してきました。これは環境に対して主に影響を及ぼしますが、人々はあまりそれに対して懸念を抱くことはないようです。2008 年の世界金融危機の後、ジョセフ・スティグリッツが委員長を務めた国連の専門家委員会は、金融自由化の問題点を多数指摘しました。この国連専門家委員会は、「国の金融への規制制度——国内における健全性に係ることのみならず、とりわけ資本口座への規制というポイントが重要なのだが——これを改定したり、その力を制限することを求める協定については、今回の危機による損失からの教訓に照らして、明らかに変更されなければならない」と勧告しました[92]。しかしなんということか、委員会の勧告は WTO によって採択されなかったのです。

90　Eduardo Galeano. 1973.（スペイン語原書 1971 年刊）Open Veins of Latin America: Five Centuries of the Pillage of a Continent SKU: mrp9916 ペーパーバック版 ISBN: 9780853459910.

91　Khor (2017).

92　UN (2009).

金融規制撤廃には一つの決定的偏りが埋め込まれています。インド人経済学者のプラバト・パトナイクによれば、地域の金融部門は「国際金融部門の一部となり、……そして人々への説明責任を持つ範囲から離脱することによって、国内経済とのつながりから」自身を引き剥がしてきたと書いています[93]。「自由貿易」のこの側面が世界中で金融市場の投資に対する危険で強力な支配力を与えています。各々の地域の利害、公共財、または民主的制御に関する検討などはるかに越えた力です。

まとめると、貿易は相互に便益が見込まれる時に生じ、良いものとなりえます。しかし貿易は国際競争の一部門でもあり、弱い企業や国全体の敗北をもたらしうるものです。そして貿易は一般的に天然資源と環境に対して大変な影響を及ぼしますが、これまでのところこれらの公共財を守る適切な規則を欠いています。世界は「バランス」ということの新たな吟味を必要としています（2.10 節参照）。貿易に関して言えば、これは商業上の目的と環境上の目的との間でのハンデをなくすることを意味します。

1.10　持続可能な開発のための 2030 アジェンダ──悪魔は実行に宿る

パリの気候に関する協定の 3 ヵ月前、国際連合は別の全会一致の協定を締結しました。主として 17 個の**持続可能な開発目標（SDGs）**と **SDGs** を具体的に示した 169 個のターゲットからなる**持続可能な開発のための 2030 アジェンダ**[94] です。図 1.12 は 17 の目標の絵文字を表しています。

SDGs に続く宣言は次のような文章を含む未来像の説明を含んでいます。「…わたしたちは、開発と技術の適用とが気候に対して配慮され、生物多様性を尊重し、そして適応可能性の高いものであるような世界を心に描いている。人類が自然と調和して暮らし、野生生物やその他の生物種が保護されている世界である」[95]

93　Patnaik (1999).

94　正式名称　Transforming our world: the 2030 Agenda for Sustainable Development A/69/L.85 – Draft outcome document of the United Nations summit for the adoption of the post-2015 development agenda.

95　Transforming our world、前掲書 p. 3.

図1.12　2030アジェンダにおける17個の持続可能な開発目標。SDGs1番から11番は社会経済目標とみなせる。SDG12番は責任ある（持続可能な）消費と生産である。SDGs13番から15番は環境目標である。SDG16番は平和、公正、そして制度についてである。SDG17番は目標達成過程におけるパートナーシップである。

　ローマクラブはこの「最高度に野心的で変革を志向する未来像」への強力な支持を惜しみませんが、SDGsの首尾一貫性と目標を実行する方法を検討する必要があります。引用した文章の本当の意味は何でしょう。それは確かに三つの環境面でのSDGsと関係します。気候変動と戦うために必要な緊急の行動についての強い言葉（目標13）、持続可能な発展のために海洋資源を保全し持続的に使うことの重要性（目標14）、そして陸上生態系を保護、回復、そして持続的に使用し、森林を持続的に管理し、砂漠化に対処し、土壌劣化を止め、回復させ、そして生物多様性損失を止めること（目標15）です。

　しかし、11個の社会経済目標（目標1から11）を達成する成功が、**もしこれまで同様の成長政策に基づいてなされるとしたら**、生物多様性の損失を止めることはおろか、地球温暖化の速度を緩めることも、海洋での過剰漁獲を止めることも、土地の劣化を止めることもほとんど不可能であることは、2030アジェンダのどこにも書かれていません。言い換えると、経済成長が定義され追

第 1 章　人類の今の歩みが持続可能だなんて言わないでください！

求される仕方を大幅に変えない限り、人類は社会経済面の SDGs と環境面の
SDGs について大きな両立不可能性に直面することでしょう。

　1992 年の環境と開発に関する国連地球サミットのアジェンダ 21[96] で言及さ
れた同じような目標の運命が何らかの導きとなるとすれば、社会経済的な損失
という問題への解答は成長と貿易を加速させる試みによってなされ、気候であ
れ、海洋であれ、あるいは陸上生態系であれ、環境の段階的侵食をもたらすこ
とでしょう。過去 25 年間にわたって繰り返されましたが、この戦術でいけば、
社会的経済的進捗の程度は実際に必要とされるものよりもずっと少ないままで
しょう。抜本的な、新しい社会経済と環境との統合が必要なのです。

　この統合にあたって、途上国では社会目的と環境目的の間の対立はしばしば
無視されてしまうことを理解する必要があります。故インド首相インディラ・
ガンディーが 1972 年スウェーデン・ストックホルムでの最初の国連環境首脳
会議（国連人間環境会議）に参加した際に述べた強力な標語を、途上国はよく立
ち返って参照します。彼女の標語は「貧困が最大の汚染者である」でした。当
時、その標語には多くの真実がありました。環境問題はたいてい局地的汚染問
題でした。そして明白な解答は汚染管理──お金がかかり、富める者のみが手
にすることができるもの──でした。

　厄介なことに、わたしたちの時代においては、より正確な標語は「豊かさが
最大の汚染者である」とすべきです。これは、温室効果ガス排出、資源消費、
そして土壌の質と生物多様性に富む棲息地を破壊する土地利用変化が、豊かさ
に伴うものだからです。この現実は、1998 年から 2013 年までの二酸化炭素排
出量における世界の不平等を追跡したシャンセルとピケティによる最近の報
告[97] に明確に見て取れます。彼らは、300 万人の最も豊かな米国人（上位 1%）
は驚くべきことに平均的に二酸化炭素を一人当たり一年に 318 トン排出してい
るのに対し、一人当たりの世界平均は 6 トン程度にすぎないことを示していま
す！　したがって豊かな人は一人当たり、平均的な人と比べて 50 倍以上、環
境を汚染したり使用したりしています。地上で最も貧しい人たちと比較した場
合は言うに及ばずです。

96　United Nations Conference on Environment and Development (1992).

97　Chancel and Piketty (2015).

075

富める人達の特別な生活様式について心配するのは意味がない、単純な理由は彼らがとても少ないからだ、としばしば言われます。しかしピケティのデータは異なった姿を教えています。事実は、最も富める上位 1% の米国人は地球全体の温室効果ガスのおよそ 2.5%（！）を排出しているのです。もし世界で最も豊かな上位 10% の世帯が対象となれば、彼らの温室効果ガス排出への寄与は全体の 45% に達します。したがって真に価値があるのは富める人びとの習慣を変えることであって、貧しい人びとの習慣を変えることではありません。

　これは、これまでのやり方を変える最大の負荷を負うべきなのは豊かな国々である、と途上国が言うのは正しいということを意味します。明らかに、途上国は、貧困撲滅（目標1）、食糧安全保障（目標2）、健康（目標3）、教育（目標4）、そして全ての人の雇用（目標8）といった社会経済的 SDGs を追求するのが彼ら自身の優先事項であるとみなしています。結局、これらの目標は世界中の人びとに適用されることが意図されているのです——今日の 76 億人、20 年以内には 90 億人、そして今世紀最後にかけてひょっとすると 112 億人の人びとに、です[98]。これは、世界が出産習慣に関してやり方を変えようとしないか、変えることができないことを仮定した場合の悪夢の数字です（1.7 節参照）。

　「豊かさが最大の汚染者であり続ける」限り、SDGs の社会経済目標と環境目標との両立不可能性は拡大し、社会経済目標の成功については影が差し、破壊してしまうでしょう。他方で、「17 の SDGs は、先進国、途上国ともに世界全体を含む普遍的な目標とターゲットである。これらの目標は、統合されており、不可分であり、持続可能な発展の 3 側面（経済・社会・環境）の釣り合いを取って達成するものである」[99] という国連の宣言文には、誰もが合意するでしょう。

　最近の研究によれば、社会経済的 SDGs と環境的 SDGs の間の両立不可能性は実際大きいことが示されています。アーイェン・ホキストラの水に関するフットプリントの研究[100] は、食糧安全保障（目標2）は全ての人々への十分な水の提供（目標6）と容易に対立することを示しています。生物多様性（目標

98　新たな国連報告書は、世界人口が 2030 年までに 85 億人に、2050 年までに 97 億人に達すると予測しています。そして今世紀末までに地上には 112 億人の人びとがいると推定されています。出典：AP 通信社、2015 年 7 月 29 日。

99　Transforming our world. 前掲書。第 5 段落。

100　Hoekstra (2013).

15）への影響はまだはっきりと定量化はされていませんが、その度合いは大きく、ほとんど全てが負の作用となります。国連環境計画の国際資源パネルは異なったSDGsの間の関連性と両立不可能性に関する予備的評価[101]を行い、人間の福祉に関する多くの目標（17個のうちの11個）は「天然資源の分別ある利用次第である」ことを見出しました。これは、広まっている分別のない天然資源の使い方によって社会経済目標を達成することは単に不可能であることの、とても外交的な言い方です。並行して、ミヒャエル・オーバーシュタイナーら[102]は食糧価格を下げる政策とSDGsの13、14、そして15の環境目標を達成する政策との間には大量の両立不可能性があることを見出しています。

　もちろん、この世界の富める人びとの過剰消費を取り上げも批判もせずに（たいてい途上国の問題から派生して作られている）社会経済目標を批判することは、不公平で一方的でしょう。生態系の破壊が途上国で起こっているときでさえ、結局は豊かな人びとによって使われることになる輸出品を収穫したり製造したりするために破壊がしばしば起きているのです。先進国はその消費形態に含まれる環境被害の多くを外部委託しています——例えば全ての絶滅危惧種のうち約30％は国際貿易のためであると考えられます[103]。ローマクラブは常に公正で公平な分配の原則を支持してきました。つまり、経済的SDGsと生態的SDGsとの間の両立不可能性に取り組む際に、わたしたちは常に南北の（途上国と先進国との）公正を実現する解を探り出そうとするということです。

　最近の研究で、ジェフリー・サックスら[104]は現時点でのSDGsを達成する上での現状と課題に関する定量的評価を与えています。世界銀行やその他の機関から提供されている既存の指標を用いて、国々は各目標に対する指標について評価され、17のSDGs全てにわたる全体的な達成状況に従って順位付けされています。図1.13は上位十ヵ国といくつかのその他の主要な国々を示しています。

101　International Resource Panel and Development Alternatives (Lead Author: Ashok Khosla) 2015. Addressing Resource Inter-linkages and Trade-offs in the Sustainable Development Goals. Nairobi.

102　Obersteiner et al. (2016).

103　Lenzen et al. (2012).

104　Sachs et al. (2016).

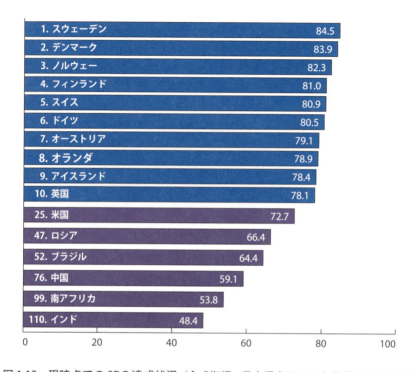

図1.13　現時点でのSDG達成状況（合成指標、最大得点は100と定義されている）による国別順位。上位十ヵ国はいずれも西欧諸国（及びアイスランド）である。米国は高い不平等と過剰な資源消費のため、順位が低い。途上国は高度の貧困、飢餓、非識字、そして失業により達成状況が悪い（出典：https://www.bertelsmann-stiftung.de/en/topics/aktuelle-meldungen/2016/juli/countries-need-to-act-urgently-to-achieve-the-un-sustainable-development-goals）

　驚くべきことに、上位十ヵ国はいずれも豊かな西欧の国々であり、最も順位が低い国々（以下（次ページ）の表を参照）は全て貧しい、多くはアフリカの国々です。達成状況が測定された149ヵ国中の最下位の十ヵ国は以下（次ページ）の通りです。

　一瞥すると、こうした数字はあまり驚くべきものではありません。2030アジェンダは貧困国をより高い発展段階に引き上げることを意図しています。しかし、もう一度よく見てみると、この研究には一つの不安要因があります。高いSDGの達成状況は、一人当たりのエコロジカル・フットプリントとして測定される過剰な資源消費を通して得られた成長も含む、従来どおりの発展経路

順位	国名	達成状況
139	アフガニスタン	36.5
140	マダガスカル	36.2
141	ナイジェリア	36.1
142	ギニア	35.9
143	ブルキナファソ	35.6
144	ハイチ	34.4
145	チャド	31.8
146	ニジェール	31.4
147	コンゴ民主主義共和国	31.3
148	リベリア	30.5
149	中央アフリカ共和国	26

と強く相関していることを示しています。

　グローバル・フットプリント・ネットワークによって毎年評価され更新されている国別エコロジカル・フットプリントは、その国の人口をもとに、消費される財とサービスを供給するのに必要な土地の面積を測定しています。驚くべきことではありませんが、この測定値は高い社会経済的達成状況と豊かさを持つ国々において一般により高くなります。

　図1.14には、SDGについて順位付けされている国々における一人当たりエコロジカル・フットプリント（縦軸）が、それぞれの国の人々の平均的人間開発指数（HDI、横軸）の関数として示されています。

　HDIは教育、健康、および一人当たり所得の合成指標であり、異なった国々の福祉を測定するのに用いられます。図の右下角には、HDIが0.8以上で一人当たりフットプリントが1.8ヘクタール以下である「地球規模で見て持続可能な発展の範囲」があります。

　不安な事実は、この持続可能な発展の長方形がほとんど空っぽだということです。高い社会経済的達成（0.8以上のHDI）と同時にフットプリントで測定した際の持続可能な得点（1.8ヘクタール以下）を達成している国が一つもないということです。SDGの課題に言い換えれば、全ての三つの主要な「柱」（経済、社会、環境）で高い達成をしている国は一つもないという意味です。

　サックスらは、したがって隠れた矛盾を明らかにしています。もし全ての11か12の社会経済SDGsが全ての国で達成されたとすると、平均的フットプ

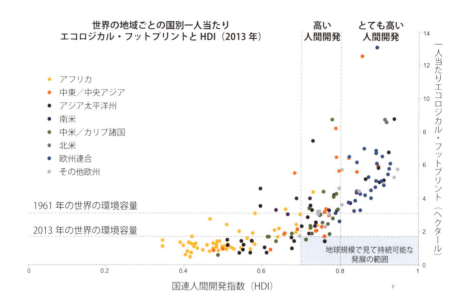

図1.14 グローバル・フットプリント・ネットワークによる持続可能性の図。下から上へ一人当たりフットプリント（一人当たりヘクタール）、そして左から右へ人間開発指数（HDI）。貧しい国々（左）は悲しむべきことに小さなHDIであり、そして豊かな国々は悲しむべきことに大きなフットプリントを有している——その結果「地球規模で見て持続可能な発展の範囲」はほとんど空っぽのままである。上の破線は世界人口が31億人だった1961年の一人当たりの世界環境容量を示している
（出典：2017 Global Footprint Network. National Footprint Account, 2017 Edition; data.footprintnetwork.org）

リントは一人当たり4～10ヘクタールに達するであろうということです。76億人の人びとにとっては、地球が2～5個必要になるであろう、ということを意味します！

　別の印象的な図に示されるように、エコロジカル・フットプリントによって「限界を超える日」、つまりその日以降、世界がその年の残された期間で補充することができない資源を消費し始めた日を推定することができます。1970年にはそれは12月下旬でしたが、2017年には既に8月2日に早まっており、2030年までには6月にまで早まると推定されています（図1.15）。

　サックスらは、SDGの上位諸国でさえ、生態学的に持続可能な状態から程遠いことを強調しています。

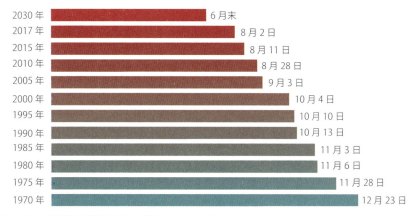

図 1.15 「限界を超える日」が早まっている（出典：www.overshootday.org）

まとめると、国連で採択された SDGs の議論から、世界は 17 の目標をばらばらに追求することができる状況にはほとんどない、と結論されるでしょう。社会経済目標と環境目標に全体として取り組むために**首尾一貫**した政策が必要とされるでしょう。しかし、この一貫した政策は、世界が過去何十年ものあいだ習慣としてきた発展に対する技術的、経済的、そして政治的手段を根底的に転換することを求めるでしょう[105]。

1.11 わたしたちは揺さぶられるのが好き？　デジタル革命の例

1.11.1 揺さぶりをかける技術——新たな誇大広告

技術の革新と開発の速度は上がっています。米国では、革新は（ほとんど）全員が目標としていることです。しかし、真の興奮を獲得しつつある新たな用語は「揺さぶりをかける技術」です。それは既存技術を置き換え破壊する革新を意味します。例えば、従前の写真はスマートフォンカメラによって置き換えられました（かつて高い利潤を生み出した写真用フィルム企業であるコダックは数年

---

[105] これはマイケル・ワドリーとビルギット・ファン・ミュンスターの見解でもある。2017. Nature perspective, closed mass. Homo Sapiens Foundation. hsfound@gmail.com, closedmass@gmail.com

で倒産しました。あるいはコンパクトディスクは音楽配信によって置き換えられました)。この用語はクレイトン・クリステンセンによって造られ、1995 年にバウアーとクリステンセンによって出版されました[106]。この考えは図 1.16 に示されています。

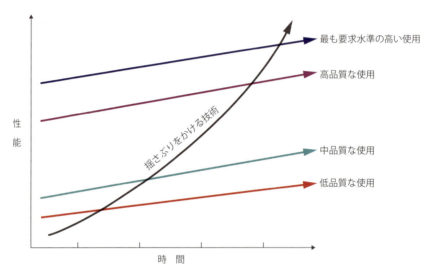

図 1.16　揺さぶりをかける技術の性能は低品質使用や標準よりも下の水準から始まるかもしれないが、新市場を創造したり支配したりする力によって最も要求水準が高い技術さえ最後には乗っ取ってしまう。揺さぶりをかける技術に関するウィキペディア上の説明より採った概念図（2016 年 7 月 24 日閲覧）

　1995 年まで、**揺さぶりをかける**という言葉の意味合いは否定的でした。あなたは寝ているときや愛し合っているときやあるいは友人と夕食を楽しんでいるときに「揺さぶられる」のが好きでしょうか。多くの読者はそうではないでしょう。しかし革新中毒者にとってはこれが本物の興奮なのです。『揺さぶりをかける技術』の著者らはジョセフ・シュンペーターの**創造的破壊**という表現を参照しています。1942 年[107]にシュンペーターは**破壊**という言葉に肯定的な意味を与えて読者を驚かせました。「良い」革新は古い構造と技術を凌駕し、

106　Bower and Christensen (1995).
107　Schumpeter (1942).

第1章　人類の今の歩みが持続可能だなんて言わないでください！

それゆえ破壊するというのです。彼はそれを「資本主義の本質的事実」と呼びました。シュンペーターの考えに起源があるにもかかわらず、バウアーとクリステンセンは当然には彼らの創作を**破壊的**技術とは呼びたくありませんでした。便利なことに、形容詞「揺さぶりをかける」は否定的な意味を持ちすぎないで利用可能でした。しかし本章でわたしたちは破壊と揺さぶりの暗黒面について見ることも避けるわけにはいきません——独創的で成功した技術革新を賞賛しているにもかかわらず、です。

1.11.2　デジタル化は現代の流行語

今日、技術革新のたいへんな加速が見受けられます。デジタル化が時代の流行語です。若い人たちは彼ら自身を「デジタル・ネイティブ」とみなしており、「デジタル移民」——本とペンと紙で育った年上の人たち——を少々見下しています。デジタル・ネイティブの行動は、毎年生み出される何千もの新しいアプリケーションと、わたしたちの社会の実際のデジタル化によって、急速に変化し続けています。そして彼らは、彼らが経験する揺さぶりをたいてい楽しんでいます。

人びとは時間、注目、そして資源の多くの部分をデジタル人工物につぎ込んでいます。技術が進化している他の領域は多くありますが、デジタルは「技術」の同意語か何かになり、公共圏の主要な部分を占めるようになりました。技術革新は加速し、新しい製品とサービスを導入し、ものごとの手順を変え、市場をかき混ぜながら、実際に「揺さぶりをかける」——その言葉の肯定的な意味において——変容をもたらすことによって、究極的にはわたしたちの暮らしを変えています。

1980年代以降、情報通信技術（ICTs）に爆発的成長が起きており、そのプレゼンスは広がっていきました。最新のデジタル・ガジェット［携帯型電子機器］の狂ったような拡散は、人間の欲求を実現する技術の潜在的な可能性によって突き動かされ、心躍った起業家精神を映し出しています。しかし、同時にICTsの爆発と並行して、人類はこの地球での生活を長期的に愉しく持続可能なものにするための、多くのそして各々に絡み合った課題に、ますます気付くようになってきたことも確かです。

ブルントラント委員会が1987年に「持続可能な発展」という概念を広めた

083

とき、ほとんど同時に最初のパーソナルコンピューターが市販されました（1981 年に IBM PC、1982 年にコモドール 64、そして 1984 年にマッキントッシュ）。しかし同時に、デジタル革命の大変否定的な影響——社会面と生態面の双方——が明らかになっていきました。

デジタル変容の大きさと速さは先例のないものです。適応し、ともに生きるには、あらゆる種類の人間の能力が必要とされるでしょう。その挑戦に応えるため、最良で最も聡明な研究者と発明家が関与すべきです。何人かは、わたしたちの持続可能でない暮らし方の悪い面を克服するためにどのようにデジタル技術を利用するのが最善か探求することができるでしょう。

何が起きてくるのでしょうか。

情報技術の世界で数十年にわたって起きたように、「ブルーオーシャン」、つまり企業間の競争のない、新サービスを提供できる市場空間が発見され続けるかどうかは不明です。同時に、新たな襲撃者たちがもっと頻繁にデジタル技術を使って既存の規制、労働慣行、そして財政制度をすり抜けて彼ら自身の「ブルーオーシャン」を創出しようと試みるでしょう。「限界費用ゼロ［追加生産に伴う追加費用がゼロ］」の標語の下、彼らは税を逃れようとします。一方で、これまでの税を支払うタクシー運転手は、運輸の全費用の負担を回避し、税の支払いを最小化しながら新たな独占的ブランドを創出しているウーバーによって追い出されつつあります。「シェアリング・エコノミー」という考えは確かに魅力的なものです。しかし、ビジネスを行う企業がインフラの費用をもシェアすること——彼らがお金を稼ぐ場所で適切な税を払うこと——が保証される適切な枠組みが必要です。

今日最も知られた潮流の一つは 3D 印刷で、これは市民に新たな力を与えるものとして売り込まれています。それによってわたしたちの誰もが家で自己制作できるようになり、自然界に着想を得た新しい環境配慮型のデザインを簡単に採用でき、エネルギーと原材料はより少なくて済み、耐久性、重さ、そして効率が改善されるとされています。3D 印刷は素晴らしいものですが、経済的、社会的、そして生態的観点からの検査に実際には合格する必要があります[108]。例えば原材料供給だけを想像してみてください。もし数百万の分散された 3D 印刷機が 20

108　Vickery (2012).

第1章　人類の今の歩みが持続可能だなんて言わないでください！

～ 60 の異なった化学元素（とそれ以上の化合物）の安定供給を必要としたら、これらの化学物質の爆発的な需要増加と大量の物流が発生するでしょう。そして、ミリグラム単位で使用された化学元素のリサイクルもまた悪夢です。

1.11.3　恐るべき「特異点」と「指数関数型技術」

　ジェレミー・リフキンは新しい経済――彼の言葉で言う「第三次産業革命」[109]――の初期の提案者の一人です。これは ICT によって支えられ、新しい揺さぶりをかける技術群の結果として出現する経済のことです。彼の未来像は、特に再生可能エネルギーとその自律分散型の仕組みに焦点を当てている点で、少し狭いかもしれません。実際のところ、新たな産業革命とはさらにその先を行くものです。

　事実、リフキンの「第三次」産業革命は最近第四次産業革命として参照され、たいていインダストリー 4.0 と呼ばれるものと密接に関係しています。本章では、その革命のより怖い側面に強調が置かれます。肯定的側面は第 3 章で強調しようと思います。

　技術的な観点から言えば、二つの主要な駆動力がデジタル化の過程の核心にあります。第一はムーアの法則です（インテルの創業者から名づけられました）。現在 40 年以上成り立っている法則で、極小化技術の進歩が高密度集積回路中のトランジスターの数を 2 年ごとにおよそ 2 倍にすることを可能にする、というものです。この法則によって、費用を増加させずにマイクロプロセッサーの計算能力を圧倒的に速く増大させることが可能になりました。

　第二の駆動力はメトカーフの法則で、ネットワークの価値はつながっている利用者の数の二乗に比例する、というものです。これは、主要な活動者の優位は線形より大きく、二乗で効くため、ネットワーク上の競争的拡散過程は大変速いものになりえることを意味します。ソフトウェアビジネス、電気通信、そしてインターネットはそのような強い正のネットワーク型フィードバックを示しています。

　こうした特徴は、今や「指数関数型技術」に関する新たな信念の基盤として用いられています。「指数関数型革新」であるという意味は、わたしたちの利

109　Rifkin (2011).

085

益となるあらゆる分野の人間の活動に揺さぶりをかける可能性のある過程であることかと思われます。レイ・カーツワイルとピーター・ディアマンデスは、彼らが**新しい豊かさの世界への道**[110]と解釈する、この無限の改善という未来像の最も知られた推進者です。この未来像の下では、水の浄化、食料生産、太陽エネルギー、医療、教育、そして希少鉱物の再利用やリサイクルに関する、新しくて素晴らしい技術の使用によって、やがて100億人に達する地球の住人の全ての必要が満たされるのです。世界中の主要企業のほとんど「線形思考の経営者」とは鋭い対比をなして[111]、「指数関数型起業家」の小集団が、「六つのD」の循環を十分に活用することで大きな問題への解決策を見出すことが期待されています。六つのDとは、デジタル化 (digitization)、（十分な成長が達成されるまでの）ごまかし (deception)、揺さぶり (disruption)、脱貨幣化 (demonetization)、脱物質化 (dematerialization)、そして民主化 (democratization) です。

ここで恐ろしい点の一つが現れます。ピーター・ディアマンデスとスティーヴン・コトラーは「リバウンド効果」についてよく知らないようです。リバウンド効果とは、本質的に言って、過去のあらゆる効率性向上は望む製品のより高い入手可能性を生み出し、常により多い消費と結果としての（多くは人間による輸送の増大による）地球温暖化、資源欠乏、そして生物多様性の消失といった環境被害の増大につながってきたということです。

そして社会的帰結です。一つは小説に描かれています。デイブ・エガーズは『ザ・サークル』の中で、世界で最も巨大なインターネット企業の力がどのように圧倒的であり得るかを描いています。状況は、より面白おかしい言葉が使われ、今日の現実により近いとは言え、ジョージ・オーウェルの『1984年』に似ています[112]。これらの不安がいかに現時点で突飛に見えたとしても、漠然と見逃すべきではありません。デジタル世界は――そしてビジネス業界の別の部分も――犯罪者集団による複合企業を含む、独占企業の出現を促してもいるのです。

今なおより恐ろしいのはレイ・カーツワイルの「シンギュラリティ（技術的特異点）」[113]という未来像です。「人工知能」が人間の能力を追い越すとき、そ

110　Diamandis and Kotler (2012).
111　Diamandis and Kotler (2015).
112　Eggers (2011).
113　Kurzweil (2006).

の時以降ずっと「革新」が加速し続けるというのです。スーパーコンピューターによって生み出される、自ら加速する革新がどのように制御可能か、読者の方々に少し考えてみていただきたいと思います。その時には既に取り返しがつかないことになっているでしょう。そしてその制御不可能性が、近代ハイテク兵器、ヒステリックな、あるいは誤った情報を与えられている指導者、そして人びとによる物理法則への無知と一緒になったとしたら、何が起きるでしょうか。

別に考察すべきは、米国カリフォルニア州サニーベールにある「シンギュラリティ大学」で育まれている**指数関数型技術**へのエキサイトぶりです。ピーター・ディアマンデスはこのハイテク・シンクタンクの学長を務めており、そこでは技術と革新の連続的で指数関数的な（成長すればするほど成長速度が大きくなる）成長という考えを提案しています。

資源に関する指数関数型の現象は限られた期間だけ有効であると、きちんとした科学は証明しています。シャーレの上のバクテリアのような閉鎖系の場合、ゆっくりとした「遅延期」のあと指数関数的に増殖する「対数期」が続き、その後に定常期がやってきます。そしてその後、バクテリアは資源を使い尽くすため、死滅期に至るのが通常です。

もちろん生物学と電子工学との間には違いがあります。しかしシンギュラリティの傲慢な楽観主義とは明確な対照をなして、産業界が支援する半導体に対する国際技術ロードマップ（ITRS）は、ムーアの法則が無限に成り立つものではなく、物理的限界と微視的水準の熱放出制御という課題によって2020年か2025年頃にはその力学が根本的に変化することを今や認識しています[114]。つまりトランジスターの小型化は終焉を迎えそうです。

ICTとデジタル技術によってもたらされる全ての良いことにもかかわらず、持続可能性への直接的影響を考慮すると、最も主要な影響が否定的なものであることに疑いはありません。ICT分野自体、急速な、多くの場合は指数関数的な、エネルギー、水、そして特殊金属のようないくつかの鍵となる資源利用の増加をもたらしてきました。本書ではより詳細な議論はしませんが、証拠は集まりつつあり、多くの異なった側面があります。読者はいくつかの参考文献

114　Suhas Kumar (2015).

をご覧になるとよいでしょう [115, 116, 117, 118, 119]。

1.11.4　仕事

　揺さぶりをかけるデジタル革新に関連する最大の懸念の一つは、仕事が失われることです。政治的に、これは大変繊細な問題です。実際、新たなデジタル派の人びとは雇用をロボットで置き換えることを夢見ています。そこで、危機は仕事が全面的になくなりそうだという予想であり、これがここ数年間広く議論される問いとなりました。頻繁に引用されるカール・ベネディクト・フレイとマイケル・オズボーンによる研究によれば、図 1.17 に示されているように、（米国において）47% の仕事が自動機械化のリスクを持っています [120]。世界経済フォーラム [121] の 2016 年報告書は、今後 5 年間に 15 の主要国で 710 万の仕事が失われ、200 万の仕事が生み出され、正味 510 万の仕事がなくなると結論付けています。まだ低開発の技術インフラを有する新興産業国は、古く、富んだ産業国のいくつかよりもより否定的な影響を被りそうです。富んだ国に存在する主要製造業のために部品を生産している、労働集約的な産業は、同様に脆弱です。

　さらに劇的な数字が多くの場所で見受けられます。一つだけ引用しましょう。最近の広告によれば「2020 年までに、世界経済は 8500 万の職の不足に直面するだろう」。シェブロンと 49ERS 財団によって出稿されたその広告は、続けて教育による対処戦略を示しています。「次の 10 年間で、あらゆる職業のうち 80% が STEM 技術を必要とするようになるだろう」（STEM とは科学、技術、工学、そして数学を表します）[122]。

　もちろん、自動化された生産やその他の種類のデジタル化によってもたらされた伝統的な職の減少と消滅は、教育と介護に関連した新たな職と、そしてとりわけ持続可能性への大幅な移行のために必要となる活動の創出に向けた刺激

115　European Union (2014).
116　Williams et al. (2002).
117　Silicon Valley Toxics Coalition (2006).
118　Hintemann and Clausen (2016).
119　Climate Group for the Global eSustainability Initiatives (2008).
120　Frey and Osborne (2013).
121　World Economic Forum (2016).
122　TIME (2017).

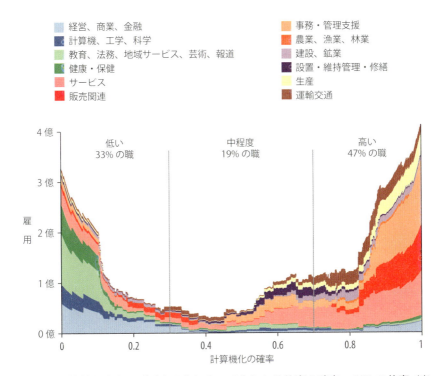

図 1.17　計算機化またはデジタル化によって失われる仕事の確率。47% の仕事（米国）が 70% 以上の喪失の可能性を有する（出典：Frey CB, Osborn MA (2016) The future of employment: How susceptible are jobs to computerization? http://www.sciencedirect.com/science/article/pii/S004016251630244）

となるべきです。しかしそうした職は伝統的に公的分野の取り組みと公的分野の投資に主に依存しています。増税の見通しがない経済の仕組みの中で、いかにしてそれは起こるでしょうか。

　仕事がなくなる不安に加えて、デジタルの揺さぶりは、極めて少数の技術専門家を除いて、労働組合を持たず低賃金労働に基づいた、悪化した労使関係をも意味するという事実があります。

1.12　「空っぽの世界」から「いっぱいの世界」へ

　経済学者や政府高官の間では、「経済学と生態学との間に対立はない。わた

したちは経済を成長させ同時に環境を保全できるし、そうすべきだ」という言葉をよく耳にします。それは真実でしょうか。それは可能でしょうか。それは人を慰める言葉ですが、よくて半分しか真実ではありません。

　これまで取り扱ってきた争点を踏まえれば、ローマクラブが本書の第一章を締めくくるにあたっては、主に「空っぽの世界」と「いっぱいの世界」との巨大な違いを強調しながら、経済学に議論の焦点をあてるのが自然でしょう。「いっぱいの世界」の中のわたしたちの経済を導く原則は、「空っぽの世界」の中でのものとは大いに違っているべきです。

1.12.1 物理的成長の影響

　図1.18には、人間の経済活動はどこに位置しているか、示されています。それは、太陽エネルギーの連続的な流入には開かれているものの、有限で、成長せず、物質について閉じている、より大きな生物圏の内にあります。つまり、物理的な次元で経済活動が拡大すると、生態系の残りの部分からの物質とエネルギーを自身の中へと取り込んでいく、ということになります。

　これが意味するのは、「経済」と呼ばれている営みは、物質とエネルギーの保存則（熱力学第一法則）で考えれば、生態系に侵入して、既存の自然界による物質とエネルギーを使用して、それを転換させることと表現できるでしょう。より多くの人間の経済活動（より多くの人びと、商品、そしてごみ）は、より少ない自然界の生物圏をつくっている。経済成長と環境保全との間には明白な物理的対立があるというわけです。

　人間の経済圏が生物圏の部分系をなしていることは強調するにはあまりに自明に見えるかもしれません。しかし、わたしたちの政府の間では反対の見方が普通なのです。たとえば英国自然資本委員会議長は次のように述べています。「白書が正しく強調したように、環境は経済の一部であり、成長の機会が取り逃されないように、環境は適切に経済に統合されなければならない」[123]。

　しかし、物理学者が理解する地球の存在の仕方の法則と、経済学者や政府が信じていることの間の対立とはどのくらい重大な問題なのでしょうか。ある人

123　Dieter Helm, Chairman of the Natural Capital Committee, The State of Natural Capital: Restoring our Natural Assets, UK. 2014.

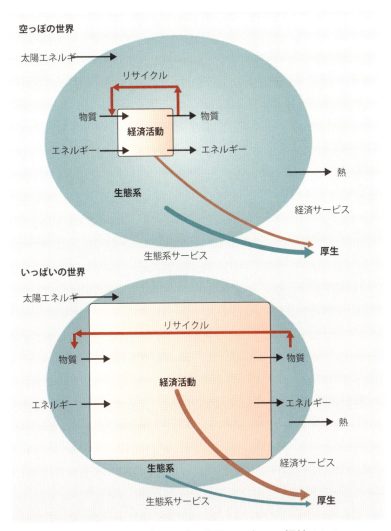

図 1.18 「いっぱいの世界」対「空っぽの世界」の中での福祉 (出典：Herman Daly, www.greattransition.org/publication/economics-for-a-full-world)

びとは全く重要でないと考えます。彼らは、わたしたちはまだ「空っぽの世界」に住んでいると信じているのです。確かに、「空っぽの世界」では、経済はそれを取り囲む生物圏よりも小さく（人間や人工物は相対的に空っぽで）、採掘や収穫の技術はあまり強力でなく、人間の数は少なかったのです。魚はわたし

たちが捕獲できるよりも速く再生し、木々はわたしたちが切り倒せるよりも速く成長し、地殻の鉱物は濃集し豊富にあり、天然資源は実際に希少ではありませんでした。「空っぽの世界」では、経済学者が「負の外部性」と呼ぶ、わたしたちの生産活動の望ましくない副作用は、広い自然界に散らばり、ほとんど影響を及ぼさずにしばしば吸収されました。

しかし「いっぱいの世界」では、廃棄物を吸収する広大な天然の吸い込み口はもはやありません。今日のわたしたちの大気中の二酸化炭素の蓄積はわかりやすい例です。この「いっぱいの世界」では、外部経済は外部で作用するものではなく、人々やこの惑星全体に直接影響を与えてしまうのです。むしろ、その言葉の定義があてはまらず、生産時にかかる経費としてそれは費用の内部に計上されていなければなりません。

新古典派にしろケインジアンにしろ、それらの経済学理論は「空っぽの世界」の視点を基盤として培われ、今もなお多くの仮定を過去の時代に準拠させています。図1.6を思い出してみましょう。20億人から70億人へと、かつて世界人口が3倍以上になった時のことです。畜牛、ニワトリ、ブタ、ダイズ、そしてトウモロコシの茎の数はますます速く増大しており、自動車、建物、冷蔵庫、そして携帯電話といった非生物の数も同様です。

これら全ての数は、生物であれ非生物であれ、物理学者が「散逸構造」と呼ぶものです。つまり、それらの維持と再生産には新陳代謝の流れが必要とされます。生物圏にある低いエントロピー（高度な構造物）を消費することから始まり、生物圏に高いエントロピー（高い無秩序）の汚染をする廃棄物を、もう一度返還することで終わる物質の流れのことです。始点と終点の双方で、この新陳代謝の物質流は、人々と富の蓄積を生産、維持、再生産する上で必要な費用を課します。最近まで、新陳代謝の物質流という考え方は標準的な経済理論には存在せず、ニコラス・ジョージェスク＝レーゲン[124]やケネス・ボールディング[125]の重要な貢献にもかかわらず、現在ですらその重要性は大いに低く見られています。

「空っぽの世界」から「いっぱいの世界」へ移行することの費用と便益は図

124　Georgescu-Roegen (1971).
125　Boulding (1966).

第1章　人類の今の歩みが持続可能だなんて言わないでください！

1.18 に示されています。経済活動から厚生への矢印は経済サービス（経済活動による便益）を示しています。「空っぽの世界」では小さいですが、「いっぱいの世界」では大きいです。それは成長しますが、その程度は成長するほど小さくなります（というのも合理的な存在は最も重要な欲求を最初に満たすからです――限界効用低減の法則と呼ばれます）。成長の費用は、「空っぽの世界」では大きく「いっぱいの世界」では小さい、縮減する生態系サービス（緑色の矢印）で示されます。その費用は、生態系が経済活動によって追いやられるに従ってますます増大する割合で減少します（というのも人類は――最善でも――最も重要でない生態系サービスを最初に犠牲にするからです――限界費用増大の法則です）。

　厚生の総計（経済サービスと生態系サービスの合計）は追加された経済サービスの限界便益［サービスの追加的なもう1単位の供給がもたらす便益］が、犠牲となった生態系サービスの限界費用［サービスの追加的なもう1単位の供給に必要な費用］と一致するときに最大化されます。第一次近似としてはこれが生物圏と比較しての最適な経済規模を与えます。この点を超えての物理的な成長はその価値以上の費用を生じ、したがって**非経済的成長**となります。便益と費用（とりわけ費用）を正確に測定することが実証的に難しいからといって、**成長の経済的限界**という論理的明確さが――あるいはグローバル・フットプリント・ネットワークやプラネタリー・バウンダリーの研究から得られる費用の印象的な実証的証拠が――覆い隠されるべきではありません。

　経済学において新陳代謝の物質流の概念を認識することは熱力学の法則を重視することを意味します。これは「成長至上主義者」のイデオロギーにとっては不都合です。上述の通り、熱力学第一法則は環境と経済の間の物質／エネルギーに関する両立不可能性を課します――低エントロピー資源を採掘して高エントロピー廃棄物を返還することによってです。第二法則はこうして経済の拡張と環境の保全との間の更なる対立を課します。つまり、経済の秩序と構造は、存続している生物圏における無秩序と破壊によって購われる、ということです。

1.12.2　GDPのあやまり――無視される物理的影響

　他のよくある成長と環境との対立に関する否定論としては、GDP は価値単位で測定されているため、それが環境に対して物理的な影響は与えることはな

い、という主張が挙げられます。GDPは価値単位で測られますが、一ドルに値するガソリンは物理的な量である——最近であれば欧州連合諸国で四分の一ガロン（約一リットル）である——ことを忘れてはなりません。GDPとは最終的な利用のために購入されたそのような「一ドルの価値」を持つ量を集計したものであり、結果として価値で重み付けされた**物理的量**の指標なのです。GDPは確かに資源流出入量と完全には相関していませんが、わたしたち自身のように物質に依存した生物にとっては正の相関はとても高いのです。資源流をGDPから絶対的に「デカップル［分離］」させることは必要でもあり議論もされていますが、その見通しはかなり限られています [126]。

　もちろん、デカップリングの機会は技術によって積極的に追求されるべきです [127]。しかし、ジェヴォンズのパラドックスが説くところによれば、人間は往々にしてより効率が良くなったものをさらに消費し、せっかく効率向上で蓄えることが可能になった資源の大部分をはるかに越えて、成長経済のために潜在的にもっと多くの資源消費をしてしまう傾向を持っています。これは「緑の成長」[128] といういくつかの現実的可能性を否定するものではありませんが。

　生態経済学者は**成長**（物質の付加または吸収による量的な規模の増大）を**発展**（設計、技術または倫理的優先順位における質的改善）から区別して、**成長なき発展**を提言してきました——生態学的に持続可能な状態を超えてしまうような資源流出入の量的増大を回避しながら質的改善を図るということです。1.1節ではより少ないエネルギーでより多くの光を与えるLEDに言及しました。ですから、量的発展と環境との間には必要な対立は実際ありません。しかし確かに量的成長と環境との間には対立があります。GDPの統計は成長と発展とを、また費用と便益とを混合しています。それはものごとを明確にすると同時に混乱させる数字でもあるのです。

　経済学の論理は制約要素に投資するようわたしたちに教えます。生産を制限

126　Victor (2008). Jackson (2009), Maxton and Randers (2016) をも参照。
127　国連環境計画（UNEP）国際資源パネルはデカップリングに関する二つの主要な報告書を出版しています。UNEP. 2011. Decoupling natural resource use and environmental impacts from economic growth. 主 著 者：Marina Fischer-Kowalski and Mark Swilling. Nairobi. UNEP. 2014. Decoupling 2: Technologies, Infrastructures and Policy Options. 主著者：Ernst von Weizsäker and Jacqueline Aloisi de Larderel. Nairobi.
128　例えば OECD (2011).

第1章　人類の今の歩みが持続可能だなんて言わないでください！

するのはチェーンソー、魚網、またはスプリンクラーの数でしょうか、あるい
は森林、漁業資源、または淡水の量でしょうか。経済理論は変わってきません
でしたが、制約要素の内容は変わりました。より多くのチェーンソー、魚網、
またはスプリンクラーを製造するという古い経済政策は今やほとんど非経済的
です。投資は、現在の制約要素である**自然資本**に振り向けられるべきです。漁
業の場合であれば、これは漁獲高を減らし魚の数が元の水準まで増加するよう
に行動することを意味します。

　伝統的経済学者はこの制約要素の変化に対して二通りに対応しました。第一
は、それを無視することでした——わたしたちはまだ「空っぽの世界」に住ん
でいると信じ続けることを選んだ、とでもいいますか。第二は、人工物と自然
資源とは代替可能であると主張してきたことです。自然資本が以前よりは現在
希少であるとしても、人工資本は天然資源の「ほぼ完全な」代替物だから問題
ではない、と新古典派経済学者は主張します。しかし実世界では彼らが「生
産」と呼ぶものは実際、転換でしかないのです。天然資源が、資本と労働力に
よって有用な生産物と廃棄物とに転換（増加でなく）させられるのです。

　確かに改良された技術は資源を使う際の廃棄を減らし、リサイクルをしやす
くすることはできますが、蓄えられた転換の担い手（資本または労働力）がどう
やって転換されているもの自身（天然資源）を代替したり置き換えたりできる
のか、想像できません。1ポンド［0.454キログラム］の材料だけから、より多
くの料理人とオーブンを使うだけで10ポンドのケーキを作ることができるで
しょうか。

　水中音波探知機への資本投資は海に残っている魚を発見する助けになるかも
しれませんが、そこにより多くの魚が存在すること自体の可能な代替物にはほ
とんどなりえません。同時に、水中音波探知機を含む漁船の資本価値は魚がい
なくなるや否や崩壊します。「いっぱいの世界」では、こうしてある種の成長
は、非経済的な結果を意味することになるのです。

1.12.3　GDPのあやまり再び——費用をあたかも便益であるかのように扱う

　社会の幸福度を測定するように意図されたことが一度もないGDPを極大化
することは、国の政策目標として適当ではない、ということがついに広く認識
されるようになってきました。どのたった一つの指標も全ての目的を満足する

095

ことはありませんが、幅広い合意を得て多年にわたって多くの国々で使用されてきたため、GDP は国と国際間の経済政策に強大な力を獲得しました。GDP は全ての支出を肯定的に解釈し、厚生を増大させる活動と厚生を減少させる活動とを区別しません。例えば、石油の流出はそれに伴う清掃と修復の費用のため GDP を増大させますが、明らかに全体の厚生を引き下げます。GDP を増大させる他の活動事例には、自然災害、ほとんどの疾病、犯罪、事故、そして離婚すらも含まれます。GDP は、測定された厚生や自己評価した幸福（便益）よりもより緊密に物質流（費用）と相関しています。

　厚生を増大させるが金銭取引を含まず、それゆえ市場から漏れ落ちる多くの要素を GDP は無視したりもします。例えば、庭から野菜を収穫し家族や友人のために調理する行為は GDP に含まれません。しかしスーパーマーケットの冷凍食品庫から同様の食品を買うとお金のやり取りが含まれ、それに伴う GDP の増加として数えられます。親が家で子どもを育てたり、ボランティア活動を行ったりすることは GDP に含まれませんが、潜在的には社会の幸福にとって鍵となる貢献になりえます。

　加えて、GDP は個人間に跨る所得分布の有り様を説明しませんが、これは個人と社会の幸福にとっては大きな影響を持ちます。GDP は、ただ一人の個人や、たった一つの企業が一国の所得の全てを受け取るか、所得が人口全体に平等に分配されるか、気にしません。しかし、貧しい人にとっての 1 ドル分の所得増加は、富める人にとっての 1 ドル分の所得増加よりも、より多くの追加的な厚生を生み出します。

　このように、GDP という指標にはあらゆる問題がからみあいながら山積していることがシェアされていても、なお、それは国の総合的業績の最も一般的な指標として用いられています。GDP を物差しに使うと、世界経済は 1950 年以来 8 倍から 10 倍に成長しました——物理的な物質流の大変な拡大を意味します [129]。GDP が業績指標として継続して使われている理由は、それがお金を対価として働くという労働形態と一体になっており——そしてこの労働形態が

---

[129]　Higgs (2014, 前掲書 , p. 34); Maddison (1995); World Bank 各年数値 , 1961-2015: World Bank. GDP の成長 （年率）、
http://data.worldbank.org/indicator/NY.GDP.MKTP.KD.ZG

わたしたちの社会に大変高い価値をもたらしているからです。

過去数十年間にわたって多くの代替指標が提案されてきており、研究者は、真の正味の進歩を反映するような共通枠組みに経済、環境、そして社会の要素を統合するように努めてきました（3.14節参照）。

第1章と第2章との関係

第1章は——本書全体と同様——、『成長の限界』の出版から45年後、そしてブラジルのリオ・デ・ジャネイロでの1992年「地球サミット」から25年後に書かれています。地球サミットの影響に関する新しい評価は、25年間の試行を経て、なぜわたしたちはまだ環境面で持続可能でないのか、という表題になっています[130]。ハウズと彼のチームは各大陸でいかに持続可能性政策が失敗してきたかに関する94の調査を検証しました。これらには先進国と途上国の両方の事例研究が含まれており、国際的な取り組みから地域での取り組みまでがありました。評価書は、1970年以降生物多様性指標は50％以上下降し、人間のエコロジカル・フットプリントは持続的に資源を供給するには1.6個の地球が必要となる水準に達し、年間の温室効果ガス排出量はほぼ倍増し、そして世界中で48％以上の熱帯及び亜熱帯林が失われたと結論付けています。

評価書の著者は三つの繰り返される失敗の種類を見出しました——経済、政治、そしてコミュニケーションです。環境面で被害をもたらす活動はたいてい利益を生み出します。政府は有効な政策を実施する能力がないか、意思がありません。そしてコミュニケーションは保護の必要を地域社会に説明するのに失敗し、大量の反対に遭います。そしてこれが先進国でも途上国でも世界中で起きます。

この失敗から抜け出す道について、ハウズ博士は、最大の被害を生み出している産業が環境効率的な生産に転換し、実行可能な移行の道を提供するよう、政府が財務的誘因を与えることを示唆しています。あらゆる部門のビジネス界の指導者は、環境の劣化しつつある状態の深刻さと、持続可能な発展は可能で

130　Michael Howes. 2017. After 25 years of trying, why aren't we environmentally sustainably yet? 対話ウェブサイト（オーストラリア）.

あることの双方について納得する必要があります。

　よろしいでしょう。それは現状の良い要約ですが、毒にも薬にもなりません。政府は愚かだからコミュニケーションに失敗しているのではなく、もし正直にコミュニケーションすれば彼らは次の選挙で負けるからです。そしてビジネスは利益を生み出すものを軽蔑していればすぐにビジネスができなくなるでしょう。ほとんどあらゆる部門は実世界で彼らにとって重要に見えるものにただ従っているだけなのです。

　マイケル・ハウズの分析ではある点が抜けています。1970年以降のこの数十年の間、世界人口は2倍以上になり、そして一人当たりの消費量も同様です。人間は多すぎ、あまりに欲深く、手に入るもの全てを消費し、そして将来世代が必要とする分を尊重することができていません。もっと柔らかい言葉で国連経済社会局（UNDESA）はこう述べています。「もしわたしたちが技術的能力を最高レベルまで到達することに成功したとしても、**何か別のことをしない限り**、数十年のうちには、わたしたちの子どもたちや孫たちが繁栄するのに不十分な機会しか与えられない世界に行き着いてしまう可能性が高い」[131]。

　一例として気候について見てみましょう。国々はパリでの国連気候変動枠組条約第21回締約国会議（COP21）で二酸化炭素とその他の温室効果ガスの排出を急速に、そして大きく削減する必要があることに同意しました。その挑戦は各国での議論に移され、そしてそこでの最初の、ほとんど自動的な応答は、雇用と厚生を減らさずに排出を減らすには多くの追加的なお金が必要となるだろうというものです。こうしてさらなる経済成長のための新たな刺激が最初に議論されます。**何か別のことをしない限り**、それはより多くの――より少なくではなく――温室効果ガスの排出につながります。

　強調されている言葉「**何か別のことをしない限り**」は、変革を志向する挑戦を支持する全ての人が注意すべき戒めとして理解することができます。第1章の暗い事実を心に留めつつ、人類は、ただ単に新たな技術に投資する一方で継続した経済の拡大を支持しさらなる人口成長に耐えるのではない、もっとずっと抜本的な変革志向の挑戦に備えなければならないことは明らかです。ですから、全体目標は、もはや単に「成長」ではありえないように思われます。それ

131　UNDESA (2012).

は真に「持続可能な発展」となるべきです。

これを達成するには、真に変革志向の挑戦が設定され、首尾一貫性や望ましい目的と成果が確認されなければなりません。人類は、古い成長思想が間違っていることが判明したため、新しい世界観と新しい思想を確立するという挑戦に直面しているのです。

二つの異なった**デカップリング**（分離）の仕事が追求されなければなりません。商品とサービスの生産を持続可能でなく、資源を浪費し、または配慮のない人間、資源、そして動物の取り扱いから分離すること（より良いことをする）、そして人間にとって必要な満足の獲得を更なる経済的な成果を生み出す命令から分離すること（良いことをする）です[132]。第二の仕事は実質的により少ないGDP です。これは全ての政党にとって呪われた事態です。1.12.3 節に示したように、GDP はお金を対価とする雇用と並行して増減するものであり、誰も気まぐれで減らす危険を冒そうとは思わないものなのです。

持続可能な発展という変革志向の挑戦を追求するためには、今日のように高い雇用の数字を求めることよりも将来世代のための持続可能な世界の長所を好意的に重視するような、新たな世界観が必要となるでしょう。しかし、それは、「いっぱいの世界」というわたしたちの時代に応じた、これまでとは異なる政治的文明的思想を創りだす必要がある、ということです。

本書の第 2 章では、したがって思想に焦点を当て、より良い思想的枠組みを目指して、いくつかの鍵に到達できれば、と思います。この探求は新たな「啓蒙」への欲求へと——必要ではないにしても——つながっていくかもしれません。

もちろん、ローマクラブだけが持続可能な世界への広く深い移行を求めているわけではありません。国連環境計画（UNEP）はその第 5 次地球環境概況（GEO）評価[133]で次のように述べています。「持続可能性への移行は理解、解釈枠組み、そして幅広い文化的価値における深甚の変化を必要とする。ちょうど、個人の行動を制限し調整している習慣、制度、そして社会構造における変革が必要とされるのと同様に」。同様の意図は経済協力開発機構（OECD）のイ

132　Göpel (2016). 主に pp. 20-21.
133　UNEP GEO 5 Report, 2012, p. 447.

ノベーション戦略（2015年改訂版）[134] や、米国ボストンのテラス研究所所長の
ポール・ラスキンによって開始された大転換ネットワーク（GTN）にも見られ
ます。彼は「アースランド」と呼ばれる地球規模の「国」、地球文明の場を想
像しています[135]。

　「混乱」（1.1節）と持続不可能性の多岐にわたる特性（1.2、1.3、1.4、1.5、1.6、
1.7、1.8、そして1.9節）を克服するための戦略的選択肢を検討すると、深い変革
を伴う変化の潜在的な危険と機会に気づくことになります。しかし、適切な評
価と成熟した判断を行うために最も重要な手順の一つは、わたしたちの時代の
「思想的危機」についての、より良い理解かもしれません。知性的理解という
仕事を超えて、思想的分析は、宇宙船地球号の真の持続可能性のための価値と
世界観への移行に関してどこに潜在的協力者がいるのかを明らかにするのを助
けてくれるでしょう。

134　OECD. 2015. The OECD Innovation Strategy. An Agenda for Policy Action (2015
　　　Revision). p. 6.
135　Raskin (2016).

参考文献

Admati A, Hellwig M (2013) The bankers new clothes. Princeton University Press, Princeton（アナト・アドマティ、マルティン・ヘルビッチ『銀行は裸の王様である』土方奈美訳、東洋経済新報社（2014））

Arsenault C (2014) Top soil could be gone in 60 years if degradation continues, UN Official Warns. GREEN, Reuters, 5 Dec 2014

Bardi U (2014) Extracted. How the quest for mineral wealth is plundering the planet. A report to the Club of Rome. Chelsea Green Publishing, White River Junction

Bartlett B (2013) Financialization as a source of economic malaise. NY Times, 11 June 2013. https://economix.blogs.nytimes.com/2013/06/11/financialization-as-a-cause-of-economic-malaise/

Beder S (2006) Suiting themselves: how corporations drive the global agenda. Earthscan, London, p 42

Blue Planet Prize Laureates (2012) Environment and development challenges: the imperative to act. Presented at UNEP, Nairobi, Feb 2012. Asahi Glass Foundation, Tokyo

Boulding K (1966) The economics of the coming spaceship earth. In: Jarrett H (ed) Environmental quality in a growing economy. Johns Hopkins University Press, Baltimore

Bower JL, Christensen CM (1995) Disruptive technologies: catching the wave. Harvard Business Review, Jan–Feb 1995（ジョセフ・L・バウアー、クレイトン・M・クリステンセン「大企業が陥る『破壊的技術』の罠」、関美和訳、『DIAMOND ハーバード・ビジネス・レヴュー』、2013 年 6 月号、60-77）

Braungart M, McDonough W (2002) Cradle to cradle: remaking the way we make things. North Point Press, New York（ウィリアム・マクダナー、マイケル・ブラウンガート『サステイナブルなものづくり──ゆりかごからゆりかごへ』岡山慶子、吉村英子監修、人間と歴史社（2009））

Brugmann J (2009) Welcome to the urban revolution. Penguin Books, London/New York

Chancel L, Piketty T (2015) Carbon and inequality: from Kyoto to Paris. Paris School of Economics, Paris

Civil Society Working Group on Gene Drives (2016) The case for a global moratorium on genetically-engineered gene drives. www.synbiowatch.org/gene-drives

Climate Group for the Global eSustainability Initiative (2008) SMART 2020: enabling the low-carbon economy in the information age. http://www.smart2020.org/_assets/files/02_Smart2020Report.pdf

Corlett A (2016) Examining an elephant. Globalisation and the lower middle class of the rich world. Resolution Foundation, London

Crotty J (2009) Structural causes of the global financial crisis: a critical assessment of the 'new financial architecture'. Camb J Econ 33:563–580

Daly H (2005) Economics in a full world. Scientific American, September 2005, pp 100–107（ハーマン・E・デイリー「環境経済学の挑戦」、『日経サイエンス』2005 年 12 月号、102-110）

Dempsey N et al (2016) Energy prices. House of Commons Briefing Paper 04153, London

Diamandis P, Kotler S (2012) Abundance . The future is better than you think. Free Press, New York

（ピーター・H・ディアマンディス、スティーブン・コトラー『楽観主義者の未来予測——テクノロジーの爆発的進化が世界を豊かにする』、熊谷玲美訳、早川書房（2014））

Diamandis P, Kotler S (2015) Bold: how to go big, create wealth and impact the world. Simon & Schuster, New York（ピーター・H・ディアマンディス、スティーブン・コトラー『ボールド——突き抜ける力』、土方奈美訳、日経 BP（2015））

Dugarova E, Gulasan N (2017) Six megatrends that could alter the course of sustainable development. The Guardian, 18 Apr 2017

Eggers D (2011) The circle. Knopf, New York（デイブ・エガーズ『ザ・サークル』、吉田恭子訳、早川書房（2014））

Ehrlich PR, Holdren JP (1971) Impact of population growth. Science 171(3977):1212–1217

Fan R et al (2014) Anger is more influential than joy: Sentiment correlation in Weibo. doi:https://doi.org/10.1371/journal.pone.0110184

FAO (2016) The state of world fisheries and aquaculture 2016. Rome

Frey CB, Osborne MA (2013) The future of employment: how susceptible are jobs to computerization? http://www.oxfordmartin.ox.ac.uk/downloads/academic/

Georgescu-Roegen N (1971) The entropy law and the economic process. Harvard University Press, Cambridge, MA（ニコラス・ジョージェスク＝レーゲン、『エントロピー法則と経済過程』、高橋正立、神里公訳、みすず書房（1993））

Girardet H (1999) Creating sustainable cities, schumacher briefing 2. Green Books, Totnes

Gopel M (2016) The great mindshift. Springer, Berlin

GRAIN and La Via Campesina (2014) Hungry for land: small farmers feed the world with less than a quarter of all farmland. https://www.grain.org/article/entries/4929

Greenwood R, Scharfstein D (2013) The growth of finance. J Econ Perspectives 27:3–28

Hasselverger L (2014) 22 facts about plastic pollution (And 10 things you can do about it). EcoWatch, 7 Aug 2014. http://ecowatch.com/2014/04/07/22-facts-plastic-pollution-10-things-can-do-about-it/

Higgs K (2014) Collision course: endless growth on a finite planet. MIT Press, Cambridge, MA

Hintemann R, Clausen J (2016) Green cloud? Current and future developments of energy consumption by data centers, networks and end-user devices. In: 4th international conference on ICT4S, Amsterdam, Aug 2016

Hoekstra AY (2013) The water footprint of modern consumer society. Routledge, London

Hsu PD, Lander ES, Zhang F (2014) Development and applications of CRISPR-Cas9 for genome engineering. Cell. 157(6):1262–1278. issn:1097-4172

Jackson T (2009) Prosperity without growth: economics for a finite planet. Earthscan, London, pp 67–71（ティム・ジャクソン『成長なき繁栄——地球生態系内での持続的繁栄のために』、田沢恭子訳、一灯舎（2012））

Jackson T, Webster R (2016) Limits revisited. A review of the limits to growth debate. Creative Commons, London

Jamaldeen M (2016) The hidden billions. Oxfam, Melbourne

Khor M (2017) Shocks for developing countries from President Trump's first days. TWN News Service twnis@twnnews.net, 2 Feb 2017

Kolbert E (2014) The sixth extinction: an unnatural history. Henry Holt & Co, New York（エリザベス・コルバート『6度目の大絶滅』、鍛原多惠子訳、NHK 出版（2015））

Kristensen HM, Norris RS (2017) Status of world nuclear forces. Federation of American Scientists, Washington, DC

Kumar S (2015) Fundamental limits to Moore's Law. Cornell University. arXiv:1511.05956v1

European Union (2014) Critical raw materials. http://ec.europa.eu/growth/sectors/raw-materials/specific-interest/critical_en

Kurzweil R (2006) The singularity is near. Gerald Duckworth, London（レイ・カーツワイル『ポスト・ヒューマン誕生――コンピュータが人類の知性を超えるとき』、井上健監訳、NHK 出版（2007））

Lenzen M, Moran D, Kanemoto K, Foran B, Lobefaro L, Geschke A (2012) International trade drives biodiversity threats in developing nations. Nature 486:109–112

Liberti S (2013) Land grabbing: journeys in the new colonialism. Verso, London

Lietaer B, Arnsperger C, Goerner S, Brunnhuber S (2012) Money and sustainability: the missing link. Triarchy Press, Devon

Lubbert C, et al (2017) Environmental pollution with antimicrobial agents from bulk drug manufacturing industries in Hyderabad, South India. Infection, May 2017. doi:https://doi.org/10.1007/s15010-017-1007-2

Machovina B, Feeley KJ, Ripple WJ (2015) Biodiversity conservation: the key is reducing meat consumption. Sci Total Environ 536:419–431

Maddison A (1995) Monitoring the world economy, 1820–1992. OECD Development Centre, Paris（アンガス・マジソン『世界経済の成長史 1820 – 1992 年―― 199 カ国を対象とする分析と推計』、金森久雄監訳、東洋経済新報社（2000））

Martine G, Alves JE, Cavenaghi S (2013) Urbanisation and fertility decline: cashing in on structural change. IIED, London

Maxton G, Randers J (2016) Reinventing prosperity. Managing economic growth to reduce unemployment, inequality, and climate change. Greystone Books, Vancouver/Berkeley

McDonough W, Braungart M (2013) The upcycle. Beyond sustainability, designing for abundance. North Point Press, New York

McLean B, Nocera J (2010) All the devils are here, the hidden history of the financial crisis. Penguin, Portfolio

Meadows D, Meadows D, Randers J, 3rd Behrens W (1972) The limits to growth. Universe Books, New York（ドネラ・H・メドウズ、デニス・L・メドウズ、ヨルゲン・ランダース、ウィリアム・W・ベアランズ三世『成長の限界――ローマ・クラブ「人類の危機」レポート』、ダイヤモンド社（1972））

Monbiot G (2015) Grand promises of Paris climate deal undermined by squalid retrenchments. Guardian, 13 Dec 2015. https://www.theguardian.com/environment/georgemonbiot/2015/dec/12/paris-climate-deal-governments-fossil-fuels

National Academies of Sciences, Engineering, and Medicine (2016) Gene drives on the Horizon: advancing science, navigating uncertainty, and aligning research with public values. The National Academies Press, Washington, DC

NCPA (2015) The 2008 housing crisis displaced more Americans than the 1930s Dust Bowl. National Center for Policy Analysis, 11 May 2015

Neslen A (2016) Leaked TTIP documents cast doubt on EU-US trade deal. The Guardian, 2 May 2016. https://www.theguardian.com/business/2016/may/01/leaked-ttip-documents-castdoubt-on-eu-us-trade-deal

Obersteiner M, Walsh B, Frank S, Havlik P, Cantele M, Liu J, Palazzo A, Herrero M, Lu Y, Mosnier A, Valin H, Riahi K, Kraxner F, Fritz S, van Vuuren D (2016) Assessing the land resource-food price nexus of the Sustainable Development Goals. Sci Adv. https://doi.org/10.1126/sciadv.1501499

OECD (2011) Green growth and sustainable development. OECD, Paris

Oxford Poverty and Human Development Initiative (OPHI) (2017) Global multidimensional poverty index. Oxford

Patnaik P (1999) The real face of financial liberalisation. Frontline Magazine 16(4):13–26. https://frontline.thehindu.com/other/article30159139.ece

Quattrociocchi W, Scala A, Sunstein CR (2016). Echo chambers on Facebook, 13 June 2016. Available at SSRN:https://ssrn.com/abstract=2795110

Raskin P (2016) Journey to Earthland. The great transition to planetary civilization. Tellus Institute, Boston

Rifkin J (2011) The third industrial revolution. Palgrave Macmillan, London（ジェレミー・リフキン『第三次産業革命——原発後の次代へ、経済・政治・教育をどう変えていくか』、田沢恭子訳、インターシフト（2012））

Rockstrom J, Klum M (2012) The human quest: prospering within planetary boundaries. Princeton University Press, Princeton

Rockstrom J, Steffen W, Noone K et al (2009a) Planetary boundaries: exploring the safe operating space for humanity. Ecol Soc 14(2):1–32

Rockstrom J, Steffen W, Noone K et al (2009b) A safe operating space for humanity. Nature 461:472–475

Rome A (2015) Sustainability: the launch of spaceship earth. Nature 527:443–445

Romm J (2017) 2016 has crushed the record for hottest year. Think Progress, 01 Apr 2017

Sachs J, Schmidt-Traub G, Kroll C, Durand-Delacre D, Teksoz K (2016) SDG index and dashboards. Global report. Bertelsmann Stiftung and Sustainable Development Solutions Network, New York

Sankhe S, Vittal I, Dobbs R, Mohan A, Gulati A, Ablett J, Gupta S, Kim A, Paul S, Sanghvi A,

Sassen S (2009) Too big to save: the end of financial capitalism. Open Democracy, 1 April 2009. http://www.opendemocracy.net/article/too-big-to-save-the-end-of-financial-capitalism-0

Sean O hEigeartaigh (2017) Technological wild cards: existential risk and a changing humanity. Ethics, humanities, innovation, technology. https://www.bbvaopenmind.com/en/article/technological-wild-cards-existential-risk-and-a-changing-humanity/

Sethy G (2010) India's urban awakening. McKinsey, Boston/Bangalore

Scharmer O (2009) Seven acupuncture points for shifting capitalism to create a regenerative ecosystem economy. MIT Presencing Institute. www.presencing.com

Schumpeter JA (1942) Capitalism, socialism and democracy. Routledge, London, p 139（ジョセフ・A・シュムペーター『資本主義・社会主義・民主主義』、中山伊知郎、東畑精一訳、東洋経済新報社（1995）：ヨーゼフ・シュンペーター『資本主義、社会主義、民主主義』、日経 BP（2016））

Silicon Valley Toxics Coalition (2006) Toxic sweatshops. http://svtc.org/our-work/e-waste/

Smil V (2011) Harvesting the biosphere: the human impact. Popul Dev Rev 37(4):613–636

Snyder T (2017) On tyranny. Twenty lessons from the twentieth century. Tim Duggan Books, New York

Steffen W, Crutzen PJ, McNeill JR (2007) The Anthropocene: are humans now overwhelming the great forces of nature? Ambio 36:614–621

Steffen W, Richardson K, Rockstrom J et al (2015) Planetary boundaries: guiding human development on a changing planet. Science 347(6223):736–747

Stockman D (2013) We're blind to the debt bubble interview with Paul Solman. PBS Newshour, 30 May 2013

Stout L (2012) The shareholder value myth. Berrett Koehler, San Francisco

Tibi B (2012) Islamism and Islam. Yale University Press, New Haven

TIME (2017) Time events and promotion ad TIME Magazine, 27 Mar 2017, page 26; www.beyon

dsport.org

Tsao J, Saunders HD et al (2010) Solid-state lighting: an energy-economics perspective. J Phys D Appl Phys 43:354001

Turner A (2016) Between debt and the devil: money, credit and fixing global finance. Princeton University Press, Princeton（アデア・ターナー『債務、さもなくば悪魔――ヘリコプターマネーは世界を救うか？』、高遠裕子訳、日経 BP（2016））

Turner G (2008–09) A comparison of limits to growth with thirty years of reality, CSIRO working papers series

Turner G, Alexander C (2014) Limits to growth was right. New research shows we're nearing collapse. The Guardian, 2 Sept 2014

UN (2009) Report of the Commission of Experts of the President of the United Nations General Assembly on Reforms of the International Monetary and Financial System. https://www.un.org/en/ga/econcrisissummit/docs/FinalReport_CoE.pdf

UNDESA (2012) Back to our common future. Sustainable development in the 21st century (SD21) project. Summary for policymakers. United Nations (UN), New York, p iii

United Nations (2011) World urbanization prospects. UN, New York

United Nations Conference on Environment and Development (1992) Agenda 21. UNCED, New York. https://sustainabledevelopment.un.org/content/documents/Agenda21.pdf van der Sluijs JP et al (2015) Conclusions of the Worldwide Integrated Assessment on the risks of neonicotinoids and fipronil to biodiversity and ecosystem functioning. Environ Sci Pollut Res 22(1):148–154

Vickery G (2012) Smarter and greener? Information Technology and the Environment: positive or negative impacts? International Institute for Sustainable Development (IISD), Oct 2012

Victor P (2008) Managing without growth: slower by design, not disaster. Edward Elgar Publishers, Cheltenham, pp 54–58

Wagner G, Weitzman ML (2015) Climate shock: the economic consequences of a Hotter Planet. Princeton University Press, Princeton

Waters CN, et al (2016) The Anthropocene is functionally and stratigraphically distinct from the Holocene. Science, 8 Jan 2016. http://science.sciencemag.org/content/351/6269/aad2622

Weiler RA, Demuynck K (2017) Food scarcity unavoidable by 2100? Impact of demography & climate change. Globethics.net. www.amazon.com/dp/1544617550/ref=sr_1_1

Williams ED, Ayres RU, Heller M (2002) The 1.7 kilogram microchip: energy and material use in the production of semiconductor devices. Environ Sci Technol 36(24):5504–5510

World Economic Forum (2016) The future of jobs. Employment, skills and workforce strategy for the fourth industrial revolution. WEC

World Society for the Protection of Animals (WSPA) (2008) Eating our future. The environmental impact of industrial animal agriculture (Author: Michael Appleby). WSPA International, London

WTO (2010) Mexico etc. versus US: "Tuna-dolphin." http://www.wto.org/english/tratop_e/envir_e/edis04_e.htm

Zacharia F (2016) Populism on the march: why the west is in trouble. Foreign Affairs, Nov–Dec 2016

第**2**章

合わなくなった世界観に
しがみつかないで！

2.1 ラウダート・シ——教皇が声を上げている

　教皇フランシスコは、2015 年 6 月に、ラウダート・シ［あなたはたたえられますように］[1] と呼ばれる回勅を公にした際に、重要な見出しをつけました。そこで教皇は、わたしたちの「ともに暮らす家」である惑星地球の増大する破壊について厳格に述べています。教皇は毒物汚染、廃棄物と使い捨て文化、そして制御できない地球温暖化や生物多様性の急速な喪失について語っています。国連がそうしてきているように、教皇もまた、富める者と貧しい者の経済格差がますます拡がっており、ほとんどすべての国においてその差を縮めることが不可能に見えることを指摘しました。教皇は、環境の危機に対する具体的な解決を図る多くの努力が、強力な反対によってばかりでなく、よりいっそう一般的な無関心によって、効果的ではなかったという事実を嘆いています[2]。

　教皇は、環境破壊に関する事実と動向をかなりの詳細にわたって示し、自然

1　Pope Francis (2015).
2　同前第 14 及び 20 段落。

107

に対する新たな態度を取ることを呼びかけました。第76段落では、「自然は通常、研究と理解と制御の対象である一つのシステムとみなされますが、被造界［神によって創られたもの］は、…（中略）賜物として初めて理解できるものです」と述べています。ここで伝えられているのは、わたしたち人類が、傲慢さと権力でなく、謙虚さと尊敬という態度を身に付ける必要がある、というものです。

ラウダート・シは、広く行き渡っている短期的な経済論理が自然と社会にもたらす長期的影響の本当のコストを無視しているという中心課題を示しています：

> 生産が増大してさえいれば、それが未来の資源や健やかな環境を犠牲にしていることには、少ししか関心が向けられません。森林伐採が生産を増大させているならば、土地の砂漠化や生物多様性の損傷や汚染の増大に伴う損失を計算する人はいません。一言でいうと、ビジネスは、関連コストのほんの一部だけを計算して支払うことによって利益を得るのです[3]。

この文書の前のほうでは、教皇はこのように書いています：「市場は即時の利益を求め、さらなる需要までも刺激します。わたしたちの世界を外側から眺める人なら、時に自殺行為にすら思えるこうした行動に目を見張ることでしょう」。そして後のほうでこう加えます：「人間が自分自身を中心に据えるとき、人間は利那的な利便性を何よりも優先し、他のすべては相対的なものとなります」。最後に、教皇は、「経済の統制を市場の見えざる力にゆだね、その影響による社会や自然への負荷は必要悪とみなそう」ということばを口にする人々の経済中心主義を酷評します。

この歴史的回勅が伝える内容はたいへん明確です。何か強力な、拘束する決まりが受け入れられ、わたしたちの現在の経済パラダイムという短期的効用重視の習慣がなくなることがない限り、人類は自滅の道を歩んでいる、ということです。同様の制約を勧告してきた全ての諸文明の霊的、宗教的次元に注意を払うことも賢明でしょう。教皇が述べているように、「こうしたことのすべて

3　同前第195段落。
4　同前第114段落。ゴシックは著者による。

が、**大胆な文化的革命**を前進させる差し迫った必要を示しています」[4]

　環境倫理と世界の諸宗教について必要となる議論をこの本で始める手段として、わたしたち著者は『ラウダート・シ』を選んでいます。しかしながら、30年以上前に、(カトリックを例外として)ほとんどのキリスト教の宗派が属する世界教会協議会 (WCC) が大変よく似た懸念を表明しました。1983年、カナダ・バンクーバーで開かれた第6回WCC総会の冒頭、出席した諸教会は第三次世界大戦を含む紛争の危険を感じて、全キリスト教「平和協議会」の開催を呼びかけました。武力紛争の原因に関する議論を通じて、この平和協議会の議題に、正義と「被造界の保全」を追加する決定が行われました。バンクーバー総会からの一般指示に基づいて議論が続けられ、最終的に1990年3月に韓国・ソウルで『正義、平和、そして被造界の保全』に関する集会が開かれました。正義、平和、そして被造界の保全という三つの支柱にまたがる10個の「確認」が承認されました。これらの「確認」のうち7番目は、自然の生態系、つまり神の被造界の、自らを更新し持続を可能にする特徴を明確に認め、平和、正義、そして環境の結びつきについて述べています。使われていることばと、キリスト教の伝統と聖書の双方に信頼の置ける形で基礎付けられていることにおいて、この集会はのちの『ラウダート・シ』と非常によく似ているといえます。

　西欧社会においてあまり知られていないものの、同様に明晰に述べられているものとして2015年の地球規模気候変動に関するイスラム宣言があります。そこでは次のように述べられています：「わたしたちが生きている時代は人新世、つまり『人類の時代』という地質学用語でますます記述されるようになってきました。わたしたちの種は、地上の世話人または執事 (ハリファ) として選ばれたものの、わたしたちが知っているように、堕落と破壊を引き起こし、惑星上のいのちを終える危険を冒すほどになっています。この現在の気候変動の変化率はいつまでも続かず、地球の微妙なバランス (ミザン) はもうすぐ失われてしまうかもしれません。わたしたち人類は自然界という織物に編みこまれているので、自然の恵みはわたしたちが味わうためにあるのです」[5]。

　この宣言は、イスラム生態学・環境科学財団 (IFEES/EcoIslam) によって開始され、1年間にわたって世界各地で行われた意見交換の成果として出されまし

---

5 http://www.ifees.org.uk/wp-content/uploads/2016/10/climate_declarationmMWB.pdf

た。クライメート・アクション・ネットワークと宗教・生態学フォーラムで議論される前はイスラミック・リリーフ・ワールドワイドによって支援されていました。この宣言は、国際的に知られたイスラムの著名な人物らによって発行されてはいませんが、イスラム教徒主導のさまざまな取り組みと思想家たちの幅広いつながりを表しています。選ばれていることばを例示するには、次の一つの引用で十分かもしれません：「より豊かな国々に、この問題のより大きな分量を生み出している説明責任を担うことを思い起こさせつつ、地球をバランスの取れた状態に戻すよう、わたしたち一人ひとりがわたしたちの役割を果たす義務があります」[6]。

　聖クルアーン［コーラン］と、合理的科学や人間社会のその他の非宗教的諸特徴とを創造的に共生させるイスラム教の能力は、中世初期の考え方にその淵源を持ちます。ブハラ出身でのちにペルシアの卓越したイスラム医師かつ科学者となったイブン・スィーナー（980—1037年）は、聖クルアーンを引用して、事実に基づいていないという理由で占星術を退けました。彼の合理的で事実に基づく方法によって、彼は世界で最初の本格的な天文学者の一人となりました。また、彼の科学に基づく医学書は数世紀にわたって西洋世界のあらゆる医師の標準的な教科書となりました。現在のスペインで人生のほとんどを過ごしたイブン・ルシュド（1126 – 1198年）も、イブン・スィーナーとアリストテレス同様、著名な医師かつ科学者となり、初期イスラム啓蒙の巨人としてしばしば引用されます。残念なことに、現代の急進的なイスラム学派は、イスラムの信仰と科学との間の共生というこの方法を無視するか、それと闘おうとする傾向にあります。

　国際司法裁判所元副所長の故クリストファー・グレゴリー・ウィラマントリー判事は、五つの主要な世界宗教の聖典に見出される、自然、人間以外の生命、そして全ての将来世代に対する人類の責任に関する鍵となる文章をまとめた本を著しています[7]。その導入部で、スリランカ出身の判事は、15万年のあいだ生存してきた人類の最新世代が、世界の偉大な宗教の核心的な教えに秘められた15万年の智恵を今日無視するのは全く不可思議なことであると書いて

---

6 http://www.ifees.org.uk/declaration/#about
7 Weeramantry (2009).

います。ウィラマントリーは、国家の世俗化と、世界の偉大な宗教すべてに共通の倫理に関する教えから完全に独立した法的形式である国際法の登場という二つの傾向が、現代社会をその鍵となる道徳的信念からあまりに遠くへ連れ去ってしまったという懸念を表明しています。彼は、主要宗教の諸原則を国際法に統合し、人類が直面する現代の危機に適切に対応することを示唆しています。

　しかしながら、ユダヤ教やキリスト教を含むいくつかの宗教は、人間による自然支配を正当化し、人間が自然を無視することに結びつきうる教えを確かに含んでいます。有名な**地の支配**の話（創世記第 1 章 26 – 28）はこの例としてしばしば用いられます。そこにはこうあります：「(26) 神は言われた。『我々にかたどり、我々に似せて、人を造ろう。そして海の魚、空の鳥、家畜、地の獣、地を這うものすべてを支配させよう』(27)。神は御自分にかたどって人を創造された。神にかたどって創造された。男と女に創造された。(28) 神は彼らを祝福して言われた。『産めよ、増えよ、地に満ちて地を従わせよ。海の魚、空の鳥、地の上を這う生き物をすべて支配せよ』」

　世界の主要宗教の起源に立ち返る際、自然は頑健かつ無限に見え、ほとんどの人間が飢え、野生動物、不明な病気、そして近隣部族の脅威にさらされていない時代に、それらの宗教が誕生したことを認識しておく必要があります。その状態は、第 1 章で議論したハーマン・デイリーの「**空っぽの世界**」という概念の特徴です。たとえそうであっても、いわゆる「空っぽの世界」の共同体の賢い長老たちは長期的な思考の必要を理解していました。冬や飢饉に備えて食糧を貯蔵すること、複雑な遠征を計画すること、社会生活が秩序立って機能するための法的枠組みを作り上げること、などです。長老たちは一般的に神の力を人間にとって近寄りがたいものであるだけでなく、日常生活に指針を与えるものとしても考えていたかもしれません。神の力は、永遠を含む、長期的な視野をしばしば提示していました。

　古代ギリシャの叙事詩『イリアス』、『オデュッセイア』に見られるように、神々や女神たちの初期の物語は戦士の運命としばしば結びついていました。神によって「選ばれた人々」が生き延び逆境を克服するのを助ける様々な神々というこの伝統は今日も続いています。「植民地化」戦争を含む「聖なる」戦いは時代によらず行われてきました。現代でも、かつてはより狭い意味で用いら

111

れていたイスラムの**ジハード**（聖戦）が、戦士たちによって、異教徒が神とその信奉者を侮辱する際には正義に適い、不可避であるとみなされます。歴史学者のフィリップ・ビュックとカレン・アームストロングはそれぞれキリスト教の初期の頃から、暴力的な攻撃が長期的な傾向として存在していると議論しています[8]。もちろんそれはユダヤ教における同様の伝統のくりかえしです。しかしアームストロングは諸宗教それ自体に内在する暴力はないと主張しています。ローマクラブは、どのような場合であっても、攻撃的で好戦的な宗教教義を支持しません。ただし、信徒たちに被造界と「ともに暮らす家」をよく保全するよう励ます多くの全宗教的指針にもっと注意が払われることによって、たくさんのことが達成されるだろうと感じています。そして、いずれも預言者アブラハムの宗教である三つの宗教——ユダヤ教、キリスト教、そしてイスラム教——に共通の「産めよ、増えよ、地に満ちて地を従わせよ」という義務は、わたしたちの「いっぱいの世界」という新たな条件の下ではもはや適用不可能であることも、認識される必要があります。

2.2　物語を変えよ、未来を変えよ

　最近のローマクラブへの報告書の中で、今日の環境と社会の危機における宗教の役割に関する議論への新たな接近法の一つが、デイヴィッド・コーテンによって紹介されました[9]。歴史的に、生き残り、特に千年以上にわたって大きく拡大することが可能であった宗教は、ほぼユダヤ教、キリスト教、そしてイスラム教という三つの緊密に関係する一神教（預言者アブラハムの宗教）であったことを彼は指摘しています。コーテンは、三つの宗教全てが同じ物語——人類と、神の被造界である自然を支配する**厳格な家父長**という物語——を使っている点に特徴があると述べています。「厳格な家父長」という、この概ね心地よい物語は、しかしながら、問題のある副作用をもたらします。つまり、軍事力のほとんど恒常的な使用、政治的・宗教的支配集団の構築、女性の抑圧、知識人の訴追、そして教義の内在的な頑なさです。このような特徴はほとんど不

8　Buc (2015)、Armstrong (2014).

9　Korten (2014).

第 2 章　合わなくなった世界観にしがみつかないで！

可避的に自由と**啓蒙**に向けた反対運動の高まりをもたらします。典型的には既存の教会階層構造への反対として、しかしたいていはもともとの宗教的な知恵に忠実な動きとしてです。

「厳格な家父長」への一つの主要な応答の西欧版、つまり 17・18 世紀の「啓蒙」は、科学、技術、そしてそれらに続く技術的「奇跡」の崇拝を促しました。コーテンによれば、このことが世界は**大いなる機械**であるという全く新しい「物語」をもたらしました。「科学による、人類の発展と幸福、知識、そして技術への貢献はこの世界観に大変な権威と尊敬とを与えています」とコーテンは著しています[10]。しかしこの物語はお金に対して「聖なる」性質を授与している側面もあり、ついには「ロボットを追い求めるお金」によって支配される世界に行き着いてしまうのです[11]。

「厳格な家父長」世界観の頑なさと破壊的な「聖なるお金」パラダイムを避けるために、コーテンは**聖なる生命と生きている地球**物語と呼ばれる新しい社会の物語と新しい世界観を提案し、著書の後半を用いて説明しています。彼は、自治地域共同体、「2010 年母なる地球の権利に関するコチャバンバ宣言」［ボリビア・コチャバンバで開催された「気候変動および母なる地球の権利に関する世界民衆会議」で採択された宣言］、そして**生きている経済**に向けて世界中に顕れている動きを例として、異なった種類の物語に幅広く従っていくことで地球と地球上の生命がどのように保全されうるかを示しています。

この報告書は、これら全ての問いに対して正しい答えを持っているとは主張していません。しかし、教皇、世界教会協議会、イスラム生態学・環境科学財団、そしてコーテンやその他の著者が論じているように、今日の諸課題を解決する上で、道徳上より重要な点である**霊的次元**を含める必要があることは強調されなければなりません。わたしたちの前にある大きな課題に的確に応じるためには、利己心と強欲が進歩の想定駆動力であると肯定する社会的含意の継続は、簡単に受け入れる訳にはいきません。「母なる地球」と将来世代への連帯感、謙虚さ、そして尊敬心を育む文明においても、進歩は可能です。

10　同前、40 頁。
11　同前、25 − 27 及び 87 − 97 頁。

2.3　1991 年：「第一次地球革命」

　1991 年にアレクサンダー・キングとバートランド・シュナイダーは、彼らが『第一次地球革命』と呼ぶ、強力な本を共に著しました[12]。この本で、彼らは『成長の限界』で概要が示された problematique［問題群］と区別して、英語またはフランス語での新たな語句 resolutique［解決群］を提案し、これらの問題群に成功裏に取り組む実際の手段に今や取り掛かっていることを示しています。

　当時のローマクラブの統括組織は**ローマクラブ評議会**と呼ばれていました。そしてキングとシュナイダーは評議会より――ためらいを持ってではありますが――その新しい本を**ローマクラブ評議会**による**報告書**と呼ぶ合意を取り付けました（図 2.1）。

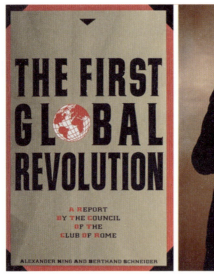

図 2.1　第一次地球革命。ローマクラブ評議会による報告書。主著者はアレクサンダー・キング、ローマクラブ会長（1984-1990 年）、名誉会長（1991 年以降）（表紙：著者撮影、A. キング写真：アレックス［アレクサンダーの愛称］・キングの家族のご厚意による）

12　King and Schneider (1991).

第 2 章　合わなくなった世界観にしがみつかないで！

　重要なことは、『第一次地球革命』が冷戦の終結を、新たな「共通の敵」を見出すことによって、人類がその進路を変更し団結する非常に良い機会であると捉えていたことです。新たな敵とは、環境劣化と地球温暖化、貧困、軍備拡大、そしてエネルギーや水を含む資源の希少さといった**問題群**です。世界各国政府はこれらの竜と戦う上で協力しなければなりません。**良い統治**とは報告書の中で用いられた鍵となる表現の一つであり、飢餓、水不足、軍拡などを克服するための国際的な運動を構成する**解決群**の主要要素でした。『第一次地球革命』は、ブラジルのリオ・デ・ジャネイロで開催された国連地球サミットで1992 年に採択されたアジェンダ 21［持続可能な開発のための包括的な地球規模の行動計画］を後押しするのに役立ちました。そしてアジェンダ 21 は 2015 年に採択された国連持続可能な開発目標（SDGs: Sustainable Development Goals）において更新されることになりました。

　しかしながら、理念を掲げた計画であるアジェンダ 21 が実際に実現されることはありませんでした。純粋主義的市場志向イデオロギーが優勢となり（続く二つの節を参照）、それらがアジェンダ 21 に資金提供するために数兆ドルの税金を支出するという考えに徹底して反対したのです。結局、ローマクラブの**解決群**——わたしたちが今日直面する危機のいくつかを避けるのに役立ったかもしれません——はアジェンダ 21 と運命を共にし、世に忘れられました。

2.4　資本主義の思い上がり

　歴史家は、新たな市場原理主義が冷戦終結後にその影響力を強固なものにしたことを知っています。その新たな考え方の思想上の特質とその勢いを理解するには、第二次世界大戦直後の状態から出発して、1989 年に至るまでの各国の力関係を理解することが助けになるかもしれません。

　1945 年時点では、いかなることがあっても新たな世界大戦という惨事が繰り返されてはならないことは明らかでした。国際連合は、その憲章の冒頭に記されているこの特定の目的のために創設されました：「国際の平和及び安全を維持すること。そのために、平和に対する脅威の防止及び除去のため有効な集団的措置をとること。」

　しかしながら国際連合の創設直後において、戦勝国間で深い断絶が発生しま

115

した。一方の側はソヴィエト連邦で、2,000万人以上の人びとが亡くなりました。他方の側は西側民主国家群で、米国に率いられ、英国とフランスが加わっていました。第二次世界大戦後数年のうちに、ソヴィエト連邦はほとんどの東欧諸国を占領または衛星国化し、ソヴィエト共産主義を政治モデルとして採用することを強制しました。チェコスロヴァキアもソヴィエト支配に屈し、すぐあとに毛沢東が中国に共産主義政府を樹立すると、西側諸国は動転し、そして「冷戦」が始まりました。

ソヴィエトの教義は、資本主義は大衆を貧困に陥れており、したがって、必要があれば、軍事力によって打ち倒されなければならない、というものでした。ソヴィエトの主張には何か危険な魅力があることに気づき、西側諸国は、貧困で恵まれない人々の必要も気遣えば、自由で民主的な市場経済は大衆にとって実際はより魅力的でありうることを熱心に証明しようとし始めました。それは、後に福祉国家または**社会的**市場経済として知られるようになる政治形態の形成にとって重要な動機となりました。

全ての西洋諸国は再分配型の税制を構築し、米国においてすら、富裕層向けの所得税の限界税率が90％にまで達していました。大戦後の米国マーシャルプランは欧州と日本との驚くべき復活を支援しました。分断された国家として、南北朝鮮と東西ドイツは否応なく共産主義と自由・社会市場経済のどちらが、富裕層のみならず貧困層にとってもより良いのかを検証する実験場となりました。西洋諸国の戦略が成功しました。経済成長は「全ての舟を持ち上げ」、そして貧困は減少しました。

40年が経過し、イデオロギーに関する「戦争」は西側諸国の勝利をもって終結しました。共産主義は（奇妙なことに、北朝鮮を除いて）崩壊し、そしてフランシス・フクヤマは1989年に「歴史の終わり」を宣言しました[13]。この表現で意図されたことは、次のような広く共有された信念でした。「自由で民主的な市場経済は、一つの特定の敵、ソヴィエト共産主義に勝利しただけでなく、最良の可能な制度である。以上。」

問題は、市場理論における**競争**という基本教義と完全にあいまって、競争相手の不在が勝利した側を傲慢にしたことです。ピノチェトのチリ（1973年）、

---

13 Francis Fukuyama. 1989 及び 1992.

第 2 章　合わなくなった世界観にしがみつかないで！

サッチャーの英国（1979 年）、そしてレーガンの米国（1981 年）に遡る政治的な
起源を持って、1989 年以降、**急進的な**市場原理主義が世界中の新たな考え方
となりました。自由化、規制撤廃、そして民営化[14] は 1990 年代における政治
議題の無敵の旋律となり、1994 年の世界貿易機関（WTO）の創設によって法
的な絶頂に達しました——関税貿易一般協定（GATT）のウルグアイラウンド
の終了後、市場の力を急激に強化し、対応して国民国家の力を弱めたのです。

　「グローバリゼーション」という現象は、本質的に中小国家がその支配力の
ほとんどを市場に譲り渡さなければならないということを意味しました。欧州
連合では、1957 年の欧州経済共同体の創設によって国家主権の**自発的な**削減
が達成されました。しかし「自由市場」思考の優勢は、とりわけ 1989 年以降、
あらゆるところで国家主権を掘り崩し、欧州連合内と全ての WTO 締約国では、
公共部門の力をさらに弱めました。

　弱められた公共部門の力は、貧困層と恵まれない人々がもはや真に国家の助
けをたのむことができないことをも意味しました。税を削減して投資を呼び込
むために諸国家において関税は撤廃され競争が制度化されました。そして国家
の歳入は下方へと滑り落ちました。最終的に、新しい現象、つまり**破綻国家**が、
多かれ少なかれグローバリゼーションの勃興とともに出現しました。

　ドイツ人経済学者のハンス・ヴェルナー・シンが 2003 年に述べているよう
に、古い**システム間競争**（資本主義対共産主義）は閉じた境界の内部で起きてい
ました。**グローバリゼーション**は、生産要素、とりわけ資本の、国境を越えた
移動によって駆動されている新たな種類のシステム間競争をもたらしています。
彼は次のように予言しました。「新しいシステム間競争は、欧州福祉国家の侵
食を意味するでしょう。そして企業は、政府が整備し企業が使用する社会基盤
の対価すら支払わず、国の規制制度を破壊するという意味で、底辺への競争を
呼び起こすでしょう。一般的に言って、各政府が当初取った規制行動を必要と
したのと同種の市場の失敗に苦しむでしょう」[15]

　このような発展の全く意図されざる副次効果の一つには、平均的な人びとが、
特に若い世代において顕著なのですが、投票することに未だ価値があるのか疑

14　例えば、von Weizsacker et al. (2005) を参照。

15　Sinn (2003).

117

い始めていることが挙げられます。世界は、したがってますます増大する**民主主義の危機**に直面しています。民主主義を再強化するには、わたしたちは市場（高い実績を達成した人びとの私的な幸せの度合いを概ね代表する）と国家（公共財と、市場において敗者でありがちな人びとや、利害を表明しようもない人びとの利益を代表する）の公正なバランスを再構築する必要があるでしょう。市場は短期的視点に陥りやすいという傾向が強く、一方で公的な利益はいつも長期的視点を含むものでなければなりません。

ローマクラブは、自身を、民主主義、長期思考、若年及び未出生世代、そして自然の代弁者とみなしています。これらは、資本主義社会や人間どうしの政治的討論において、発言する声を持たないのです。

公共財と私的財を再度バランスさせるという課題の解決には一世代いっぱい、およそ30年位かかるでしょう。この課題の解決の過程で、市場と国家に内包されている知的かつ政治的な弱みと強みが特定されなければなりません。純粋な市場イデオロギーや純粋な国家支配のどちらも受け入れられませんが、適切でバランスの取れた分業によって、これら二つの間のとてもよく考えられた相乗効果が発現可能でしょう。これは、市民の参画を得て、公的部門と私的部門の双方の代表者が話し合うことによってのみ可能になるでしょう。

2.5　市場原理の失敗

前節で、資本主義は、それが街でただ一つの競技になった途端、傲慢になったと議論しました。1989年以降の時期は、金融部門が世界経済に対する支配力を拡張した時期でもありました。共産主義の崩壊以前には、最も強力な私的部門の主体とは大きな銀行や保険会社に加えて、大規模な製造業、鉱業、そしてサービス業の会社でした。しかし2011年までには、超国家企業の上位50社のうち45社は、商品やサービスを全く生産していない銀行か保険会社となっていました[16]。徐々に、金融企業が生産会社の主要な株主かつ実際の管財人となっていきました。**株主価値**と**投資利益率**（RoI）がビジネス世界において好まれる表現となりました。大投資家は製造業やサービス業を営む企業の最高経

16　Vitali et al. (2011).

営責任者に最低限の RoI を達成するよう指示を出すものでした。典型的に、あらゆる目標は、数週間の出来事を綴った短期の四半期報告書を提出させることが最たる目論見となっていました。

もし全体の仕組みが遠回りにでも「全ての舟を持ち上げ」そして遍く繁栄を創造してきたのであれば、国家から企業、そして資本の所有者へというそのような権力の転換に対してもおそらく寛容でいられたのかもしれません。しかし、グラハム・マクストンとヨルゲン・ランダース[17]が書いているとおり、今日の資本主義は実際に環境と人々との双方に対して多くのことを悪化させています。

マクストンとランダースはたくさんの危険な失敗をリストアップしています。気候変動、汚染（とりわけ海洋汚染）、資源枯渇、そして生物多様性の消失。貧困、不平等、そして社会的摩擦。そして失業、特に若年層の失業。部分的には地域特有の問題の結果として生じていますが、内戦、宗教紛争、そして領土紛争が、テロリズムとともに増加しています。こうした多岐にわたる危機が難民の大量移動を引き起こしています。最後に、地政学的な摩擦も起きています。最近数十年間に起きた戦争の多くは、暗黙には、石油や水を始めとする、経済成長をもたらすのに必要な資源の確保を巡ってのものでした。こうした戦争は、皮肉にも、社会・環境問題の課題解決上の優先順位をさらに下のほうへと押し下げ、問題を悪化させたのです。アジアにおけるほとんどの移民は、中東や北アフリカからの移民同様に、紛争によって引き裂かれ、貧困と資源破壊によって荒らされた地域を離れているのです。

マクストンとランダースはこのやっかいな諸問題の塊を現在の経済制度の結果であるとみなしています。すべての問題は同一の基本的な原因を有しています。「環境と不平等への影響に関する適正な懸念を持たない、あくなき消費拡大への欲求」です。資本主義の誘因構造は費用削減と短期利益を評価します。それはまた「常に上昇する労働生産性を生み出し、そして、十分な数の新たな仕事を生み出さない限り、高まった労働生産性が長期失業を増加させます」

人類が惑星上に与え続けている被害の根源には極端な自由市場思考があります。「現在の**経済システムは原材料物質の投入が定常的に増加することを必要**

---

17 Maxton and Randers (2016).

としています……そして、そのような考え方に基づくと、海洋、森林生態系、そして極域の氷はそれらが提供しうる資源以上の経済価値を持ちえないことになります——それらに与えられた被害という費用は完全に無視される傾向にあります。」[18]

　そのような見方は広い範囲の分析家や専門家によって共有されています。ジーン・ジーグラーはわたしたちの今日的課題と災厄はほとんど制約のない資本主義によってもたらされていると書いています[19]。主流派の経済学者達ですら市場は人びとの間の不平等を全く減らしてはいない——むしろ逆であるという結論に到達しています。この見方を共有する最も卓越した経済学者の一人が、ローマクラブの新しい会員であるジョセフ・スティグリッツです[20]。そしてトマ・ピケティは、資本主義の機能に関する深い歴史的分析を出版し、資本が支配する条件下で貧困削減が起きたことはただの一度もないことを示しています[21]。

　同様に、アンダース・ワイクマンとヨハン・ロックストロームは、彼らのローマクラブへの報告書『破産する自然』の中で、自然破壊と財政破綻の出現はどちらも、強欲、我慢のなさ、そして短期主義といった本質的に同じ論理によって生じてきたと述べています[22]。

　「大転換ネットワーク（GTN）」に参加してきた多数の経済学者やその他の思想家は、世界の現状に関するオンラインの議論を共有しています。何を変える必要があり、そして何をなすことが可能か、についての議論です。このネットワークの創始者であり代表であるポール・ラスキンは米国ボストンにテラス研究所を創設し、この研究所がネットワーク[23]を支援しています。ローマクラブの多くの会員を含むGTNは大きなテントであり、多数の立場を歓迎しますが、多くの参加者は極端な自由市場経済学を拒否します。

　ブリニョルフソンとマカフィーが発展性のある著書『第二の機械化時代』の中で論じているように、デジタル経済の急速な進展は雇用の破綻を悪化させう

18　同前。
19　Ziegler (2014).
20　Stiglitz (2012).
21　Piketty (2014).
22　Wijkman and Rockstrom (2012).
23　Raskin (2014). 最初の出版は Raskin et al. (2002). 照会先：contact@greattransition.org

るものです[24]。「成長が速いほど、より多くの企業が自動化とロボット化に投資する傾向にあります」

近代における極端な市場モデルを推進した人びとは、1947年にスイスの小さな場所、ヴヴェイから上がったところにあるモン・ペルランで会しました。この会議は尊敬された経済学者であり後にノーベル経済学賞を受賞したフリードリヒ・フォン・ハイエクによって開催されました。会合にはミルトン・フリードマンを始めとするその他のよく知られた経済学者や財政専門家が参加していました。彼らは当時政府の肥大、とりわけ福祉国家としての政府の肥大を「危険である」とみなし、その恐れによって団結していました。彼らは労働組合も「危険である」と見ていました——しかし市場は神に近い何かとみなしていました。集まった人びとは自身をモン・ペルラン協会（MPS）と名付けました。ハイエクは自由で独立した思想を交わす場を創るのが意図であって、政治に介入はしないと主張しました。1960年にMPSに参加した英国経済学者のラルフ・ハリスは、しかし、協会の実際の目標は「第二次世界大戦後の集産主義［計画／統制経済指向］の潮流を逆転させることを目的とした知的運動を開始する」ことであったと認めています（図2.2)[25]。

MPSの考えが保守的な学会や政治世界で支配的となり、新自由主義経済思想が政治的に成功を収め始めるのは、1970年代の後半、「スタグフレーション」危機の時期になってからのことでした。スタグフレーションはインフレーションと不況の同時発生を意味しました。ミルトン・フリードマンらMPS代表者は今やケインジアンをこの問題の原因として批判し、国家による介入を急激に削減するよう勧告する好機を得ました。マーガレット・サッチャーが英国で首相となりロナルド・レーガンが米国で大統領の座に就くと、彼らは速やかにモン・ペルランの考えを実行に移し始めました。レーガンの経済顧問団のうち、22名はMPSの会員でした。

政策導入直後はスムーズには行かなかったのですが、レーガンとサッチャーは経済成長促進と雇用創出に成功しました。MPSの学派は、経済成長が減税と削減された国家介入という彼らの新しい政策のおかげであると都合よく主張

---

24 Brynjolfsson and McAfee (2014).
25 Harris (1997). Higgs (2014) 第6、10及び11章も参照のこと。

図 2.2 モン・ペルラン協会の第 1 回会合中のミルトン・フリードマンのスナップ写真
（出典：www.montpelerin.org）

図 2.3 石油価格は 1981 年に最高値となり、ロナルド・レーガン大統領の第一期の期間中ずっと下落しました（出展：isgs.illinois.edu）

しました。しかしながら、本当の理由は彼らの新自由主義的課題解決法とはほとんど関係がなかった、と論ずることもできます。おそらくもっと重要なのは、

1973 年の「石油危機」から 10 年も経たないうちに、石油と天然ガスの価格が急落し始め、最終的には危機前の価格近くの水準（実質ドル価格評価）にまで下落したという驚くべき事実にあると思われます。

この 1973 - 1981 年の高値の予測されざる下落への反転は、石油と天然ガスの新たな源の積極的な探査と掘削によるもので、世界はまだ安い石油資源の供給を続けられることを証明しました。1982 年以降の安い石油価格はインフレーションと輸送費用を大幅に緩和し、経済協力開発機構（OECD）諸国やいくつかの新興経済国の産業を活気付けました。低い石油価格は、主に米国において新たな住宅投資を推進し、関連する供給産業の助けとなりました。

悲劇的なことに、資源掘削に投資するために大量に借り入れ、常に上昇する価格に依存していた多くの途上国にとって 1980 年代は破滅的でした。資源価格が暴落し、米国の金利が上昇すると、これらの国々はやっかいな**債務危機**に陥りました。

1980 年代までには、新自由主義思考は米国の学問界において主流の見方となっており、欧州の社会的市場経済にとっては広く受け入れられたもう一つの選択肢となっていました。しかし、ソヴィエト連邦が脅威とみなされている限り、西側諸国は市場経済という政治制度が社会主義よりも貧困層により良く奉仕すると証明する必要がまだありました。そのため、自由市場思考の本当に**極端な**様式は英語圏以外の多くの国々では少数派の見方に留まっていました。

今日、共産主義の崩壊は歴史的事実であり、自由市場原理主義は、金融部門が急激に拡大する影響とも相まって、わたしたちの新たな現実となっています。極端な市場思考とビジネス実務の負の効果に対する理解は一般市民にまで及んでいません。それにもかかわらず、ますます多くの声[26] が、国際通貨基金（IMF）のような機関の内部からさえも聞かれるようになり、新自由主義は「過大評価」されていたことが認識され、緊縮的な財政政策は実際一国の経済にとって有害になりえることが認められています。

米国製造業における、かつては安心して働いていた労働者に対する、自由貿易協定の与えた（進行する自動化とロボット化ともあいまった）破滅的な影響は、ドナルド・トランプの大統領選挙活動中にとても効果的に利用されました。か

26　Obermayer and Obermaier (2016).

つては民主党の組織化された支持者であった「錆びついた工業地帯」の多くの労働者が、共和党のトランプに票を投じたのです。彼の勝利を踏まえると、ブレトン・ウッズ体制と関税貿易一般協定（GATT）以来ずっと 70 年間にわたって「自由貿易」論題を米国の二大政党が掲げてきており、そして、大きくは米国内に基盤を置く企業に代わって、より強力な貿易自由化を両政党がともに推し進めてきたのは皮肉なことです。

トランプ政権がこの話題から別の範疇へと離れていくのかどうかは、まだ注視を要します。これは米国人が、過去に納得して信じていた、自由貿易は自分たちの利益になるという信念を本当に失ってしまったのかどうかにかかっているかもしれません。

しかし、資本の流れを自由化するという自由貿易の不可欠の要素の別の欠点は、大企業が税を逃れるために構築した仕組みに見ることができます。2016年にはパナマが——過去 20 年間明るみにさらされた多くの国の一つにすぎませんが [27] ——企業や富裕な個人が国家徴税機関から所得を隠すのを大規模に支援していたことが公知となりました。英領ヴァージン諸島、ケイマン諸島、その他多くの世界中にある秘密の管轄地のような租税回避地に取り置かれた金額の推計値は 21 〜 32 兆米ドルになります [28]。こうした取り扱いは金融界の力を増大させるのに役立つとともに、多くの場合、既にみだらなほどに裕福な人びとに更なる富を移転するのです [29]。

これまでのところ、強制的な自由貿易への保護主義者による挑戦にもかかわらず、自由貿易が好んできた超国家金融機関が今なお世界経済の大部分を支配しています。しかし、地球と地球上の大多数の人びとに関して言うならば、この思想はわたしたちを失望させてきたのです。

2.6　市場原理の理念的な誤り

現在の市場原理の失敗を批判し続けるとしても、既に多くのほかの著者が示

27　Ostry et al. (2016).

28　Henry (2012).

29　Obermayer and Obermaier. 前掲書。

してきていることを単に繰り返すだけになってしまうでしょう。その代わりに、経済学のいくつかの基本原理に関する歴史と妥当性について見ておくと有益でしょう。次の三つの主要な原理は、更に検討し明確化する余地があります：

- 市場は、その定義により国家や法律家よりも発展の最適経路を見出すのに優れているという、アダム・スミスの**見えざる手**という概念、そして主にシカゴ経済学派による関連する信念
- デイヴィッド・リカードの**比較優位**の発見。理論的には、このおかげで、貿易が取引を行う双方にとって互恵的な行為になる
- 競争は激しいほど良く、継続的な進歩と進化をもたらすと自明視されるように、**誤って解釈**されてきたチャールズ・ダーウィンの概念体系

全て三つの見解は正当な主張を含んでいますが、三つとも、歴史的な視点からよりよく理解されるべきです。

2.6.1 アダム・スミス、予言者、道徳家、啓蒙者

アダム・スミスはしばしば自由市場の初期の予言者と見られています。その見方を示す面白い文書がアダム・スミス研究所による 2001 年の季節の挨拶状です（図 2.4）。

図 2.4　アダム・スミス研究所の 2001 年の季節の挨拶状から取られたこの絵は、研究所の名前の恩人を、箱から出てきて自由貿易を世界に説教している救世主として見ている。そして世界は感謝を持って微笑んでいる（アダム・スミス研究所の厚意による）

これは明らかに戯画です。実際には、アダム・スミスは複雑な社会倫理学者でした。デイヴィッド・ヒュームやジョン・ロックとともに、彼は英国の啓蒙主義を代表します。スミスによって開発され、その後最も影響を与えた原理は「見えざる手」（当時の神聖な表現）[30] と呼ばれるものであり、これは私的利益の追求は社会共通の利益に転ずると主張します。なぜなら、良い品質の仕事における私的経済利益は生産全体の便益をも促進するからです。

しかし、スミスの論理が成立するための一つの条件は、法と道徳が及ぶ地理的範囲が、市場、その**見えざる手**が及ぶ地理的範囲と一致する、というものでした。18 世紀に疑問に付されることがなかったこの事実は、市場と法の健全なバランスを作り出しました。たとえ市場が正しい価格と革新の機会を「発見する」あの賞賛すべき能力を持っているとしても、アダム・スミスの世界では市場はまだしっかりとした法的ないし道徳的規則によって規制されていました。さらに、スミスの時代には、市場は小さく、貿易はかなり小規模な相手どうしで行われていました。

対照的に、今日貿易は大規模な地球規模企業によって支配されています。今日の市場は**世界全体**をその地理的な範囲としていますが、道徳的な慣習や法的規制は、典型的には、一つの国や特定の文化だけにしか当てはまりません。これによって、経済的なグローバリゼーションという現象がもたらされます。この現象のもとでは、市場、とりわけ資本市場が、投資家と株主を喜ばすように政治家が法を調整するよう誘導できるのです。「最近数年間で民主的な資本主義の政治的管理可能性が急激に減少したことは明らかなように思われる」とヴォルフガング・ストリークは述べています[31]。アダム・スミスが暗黙のうちに前提としていた、市場と法との健全なバランスは、したがってその核心部分において無視されているのです。

現代に適合する経済理論は、その健全なバランスを再構築するとともに、道徳的行動規範のために明確に区分けされた場所を提供するための仕組みを含んでいなければなりません。政治的行為は法の及ぶ範囲を、制限するのではなく、拡大するように努めるべきです。例えば、国際条約による法的制限によって、

---

30 スミスはこの表現を『道徳感情論』（エディンバラ、1759 年）で初めて導入しました。
31 Wolfgang Streek (2011) The crisis of democratic capitalism. Europe Solidaire Sans Frontieres.

法は補助金を取り除いて輸送費を増大させ、地域での価値創造に経済的優位性を与えることが可能です。こうした行為によって法の及ぶ範囲が市場の及ぶ範囲に近づき、つまりアダム・スミスの論理に近づくのです。

2.6.2 デイヴィッド・リカード、資本移動、そして比較優位 vs 絶対優位

グローバル化した経済においては、国も企業も成長を追求するために地球規模で競争するしかない、としばしば言われます。これは真実ではありません。1990 年代とそれ以降に進化したその種のグローバリゼーションは、課せられた必然ではなく、**わたしたちの政治的代表者による政策選択**でした。この争点に関しては、中道右派と中道左派との間に広範な合意がこれまでのところありました。これは、基本となる前提にはほとんどまったく疑問がなかったことを意味します。

ブレトン・ウッズ体制は、1930 年代の大恐慌を引き起こした金融の混乱と相争う通貨価値の下落を避けることを目的とした主要な達成でした。その体制が創り出した通貨安定性によって、諸国間の相互利益のための国際貿易が支えられました。しかし、米国が始めから国際貿易機関（ITO）を主張し、その通商代表者が 1947 年に 27 ヵ国と関税貿易一般協定（GATT）について交渉したとはいえ、自由な資本移動と地球規模の統合はもともとの交渉事項の一部ではありませんでした。GATT は年を追って拡大し、世界貿易機関（WTO）に改組された 1995 年までには 108 ヵ国が加盟し、関税は 75% 削減されていました。国境を越えた金融の流れは 1970 年代に増加し始め、多くの国における国内銀行業の規制撤廃と電子取引の開始によって 1980 年代以降爆発的に増大しました。1995 年以降、WTO は無制限で強制的な資本移動を推し進め始めました。この動きは、米国における 1999 年の銀行業の包括的規制撤廃によって後押しされました（1.9 及び 2.5 節参照）。

グローバリゼーションとは、以前は比較的独立していた多数の国家経済を、**比較優位**ではなく、**絶対優位**に基づいて組織された、単一の緊密に束縛された地球規模経済にうまく処理して統合していく過程です。比較優位は、一つの国がある財やサービスをより低い機会費用で生産できるときに発生します。つまり、その国は他の国よりもある財を相対的に安く生産できるのです。比較優位理論は、もし国々がより安い費用の財の生産に特化すれば、全体の経済的厚生

は向上するであろうと言います。しかし、**絶対優位**は、より少ない実質的な投入によって財やサービスを生産する能力を意味します。したがって、例えば、日射量が豊富なメキシコでトマトを生産する産業は、カナダの温室でのトマト栽培よりも絶対優位を持ちます。

　一度ある国が自由貿易と自由資本移動に熱中すると、その国は地球規模経済に効果的に統合され、何を貿易し何を貿易しないかをもはや自由に決定できません。しかし、貿易から得られる利益に関する経済学のあらゆる理論は、貿易は自発的に行われると前提しています。あなたがある国際貿易財の生産に特化していて、もはや貿易しない自由がないとしたら、どうして貿易が自発的でありえるのでしょうか？　国々は、他の全ての国々が、そして同じ程度に、社会と環境に関する費用を明らかにし、それらの費用を財の価格に内部化するのでない限り、もはや社会環境費用の内部化ができません[32]。

　地球規模のオムレツを作り上げるには、国々の卵をバラバラにしなくてはなりません。国は償うべき多くの罪を負っていますが、共同体と政策形成の権威の主要な場であり続けています。国家共同体の地球規模連合のようなものは有用でありえるとしても、「グローバリズム」の名において国を解体することは役立たないでしょう。国が解体すれば、正当性を持って地球規模の目的という関心に沿って連合するものは何も残されていないでしょう。「グローバリゼーション」（国家の解体）は、技術によって大いに促進されてきましたが、自然の慣性力によるものではなく、精力的に追求されてきた政策でした。ある程度は、2017年以降の米国政府の意向に示されているとおり、やり直すことができます。

　国際通貨基金（IMF）は比較優位に基づいて自由貿易を説いており、これまでも長い期間そうしてきました。もっと最近になって、WTO-世界銀行-IMFはグローバリゼーションの福音を説き始めました。それは、自由貿易に加えて、国際的に自由な資本移動、そしてますます自由な人の移動を意味しています。デイヴィッド・リカードによる比較優位の古典的議論は、しかしながら、資本

32　もちろん、伝統的経済学者はそのような「変更」にはあまり興味がありません。完璧な例はBaldwin (2010) です。技術的差異についての彼の強調は更なる検討に値します。

（と労働力）の国際的な**不動性**を明示的に仮定します。資本家は絶対利潤を極大化することに関心があり、したがって一般的に絶対費用の削減を追求します。もし資本が国家間を自由に移動できれば、絶対的に最低の費用を有する国へ移動するでしょう。

　国際的に資本が移動できないときにのみ、資本家は、国々の内部費用構成比を比較する理由があり、他の国に比べて相対的に最も費用が低い国内製品に特化することを選び、そしてその財（それに資本家が**比較優位**を持つ）を売って他の財を買うでしょう。言い換えれば、比較優位とは、絶対優位に従うという最良の策が国際的な資本の不動性によって妨げられているときにのみ資本家が従う、次善の策です。このことはリカード[33]によって明確にされているのですが、彼の思想の中であまりにもしばしば後世の専門家によって無視されている側面です。したがってIMFや何人かの貿易理論家が比較優位に基づいて自由貿易を唱道し、同時に自由な資本移動を――あたかも後者は単に比較優位議論の単なる延長であってその主要な前提の否定ではないとして――唱えているのを見るのはとても不可解なことです[34]。

　もちろん、比較優位によるのと同様に、絶対優位に基づく特化と貿易からも地球規模の利益がもたらされます。理論的には絶対優位に基づく地球全体の利益はより大きくなるはずです。というのも特化が国際的な資本の不動性によって制約されないからです。しかし、絶対優位の下では、いくつかの国々が利益を得てその他の国々が損をするのですが、比較優位の下では、いくつかの国々は他の国々よりも多くを得るものの、損をする国が存在しません。この相互利益の保証こそ、比較優位に基づく自由貿易政策の主要な強みだったのです。理論的には、絶対優位の下での地球規模の利益は勝者から敗者の補償に再分配され得ます――しかしこれはもはや「自由貿易」ではないですし、ほぼ確実に実行されません！

　対照的に、WTO、IMF、その他の組織を支配する新自由主義経済学者はこの矛盾に直面すると手を振って拒絶します。あなたは保護主義者、孤立主義者、排外主義者かもしれないと示唆し、そして話題を変えます。超国家企業の利益

33　Ricardo (1951).
34　更なる議論については、Daly and Farley (2004) を参照のこと。

と、安い労働力を求めてオフショア生産（生産活動の海外移転）するそれら企業の方針を支持し、一方でそれを「自由貿易」と偽って呼んでいることで、WTO- 世界銀行 -IMF は自己矛盾を犯しているのです。

　国際的な資本移動は、自由貿易と組み合わさって、ある国と別な国とを競わせ、企業が公益のための国家規制から逃れることを可能にします。世界国家がないため、企業は実質的に管理されていません。わたしたちが有する最も世界国家に近いもの（WTO- 世界銀行 -IMF）は超国家資本をコモンズ（共有財）のために規制することにほとんど関心を示していません。代わりに、国民国家の権威の下から、地球規模のコモンズへオープンアクセスしている企業封建主義へと、金融部門と多国籍企業を解き放ち変容させることで、それらの部門と企業の力と成長を増大させてきたのです。

2.6.3　チャールズ・ダーウィンは地球規模貿易でなく局地的競争を意図していた

　欧州の過去の知的偉人でその理論が大変に単純化され誤って引用されてきているのはアダム・スミスとデイヴィッド・リカードだけではありません。人類が始まって以来最も科学的に影響力がある人物の一人とされるチャールズ・ダーウィンは、生命の起源と進化を説明する上での仮説を提示し、それは全ての現代的生命科学の基礎となっています。彼の名前と理論は、しばしば「社会ダーウィニズム」という名前の下で、経済社会理論のために乗っ取られています。実際に出現した最も忌まわしい現象の一つは、生存をかけた人種間の容赦なき競争を自明とするナチの思想でした。

　ダーウィンの理論は確かに種間競争の観察に基づいて構築されました。その競争は、しかし、ほとんどが局地的な現象でした。彼は、リンネやそのほかの人びとによる分類から、種の多様性が場所と棲息地の多様性とに関係していることを知っていました。彼はガラパゴス諸島を訪問し、そこで、恐らくは数百年前に端を発するひとつがいのフィンチから驚くほど多様なフィンチが進化したことを見出しました（図 2.5）。これが彼にとって『種の起源』を完成させる最後の証拠でした[35]。彼は、島にフィンチ以外の競争相手が**いなかったこと**が、フィンチに新たな生態的地域を探索して獲得し、そして新たな種へと進化する

35　Darwin (1859).

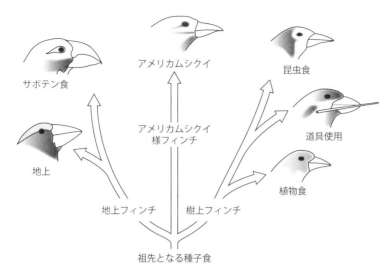

ダーウィンがガラパゴス諸島で発見したフィンチのくちばしの多様性

図 2.5　祖先となる一つがいに起源を持つガラパゴス諸島のダーウィン・フィンチは多くの異なった特徴を持つさまざまな種へと分かれて進化した（www.yourarticlelibrary.com/evolution/notes-on-darwins-theory-of-natural-selection-of-evolution/12777 より）

ことを可能にしたことをはっきりと見て取っていました。

　J・B・Sホールデン、ロナルド・フィッシャー、テオドシウス・ドブジャンスキーそのほか[36]によって発展した現代的集団ダーウィン進化論は、競争を**限定する**という別の驚くべき進化の特徴を確立してきました。基本は、19世紀のグレゴール・メンデルの発見以来よく知られている、遺伝子は対（「対立遺伝子」）を成し、対のうち一つが他方の「潜性（劣性）」遺伝子よりも「顕性（優性）」になる傾向がある、という現象でした。個体の遺伝的道具一式である「遺伝子型」の潜性の特徴は、その遺伝的道具一式の物理的身体における表現である「表現型」において不可視のままであることが多いのです。人間における茶色い虹彩は青い虹彩に対して顕性です。誰かの茶色い目を見ても、彼女か彼が青い虹彩の遺伝子を母親か父親から受け継いでいるかどうかわかりません。しかし、青い目の人たちは必ず両親から「青い虹彩」の遺伝子を「同型に」

---

[36]　例えば Dobzhansky (1937). または Huxley (1942).

（二重に）受け継いでいます。

　異なった目の色は、それらの出現が初めて起きたときには**変異**と呼ばれる、顕著な特徴です。顕著な変異はグレゴール・メンデルのエンドウマメやその他の種による実験の基本でした。しかし実世界では、それらは例外です。原則は小さな遺伝的変異で、それらはたいてい潜性で、したがって顕性の野生型遺伝子［集団において大多数を占めるもの］の下では「隠れた」ままです。ホールデンらが気付いたように、この仕組みによって、数千を超える巨大な「遺伝子プール」の蓄積が大変多くの変異を含みうるのです。それらの多くは潜性であるだけでなく、もし表現型において顕れたとしたら（つまり両親から受け継いだとしたら）それぞれの「野生型」よりも子孫を残しにくいでしょう。しかし、潜性であることによって、それらの遺伝子は長期間、**選択に対して守られ続ける**のです。これは、それらが両親ともに存在する統計的確率が常にとても小さいからです。

　1930年代の集団生物学者たちは、その仕組みを**連続的**かつ適応的進化の現実的基盤であると説明しました。彼らは、小さいが妥当な統計的確率によって二つの親由来の劣性遺伝子が一緒になりうるし、そして別の確率によって対応する表現型が変化する環境への正しい答えになるだろうと主張しました。そうすれば、進化は相当な変異、「有望な怪獣」の出現に依存する必要はもはやなく、生物学者がダーウィンの理論をメンデルの発見と統合しようとしたときの推論的課題もクリアすることとなるのです。遺伝子プールの概念はダーウィン進化論に尤もらしさを取り戻しました。それは**より子孫を残しにくい特徴を保**護し蓄積することの積極的な進化上の価値を説明しました。たとえそれが遺伝病であるとしてもです。例えば、人間の一部の集団において鎌型赤血球貧血症を発達させる遺伝的傾向がありますが、その遺伝子は同時にマラリアのような局地的感染症へのある免疫を与えています。

　しかし、何人かの進化生物学者ととりわけ農業育種者は、不可視の潜性遺伝子を戦略的育種の障害物であると見て格闘し、したがって嫌いました。彼らは遺伝子の多様性ではなく同質性を欲しました。ところが、そのように同質で家畜化・栽培化された種は頑健性が損なわれており、天候、栄養上の変異、そして微生物感染といった予見できない試練への適応能力が低い傾向があります。後に科学者たちは、とりわけ顕著なのはスティーブン・ジェイ・グールドとナ

イルズ・エルドリッジ[37] ですが、遺伝子プールの別の重要な性質について推測しました。異種交配する集団が小さいときに、稀な潜性遺伝子が目に映るようになるというものです。これは、新たな寄生生物、干ばつ、または栄養の不足による、通常でないストレスの下でしばしば起こります。小さいが妥当な確率で、いくつかの潜性変異が翻って、寄生生物への耐性、より少ない必要水量、または他の栄養源への適応能力といった新たな試練への良い解答となっている可能性があるわけです。そのような場合、潜性遺伝子の長所は集団全体の長所へと直接結びつきます。以前の条件下では潜性だった選択肢を保護することの有用性の、別な証明です。

　ひょっとするとダーウィン進化論の最も新しい要約はアンドレアス・ワグナー[38] によるものかもしれません。彼の真言は、種それぞれの中の遺伝的選択肢の莫大な「図書館」という何百万年にもわたる構築物です。最近まで、これらの図書館は間違って「ジャンク DNA」と呼ばれていました。現実には、種は、有望な蛋白質を規定しているたくさんの**既存の**遺伝子を実験するために、その図書館を用いることができるのです。新しい遺伝子と蛋白質を始めから作るには、もっとたくさんの時間がかかるでしょう。そこでワグナーは説得力をもってこう言います。進化の革新はその図書館に依存している。だから、図書館の多くの「本」が、一時の競争相手の関連する「本」と比べて「劣って」いるかもしれないとしても、その図書館という宝の埋蔵物は自然選択による破壊から守られるべきである、と。

　この段階で、「ゲノム編集」または CRISPR/Cas9-system（クリスパー）と呼ばれる遺伝学における華々しい新議論について言及することは、おおかた時宜にかなっているように見えます。2012 年に開発され公開されたこの方法によって、技術者は特定の箇所で DNA を切断し修正することができます。したがって潜在的には病気を引き起こす遺伝子を除去することができます[39]。こうした可能性に科学界、とりわけ医学界はエキサイトしています。最近の米国科学アカデミー（NAS）の報告書は公衆衛生、生態系保全、農業、そして基礎研

37　Eldredge andGould (1972).

38　Wagner (2015).

39　応用を含んだ、初期の包括的記述については Hsu et al. (2014) を参照のこと。

究への応用に対する楽観主義で満ち溢れています[40]。例えば、革新技術を監視しているNGOであるETCグループ[41]からの批判は、部分的に国防予算によって賄われている報告書が、ゲノム編集に関する三つの主要な懸念——軍事化、商業化、そして食糧安全保障——に答えていないというものです。

しかし、科学界においてさえ、この方法をヒトゲノム編集に応用することについてはしばらくの間ためらいが拡がっています。もしこの方法論が広く使われるようになると遺伝子多様性が体系的に失われ、ワグナーの「図書館」の規模が小さくなると想定／懸念されます。警戒とさらなる研究のための最低限の期間を設けて、ゲノム編集の対象となるあらゆる種の遺産としての多様性を体系立って破壊しないようにすべきです。

いずれにしても、きちんとダーウィン進化論を理解するためには、**競争の制限とより弱い種族の保護**とがともに不可欠な進化の要諦であると認識することが大切であると、私たちは学びつつあるのです。

対照的に、教条的な経済学理論は、あらゆる場所での激しい競争と弱いものの除去から革新と進化は常に便益を得ている、と仮定します——それは真実とほとんど正反対の単純化です。

2.6.4 対照を減らす

2.6節のこの分析で三度「対照的に」と言いました。近代経済理論の多くの問題は、三人の経済社会思想の巨人からの間違った、あるいは誇張された引用や参照の仕方によるものかもしれません。ダーウィンはもちろん自分自身を経済学の父であるとは考えていませんでしたが、競争と選択の力に関する彼の発見は市場という概念にとって基礎になります。現在誤解を招いている引用と参照を修正するとすれば次のようになるでしょう：

● **見えざる手**を祝福するには、力のある市場参加者に影響されない、強い法的枠組みの存在と効果を必要とします。

40　NAS (2016).
41　元々「浸食、技術そして集中（Erosion, Technology and Concentration）」(ETC) に関する活動団体。世界で最も脆弱な人びとに影響する、新たな技術の社会経済的生態学的課題に答えるために働いている。

● 比較優位理論は自動的には**資本**の取引には適用できません。資本の力は危険
　なほど非対称です。大資本は常に小資本に対して「比較優位」を持つでしょ
　う。そして多くの局地的革新には小資本しか必要ではありません。
● 競争はその起源において局地的現象です。局地的な文化、局地的な専門特化、
　そして局地的な政治を地球規模の活動者の強力な力から──ある程度──守
　ることは、多様化、革新、そして進化にとって役立ちます。「無差別」とい
　う用語は、元々善い意味の反人種主義の言葉でしたが、現在では[42]貿易協
　定においてより弱い局地的な生産者に対する保護措置を撤廃する見方として
　使われています。

　教条主義的経済学のいくつかの失敗に対する、この素早い治療をさらに改善
することはもちろん可能です。しかし、今のところ、本書の参考文献に示され
ている通り、多くの経済学者、歴史家、そして学者がこの考え方の一般的な筋
道について同意しています。このような一覧は、ますます多くの人びとが心配
し不正であるとみなす信条を、抜本的に変える強力で説得的な理由となりえる
でしょう。

　幸い、経済学の授業に多元主義を求める強い動きが生まれています。それは
ISIPE[43]と呼ばれ、元々はパリで始まりましたが、今は30ヵ国以上の165以上
の協会からなるものです。彼らは、中でも「本当の世界、そして理論と手法に
関する議論と多元主義が、教室に取り戻されるべきだ」と要求しています。

　何人かの高名な経済学者が経済学の体系的な変更の動きを支持しており、彼
らはローマクラブにも緊密に関係しています。そうした人びとにはロバート・
コスタンザとハーマン・デイリー、ティム・ジャクソン[44]、ピーター・ヴィク
ター[45]、そしてエンリコ・ジョバンニ[46]が含まれます（ジョバンニは国内総生産
（GDP）後のウェルビーイング［厚生、幸福］の定義に関する統計について貢献

42　本来、無差別という考えは人権の文脈で弱い者を守るために導入されたのです！
43　ISIPE (International Student Initiative for Pluralism in Economics) 2014; www.isipe.net, 公
　　開書簡。
44　Jackson (2009).
45　Victor (2008).
46　Giovannini et al. (2007). OECD (2015) も参照のこと。

しています)。

2.7　還元主義思想は浅く不充分である

2.7.1　還元主義思想

　2.4 及び 2.5 節の発見によれば、市場の優越という経済思想が世界的に**支配
的な**考え方となったのは、どちらかといえば最近の、冷戦終結後のことでした。
しかしその市場原理は相当程度失敗してきており、今日の市場思想の中核的信
条のいくらかは、もともとの意味を大量に誤って引用したり理解したりするこ
とで成り立っています。したがって教義の**思想的**誤りをよりよく理解し、より
幅広い世界観を持つことが必要です。このためには、理解することの哲学、つ
まり人間存在と自然に関する認識論を深く掘り下げる必要があります。

　何世紀にもわたって、自然科学と社会科学の研究者は、記述が細かくなれば
なるほど、そして要素をより小さな部分に切り分けることができればできるほ
ど、より研究を進めることができると信じるようになりました。デカルトと
ニュートン以来、ある種の**厳密さの階層**が発達しました。数学が梯子の頂上に
いました。ジョン・ロックは、1691 年のある学問的書簡の中で、「あらゆる商
品の価格は、買い手と売り手の数に比例して上がったり下がったりする」と述
べています。これが、財とサービスの価格を決定する知られた公式であり、
「需要と供給の法則」として知られるようになるものについての最初の言及で
した。ロックの説明は意図的に、あらゆる作用は同じ大きさで反対向きの**反作
用**を伴うという、今日で言うアイザック・ニュートンの「運動の第三法則」に
酷似していました。物理学と経済学とは互いにそっくりに見えました。両者と
もに科学的に厳密で、規範的な口論を超えていることを誇っていました。

　権力、信仰、または迷信に基づく権威主義的教義があまりにも長い間、人々
(そしてとりわけ科学者)を悩ませたため、手堅い事実をもたらす発見法は彼ら
にとって大いなる自由として見えたに違いありません。論理的推論と経験主義
は、客観性という考えとともに証拠と定量的測定という考えをもたらしました。
これらは全て大いに役立ってきました。摩天楼や航空機、計算機や心電図モニ
ターは、いずれもこうした [思考] 様式に基づく科学的研究開発の表れです。

　しかし、あらゆる学問が経験的で帰納的定量的手法によって行われているわ

けではありません。測定に抵抗し、客観性を避け、ロケットを作るのには素晴らしい基準の適用外で、子どもを育てたり気候変動に関する文化の違いを理解したりするのには全く役立たない理解の形態があります。還元主義（物事を要素に還元して理解する考え方）、あるいは情報をその文脈から孤立させる習慣は、わたしたちにとって良いものであると同時に致命的でもありました。

　還元主義による接近には、生物と人間に関する現実を記述し理解するためでさえ限界があります。一つの限界は、事実が、定義上、過去を参照し、未来を参照しないことです。もう一つの限界は、物理学や数学の法則はあいまいさがなく厳密かもしれませんが、経済学における事実は近似にすぎない傾向があることです。例えば、物理的な作用と反作用（ニュートン力学）はあらゆる考えられる状況下で等しいと仮定することができますが、供給と需要は違っていたり、変化したり、流行、道徳的態度、あるいは低下ないし上昇する価格によって影響されたりしうるのです。最後に、物理学においてさえ、1927年のヴェルナー・ハイゼンベルク[47]による大変驚くべき発見——**不確定性関係**——に示されるように、測定行為は過去の事実に干渉し得るため、事実を変えるのです。ニールス・ボーアは、この発見を聞き、不確定性原理はより深遠な原理——**相補性**——の一つの表れであると述べました。二つの相補的な性質は同時には正確に測定できない、という原理です。

　複雑さに関して生み出される事実は、錬金術ではありません。観測者が重要であり、観測者たちの集団が重要です。データは常に研究者たちの特定のレンズを通して生み出されるため、彼らの認知フィルターの記述は、発見から消し去られるべきではない重要な情報です。このことは全て社会科学において共有されるべきですが、医学や工学においても同様です。技師や医師にとって、過去の事実を変えるのに成功することは実際に意図された目的です。しかし、厳密さに関する主要な学問分野である物理学では、ハイゼンベルク原理は大変な驚きであり、測定の理解に関して大変貌をもたらしました。

　不確定性原理は**分析哲学**にも衝撃をもたらしました。分析哲学は、見かけ上適当な、ひょっとすると**唯一**の適切な科学哲学として、主に英米語圏において発展しました。その原理は、より小さい物質のより精密な測定によって特徴づ

47　例えば Heisenberg (1930)。

けられてもいます。物理学の偉大な進展は原子と素粒子の理解に密接に関わっていました。2012 年のヒッグス粒子の発見は物理学の戴冠式のようなものとして祝われました。同様に、現代生物学は大変多くの部分において**分子**生物学となりました。農学は、植物学・動物学として始まり、土壌、繊維そして肉の化学へと、また害虫制御と栄養分のための化学物質研究へと進行しました。そして経済学はますます数学的になりました。

しかし、1930 年代において既に、ニールス・ボーアは、相補性原理は物理学に限定されるものではなく、上述の通り、生物学、社会科学、医学、そして工学においてなお妥当すると主張しました。研究者が研究対象に干渉することは認識行為の不可欠の部分であると述べました。

その認識行為は、もし干渉によって認識対象の何か重要な特徴が破壊されれば、限界を見出すでしょう。最も顕著なのは、もし生きている組織の科学的探究がそれを殺すことを含むとき、つまり生命組織について学ぶために生命の本

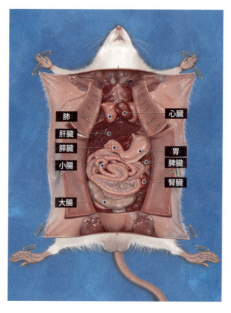

図 2.6　ネズミを解剖することはネズミを殺すことを意味する。皮肉にも、これが生命科学と呼ばれている（出典：エマントラス社、www.graphite.org/app/rat-dissection）

質を破壊するとき、まさにそうなるのです（図2.6及び送粉者［花粉を運ぶ動物］についてのコラム参照）。

　送粉者のケースは関連性の高い一例です。このところ大いに議論されており、大きな災厄が起きるのを防ぐ可能性がまだあります。また、他にも別の種類の共生者も存在し、これは頑健で健全な生態系にとっては、少なくとも同等程度に重要です。それはあらゆる植物と、菌根菌における多様性に富む世界との協力です。この菌と植物との共生は、土壌の肥沃さを定義し効果的に保全する際には送粉者と同じくらい取り上げられるべきです[48]。

コラム：還元主義の犠牲者としての送粉者

　工業化された農業は、ハチやその他の送粉者が提供している無報酬サービスを無視したくなるものです。何千年にもわたって、送粉者は雄花から雌花へ花粉を運んで、花を受精させ実らせることに貢献してきました。

　農業生態系において、送粉者は、多くの根菜類や繊維作物の種の生産にとってだけでなく、果樹、園芸そして食糧生産にとって不可欠です。世界人口を養う栽培植物の約三分の二は、昆虫やその他の動物による受粉に依存して健全な実と種を生産しています。およそ150ヵ国の基本的な食料供給に用いられている多くの栽培種のうち、四分の三近くはハチによって受粉されており（全てがミツバチではない）、またその他の種ではアザミウマ、スズメバチ、ハエ、カブトムシ、カ、その他の昆虫によって受粉されています[49]。

　人間の栄養にとっての受粉の便益には、豊富な果実、木の実そして種だけではなく、それらの多様性や品質も含まれます。人間の栄養面での多様性、ビタミンの十分性、そして食品の質に対してもたらされている、動物を介して受粉される食品の貢献は実に重要です。

　現代の農業慣行は送粉者に対して重大な脅威を引き起こしています。農

48　［原著参考文献脚注未記載］
49　Singh et al. (2013). Klein et al. (2017) も参照。

場が巨大化してより多様でなくなると共に、植物への害虫と一緒に送粉者のような益虫にも影響する農薬の使用が増えたため、世界中で受粉サービスの危険なほどの減少傾向が見られます。化学的殺虫剤は収量を引き下げる虫を殺すために作物に用いられるのであって、送粉者に影響を与えるためではありません。しかし、毒性化学物質は正式には送粉者や天敵といった益虫にも影響を与え、実のところ、使えば使うほど害虫問題をより悪化させることがしばしばです。

最近の証拠によれば、現代の殺虫剤、特にネオニコチノイドは、ミツバチに対して致死的か半致死的な効果があり、昆虫が有効に受粉する能力に影響するに十分なほどです[50]。この種の殺虫剤は現在種子の被覆材として広く使われており、問題に対処する前にその影響を観測する良い方法すらありません。その種の毒物は**生体の全身に影響が**及びます。毒は若い植物に吸収され花粉や蜜を含むあらゆる組織に輸送されます。そして農場全体に、さらには農場を越えて拡がります。わたしたちはこうして生産的な土地を、生産し続けることを可能にする生態系サービスにとっての殺戮場に変えてきました。

この観測による干渉のジレンマが明らかにしたことは、生命システムやその他のオープンシステムを理解するにあたって、分析哲学は不適切であったかもしれないということです。グレゴリー・ベイトソン[51]による初期の開拓者としての仕事のあと、二人の傑出した科学者かつ哲学者であるフリッチョフ・カプラとピエル・ルイジ・ルイージは、彼らが「生命のシステムとしての見方」[52]と呼ぶ（これを書名とした著書の中で）、新たな**生命の哲学**を意図した深遠な議論を行ってきました。その考えは、確かに還元主義と純粋に分析的な思考に対する厳しい批判を含んでいます。

この著作の中で、彼らはニュートン物理学とそれに続く生命の機械論的見方がわたしたちの今日の機械論的社会的信念をもたらしていることを読者に示し

---

50 IPBES (2016).
51 Bateson (1979).
52 Capra and Luisi (2014).

ています。彼らは機械論的社会観を啓蒙主義と密接に関連付けています。それは古典的な政治経済学と経済モデリングが創始された時期でもあります。「管理における機械メタファー」は産業革命の主要な枠組みとなり、20世紀初頭にはフレデリック・テイラーの、今日「テイラー主義」と呼ばれる**科学的管理の原則**をもたらしました。

　還元主義の接近法は機械には適用できるかもしれないが、生きているシステムにはいかに不充分でありうるかを示した後、カプラとルイージは、1940年代のサイバネティクス、マトゥラーナとヴァレラ[53]のオートポイエーシス[自己創出を意味するシステム論]の考え、そして非線形（つまり飛躍の傾向がある）動力学といった初期のシステム理論に進んでいきます。彼らはチャールズ・ダーウィンの「生命の樹」（『種の起源』の22年前に出版された）についての見事な解釈を述べて、「わたしたちはわたしたちの遺伝子ではない」[54]という、遺伝学や人種に関する通俗的な考えと完全に対立する立場を示しています。

　「生命のシステムとしての見方」における科学的に透明で説得力のある探求において、著者らは科学と精神性とは、それぞれ別々の格納庫にとどまって「耳を持たない者どうしの対話」[55]を行うのではなく、相互の類似物を探し開発するべきだと述べています。ベネディクト派修道士のデヴィッド・スタインドル゠ラスト[56]の主張を繰り返しながら、彼らは「常識としての精神性」を賞賛します。しかしフリッチョフ・カプラの初期の仕事に合致するとおり、アジアの宗教と精神性には、一神教、特にイスラム教、ユダヤ教そしてキリスト教よりも、近代科学と相乗効果を見出すようなより多くの直接的な方法があると彼らは見ています。

　生きているシステムを理解し破壊的な傲慢さを乗り越えるための同様の接近法が、生物学者のアンドレアス・ウェーバーの新著『驚きの生物学』[57]にも見られます。人間と自然との分離は、今日のわたしたちの社会が持つ最大の問題かもしれないと彼は言います。この本は、人間と人の住む世界との間には分離

53　Maturana and Varela (1972).
54　Capra and Luisi 前掲書、pp. 204-207。
55　同前、pp. 282-285。
56　Steindl-Rast (1990).
57　Weber (2016).

はなく、その統合によって私たちの最も深い経験、とりわけ自然界における経験の本質が確かめられていることを示しています。科学を意味、表現そして感情と統合することによって、この比類ない仕事は、全てのほかの生命の枠組みの中でどこに人類がいるかを、わたしたちによりよく理解させてくれます。近代生物学の解剖と実験とは対照的に、この接近法は生命科学──と生命──の間の相互依存関係を強調します。

これまでの議論に従ってきた読者は、還元主義思想が生きているシステムを取り扱うのに不充分であるだけでなく、ハーマン・デイリーの「いっぱいの世界」（1章1節）における破壊的な社会経済的発展の悲劇を克服するためにも不充分であることに同意されるかもしれません。

2.7.2　技術の誤用

還元主義の限界──そしてどのように科学が組織化されているかについての別の例としては、わたしたちが技術的革新の幅広い意味合いを今日評価できる能力を持ち得ていないことが挙げられます。わたしたちは、科学と技術が、特に人工知能（AI）、ロボット化そしてナノテクノロジー、さらにバイオそしてニューロサイエンスといった分野において劇的に変化している時代に生きています。これは、たった5年か10年先の技術の風景を予測することがとても困難であることを意味します。

多くの新しい機会が、人類にとって有用な製品とサービスに対して開かれるでしょうが、これは誤用の機会についても同様です。特に目を引く技術分野── AIとロボット化──に着目してみましょう。

最も新しい著作である『サピエンス全史』と『ホモ・デウス』で、ユヴァール・ハラリ[58]はロボット化とAIとに特別な注意を払っています。というのも、両者は人間と機械のある種の結婚を含んでいるからです。ハラリは、人類が知的な機械によってますます支配されているディストピア的な未来像を描いています。彼は、脳・機械共有領域の勃興によって今日の支配階層が、一般大衆にはおそらく入手不可能な、自分たちを生物学的に改良された人体──超人──に拡張するかもしれないと示唆すらしています。その結果は現実の生態系にお

58　Harari (2011, 2017).

142

ける階層構造を伴ったカースト制度をもたらすこととなるでしょう。

　わたしたちは道の重大な分岐点にいるのであって、ハラリはわたしたちに立ち止まってよく考えるよう求めます。まさにわたしたち人間とは何者なのかという本質が問われているのです。彼が指摘するように、ここでの論点は、多くの人びとは――政策決定者を含めて―― AI が提起する問題に気付いていないということです。国際的な水準でも国の水準でも、科学と技術の発展を幅広く追いかけ、その意味合いを特にリスクについて評価することを任務とする制度をわたしたちは持っていません。デジタル経済についてしばしば議論されますが、それは主として生産性と競争優位性にどのように影響するかについてに留まります。

　ロボット化と AI に関して言えば、わたしたちの多くは計算機プログラムが人間のチェスの名人を負かすことができることを受け入れつつあります。計算機は人間よりもずっと効率的な演算装置であると。同時に、多くの人びとは情報技術には限界があると信じています。計算機は、芸術に関しては決して人間にかなわない、というのも芸術は何か決定的に、ひょっとすると霊的に人間的なものを必要としており、計算機によっては決して複製できない、と議論されます。しかし、ハラリは、音楽学の教授が書いた計算機プログラムが、バッハのものよりも優れていると聴衆が感じた音楽作品を作曲したことに、読者の注意を向けさせます。

　もし技術が、わたしたちがいわゆる特別な「人間のわざ」と呼ぶ領域において、人びとを凌駕することがひょっとして可能になれば、その他のあらゆる分野で技術が人間を凌駕できないと考える理由はまったくありません。計算機プログラムは、わたしたちのようには主観的意識を持っていないかもしれません――そしてこれは重要な違いです。しかし、意識の不在は、計算機プログラムが知的および芸術的な領域でともにわたしたちを凌駕することを妨げるものではありません。

　ハラリはどのような種類の「アルゴリズム［計算手順］」を考えているのでしょう？　これらはもちろん現在たまたま人間によって書かれているものです。第一の種類は、計算用の機械の内部で記号化されており、人工知能とともに新たな技術的存在を生み出します。第二の種類は、デオキシリボ核酸（DNA）の中で記号化されており、高次の「自然界の」知性とともに新たな生物学的存在

143

を生み出します。情報の二つの基礎的様式——生物学的情報と計算機的情報、遺伝子とバイト［情報単位］——を操作する技術的能力の拡大は、したがって超越的な存在の誕生に帰結するでしょう。そうした存在がわたしたちの世界を最終的に荒廃させないとはほとんど想像できません。そのような技術は、今日わたしたちの交通や銀行の機械を制御するのと同じくらいたやすく、わたしたちの職を奪い、わたしたちの生活のあらゆる側面に侵入し、わたしたちの感情を制御したりさまざまな機会に影響を及ぼしたりさえするでしょう。

　結論として、ハラリが提起した争点は絶大な重要性を持ちます。人類社会の構成員は全て、情報技術がどのような機会と脅威をわたしたちにもたらしうるのかについての徹底した議論に参加する必要があります。破壊的な変化に関する意味合いは、多くの分野で絶大です——地球規模の雇用に関する影響、プライバシー、そして実に誰が将来「人間である」と定義されうるのか、まで。人間と機械とのありえるかもしれない結婚は、大いに挑戦的な問いを生み出します。それらの問いに答えるためには、政策決定者は科学と技術をよりしっかりと倫理的な境界内部にとどめておく必要があります。わたしたちは、そのような全面的な技術革新の幅広い意味合いを、継続的に評価する能力を持った制度を開発する必要もあります。

2.8　理論、教育、そして社会的現実の間にある相違

　直前の節で記述した還元主義思想と、現実を理解するために現実を分解するというますます強まるわたしたちの傾向は、わたしたちの知識、教育体系、そしてその中でわたしたちが暮らす社会的現実との間の分離をもたらしました。何世紀にもわたって学問世界という象牙の塔が社会的現実から遠ざかってきたばかりでなく、増大する還元主義の傾向は更なる専門分化を導きました。人間の努力は、現実を総体として見ることから離れ、小さな部分に切り刻むことへと移りました——わたしたちが直面する困難の主因です。

　二世紀近くも続いた経済学と生態学との分離は一般的課題の劇的な一例です。知識の細分化は、部分と、それらが構成要素となるより大きな全体との間の、相互関係や相互依存性についての視野を失わせました。このつながりのなさのために、大学や研究機関の組織が狭い専門分野の境界に沿って形作られてきま

した。政策と行政機能に関する政府組織も、ますます専門分野に特化し、それぞれの分野が部分をなすより広い社会的現実から分離された形で作られてきました。それによって、法や政策は特定の課題に対応するけれども、他の分野への影響には無頓着であるという結果が生まれました。1970年代までは新たな商業的・公的事業を計画する際に、影響評価が重要とみなされなかったのはこれが理由です。

　この傾向によって、金融市場と実体経済の分離、技術と雇用の分離、そして経済理論と公共政策の分離も助長されています。その結果、金融市場はそれ自身の独立した生命を獲得して、金融はそれを支援するために生み出されたにも関わらず、その実体経済そのものから数学的にはむしろ遠ざかっています。本来人間の生産性を向上させるための技術のトレンドは、いまや技術それ自身のための発展を目指すものとなっており、雇用と福祉を犠牲にしながら、費用効率性の基準の下で推進されています。

　この分離が政策と実務に与えた影響は、理論のレベルにおいても同様に明白であり影響が大きいものでした。経済理論は数え知れない下位の分野にまで細分化され、また特定の種類の活動に関する内的操作の記述に特化し、重要な要因を単に外部条件としてしか扱わない数多くの理論やモデルが形成されました。同様の傾向によって、経済学は別々に、そして独立したその他の社会科学を生み出すよう促されました。19世紀後半に新古典派経済学を設立した物理学者もまた、経済学を物理学に基づく真の科学の水準にまで発展させると決意したことで、その原因を担っています[59]。こうした傾向によって、数学的技巧を示す一方で、人間の経済行動と仕組みの理解に関係する政治的、法的、社会的、文化的、そして心理的要素を部分的に無視する経済理論が結果的に拡大しました。

　学術分野の同様の細分化はあらゆる自然科学と社会科学においても生じてきました。そして、似たような帰結を生んでいます。専門特化は統合的な見方に勝利しています。

　モデルや理論は、教育において重要な役割を果たします。しかし理論が社会的現実と関係していなかったり、モデルが現実を間違って捉えていたりすると、

59　レオン・ワルラスとウィリアム・スタンレー・ジェヴォンズ

結果として教育は、本の学習に基づいていて実世界には適合しない労働力と市民とを生み出します。経済学者で元投資銀行家のトマス・ビョルクマンは、経済理論とモデルに関するこの分離傾向の結果を追跡しています。彼は理論と実際との間に三つの相違を見出しました。第一は神話（わたしたちの共通理解）とモデルとの間の相違です。ビョルクマンの言葉では、こうなります。「**モデル**が経済学者に実際に示していることと、わたしたち一般的な人々がそのモデルはこういうことを意味しているのだと信じていることとは、大きな違いがあります。そうした信じられている部分とは、これまで見てきたようにしばしば明示的なものではなく、言葉や政策決定の中で基本仮定として入り込んでいるのです」。第二の相違は実際の現実世界の市場と、新古典派経済学のモデルとの間にあります。経済学者は新古典派モデルが実際の市場に基礎付けられておらず、市場が完全な均衡状態にあることを描写する「理論的完全市場」という一式のとても限定された仮定に基づいて構築されていることを知っています。こうして、現実は、人間、制度、または人間固有の潜在可能性、野心、感情、価値などとはほとんど無関係な数式によって表現され得るのです。三つ目の相違は、現行の市場と可能性としての市場——ありえるかもしれない市場との間にあります。この神話は、この市場は確固たる現実である、という仮定にその根を持ちます[60]。

　最近の研究はこれらの仮定がいかに非現実的であるかを示していますが、経済学者と経済学の学生はこれらのモデルを学び、それらが現実の十分な表現であると誤って捉え続けています。経済学モデルは一般に現実世界をモデル化するようには設計されていません。理論的仮定や抽象化が導き出しうる洞察を探求するための方法として、設計されています。モデルは、完全な競争、市場情報、そして予測能力が入手可能であると仮定するかもしれません。しかし実世界では、完全性は無限に後退し続け、決して実現しない目標です。学問的な学びと実世界の必要との間のそのような相違は、あらゆる領域のさらに大きな違いとなります。更なる説明については、3.18節をご覧下さい。

60　Björkman (2016).

2.9 寛容と長期的な視野

　思想上の危機は、世界が統治される方法に大きな影響を持ちます。本節では、持続可能な世界のための「思想」の、ほんのいくつかの主要な特徴について議論します。

　一つの重要な側面がこれまで全く無視されてきました。それは国の統治と地球規模の統治との関係です。国際連合は、国民国家が法的な拘束性を持つ法律を採択できるよう認められた唯一の実体であるような時代に創設されました。確かに法的な拘束性を持つ国際条約もありましたが、国際条約は、関与する全ての国民国家によって批准されない限り意味がありませんでした。

　さまざまな軍事同盟によってつながっていたとはいえ、自律的な国民国家によって戦われ、悲惨を極めた第二次世界大戦の印象からは、国民国家が、完全な軍事的主権を含めた、初期の統治権力の一部を失いつつある時代がやってきたかもしれない、という考えは政治的に議論の余地のあるものとなりました。

　世界が持続可能性の挑戦を真剣に取り上げるならば、他の多くの分野における主権を問い直す必要があります。このためには真に新しい世界観を確立する必要があります。気候に関する議論は最も知られた注目事例です。温室効果ガスを大気中に排出し続けることはますます**非倫理的な**こととなっています。それにもかかわらず国会や政府は、民族主義的な市民活動は言うに及ばずですが、国際機関や国際会議によって国の立法が干渉されることは受け入れられないと、しばしばみなします。

　他方で、欧州連合（EU）は、国家主権をより大きな権威に譲ることが、それを構成する国々にとってより利益をもたらしうるという事実を示す輝かしい事例です。商業、消費者保護、農業そして環境といった分野では、ある EU 加盟国の立法のおよそ 80% は EU 指令、またさらには、直接的に拘束する規則によって規定されています。もちろん、各国政府が指令や規則の内容について交渉する手続きはあります。しかし、あらゆる事項に対して、加盟国の特定多数決［賛同する加盟国の数と賛同する加盟国の人口の比率について条件のある多数決］で EU を法的に縛ることができ、その数は増えています。ただし、税に関する事項のように全会一致の規則が適用される例外があります。あらゆる経済分析は、国家主権の削減によって EU 諸国が大いに便益を得たことを示しています。

地球規模の尺度では、その種のことは見られません。もちろん、海洋法、気候と生物多様性に関する国連条約、その他の多くの国際法的手段があります。しかし法の執行はほとんどできません——一つの主要な例外を除いて——世界貿易機関（WTO）の規則です（1.9 節参照）。

今こそ「いっぱいの世界」にふさわしい、より厳格な国際法制度のための新たな取り組みを開始するべき時です。国家主権という考えは、まさに「空っぽの世界」の産物でした。更なる議論については、3.16 節をご覧下さい。

「空っぽの世界」から生まれたいくつかの宗教や文化的伝統は、自分たちと異なった信条、肌の色、または文化を持つ人びとの攻撃、支配、そして犠牲を正当化する不寛容な教義を基本的に持っていました。これも断固として克服されなければなりません [61]。

2.10　わたしたちには新たな啓蒙が必要かもしれない

2.10.1　合理主義の再生でない、新たな啓蒙

これまでの章で、18 世紀欧州啓蒙主義の力について言及しました。最も強力な人物たちはデイヴィッド・ヒューム、ジャン＝ジャック・ルソー、ヴォルテール、アダム・スミス、そしてイマニュエル・カントです。しかし、啓蒙主義はそれ以前の偉大な思想家たちの上に築かれました。そうした思想家たちをほんの何人か挙げるとすれば、ルネ・デカルト、ブレーズ・パスカル、フランシス・ベーコン、ロッテルダムのエラスムス、ジョン・ロック、バールーフ・デ・スピノザ、モンテスキュー、G・W・ライプニッツ、そしてアイザック・ニュートンです。彼らは全体として、欧州の文明に革命的な変化を引き起こし、創り出しました。

最も革命的な特徴の一つは、国民国家の教会からの分離です。当時存在していた教会は、神から独立した知性主義にほとんど共感を持っていませんでしたが、啓蒙国家は市民による自由な思考と行為を未来への大いなる希望と見ていました。彼らは啓蒙された市民を科学的な探究、技術的発明、そして起業家精神の主要な源であるとも考えていました。そして実際、18 世紀には科学と技術

61　Koopmans (2015).

の爆発的な発展が起きました。アントワーヌ・ド・ラヴォアジエやジェームズ・ワットに始まり、彼ら以降、技術革新のなだれが産業革命を導きました。

啓蒙主義は、17世紀・18世紀の教会や絶対主義国家の息が詰まる圧力から人間**個人**を解放したことについても貢献があります。しかしこの新たな個人主義は以前の共同体が徐々に解体していくことにもつながりました。（牧草地、森林、または漁場のような）**共有地**は初期の人類の生存基盤でした。しかし、私的な富の成長や個人的な達成の新たな評価に並行して、これらは侵食され、私有化され、そしていくつかの場合には破壊されました。

欧州以外の文明にとっては、啓蒙主義の負の側面はもっと悪い影響を持っていました。16世紀・17世紀の間に、欧州の軍隊、植民者、そして伝道宣教師は世界の多くを既に征服し植民地化していました。そして続く産業革命は欧州を、とりわけ大英帝国をほとんど無敵にしました。欧州至上主義と布教のための戦争は、征服された領土に住む人々が降伏し殺されることを正当化するまでに達していました。多くの欧州以外の伝統や文化——数千年にわたって存在し発展してきた文化が破壊されました。ペーター・スローターダイクは欧州伝道植民地主義がもたらした恐怖の全てを一神教のせいであるとまで言っており、この啓蒙主義の時期を現代イスラムの「聖戦」の精神構造と並置しています[62]。

確かに欧州における合理主義、科学そして技術の発展は、人類全体の進歩にとっての推進役でもありました。しかし、教皇フランシスコによる回勅『ラウダート・シ』の中で、わたしたちの今日の思想的危機と近代資本主義の自殺行為のような特徴に関して述べられたことは、「いっぱいの世界」における**新たな種類の啓蒙の必要**をもたらすはずです。

新たな啓蒙への呼びかけは実際流行となってきましたが、動機と内容は大いに異なっています。多くの場合、その言葉は単に合理主義、自由、反規範、反規制、反国家支配といった古い啓蒙主義概念の復活か現代化のために用いられています。たくさんあるうちの一つの例は英国自由尊重主義者連合です[63]。別な例は、トランプ大統領による事実の粗暴な無視に抗議して百万人以上の人が参加した、2017年4月の「科学のための行進」でした。行進は、科学が**常識**

62　Sloterdijk (2009).

63　Tame (1998).

149

を支持することを強調し、公衆の最善の利益に適うよう**根拠に基づく政策**を求めました。

　本書のこの第2章の理由付けは異なった方法を取ります。確かに、合理主義は「フェイクニュース」やその他の不快な傾向を暴くのに必須です。しかし、合理的分析に適さない、これまで育まれ持続してきた伝統や体系立った価値を凌駕するために合理主義が用いられるべきでないことも、また明らかです。

　新たな啓蒙、「啓蒙 2.0」はおそらく欧州中心ではないでしょう。新たな啓蒙は、欧州以外の文明の偉大な伝統を見るべきです。二つの大いに欧州と異なる事例は以下の通りです：

● 北米のホピ族の伝統は3000年にわたって本質的に安定し持続しています。記録されている歴史上、最古の現存する文化の一つです。彼らは持続する種類の農業を発展させ、実質的に安定な人口規模を維持し、戦争を回避し、そして石造りの家の建築に長けるようになりました。ほとんど全ての持続可能性の定義の下で、彼らは最優秀者の中に入るでしょう。彼らのとても複雑な宗教はバランスの考え方に基づいています——水や光といった資源間の、異なった人びとの間の、昼と夜の間の、さまざまな季節間の、そしてユーモアとまじめさといったものの間にさえある、バランスです[64]。

● 一方の側だけが正しいという一神教の教条的な見方とは反対に、アジアの伝統の多くでは、バランスという強い感覚があります。バランスは合理的思考（脳）と感情的な知覚（心）との間に求められます。

2.10.2　陰と陽

　陰と陽は**バランスが取れた対照物**の象徴です。マーク・カートライト[65] は古代史百科事典の中で儒教の世界観の大事な部分についても簡潔な定義を与えています：

　　陰と**陽**の原則は、概ね紀元前3世紀かそれ以前に遡る、**中国思想**および文化における基本概念である。この原則は、全てのものは不可分で、相反するもの、例

64　http://hopi.org/wp-content/uploads/2009/12/ABOUT-THE-HOPI-2.pdf
65　Mark Cartwright (2012) Yin and Yang. Definition. Ancient History Encyclopedia.

第 2 章　合わなくなった世界観にしがみつかないで！

図 2.7　陰と陽の象徴

えば女性と男性、闇と光、そして老人と若者、として存在する、ということである。二つの相反するものは、互いに引き合い、補い合う。そして陰と陽の象徴が示すように、どちらの側もその核心に別の側の要素を持っている（小さな点で示されている）。どちらの極も他方に対して優位ではなく、一方の増大は他方における対応する減少をもたらす。調和を達成するために、二極の正確なバランスが実現しなければならない。

図 2.7 は陰と陽の有名な図です。

　陰は女性性、黒、闇、北、水（変容）、受動性、月（弱さ）、地、冷たさ、老い、偶数、谷、貧しさ、柔らかさを意味し、全てのものに精神を与える。陰は冬至にその影響力が最大になる。陰は虎、橙色、そして易経（変化の書）の八卦の図像の破線によって表現されることもある
　陽は男性性、白、光、南、火（創造性）、能動性、太陽（強さ）、天、暖かさ、若さ、奇数、山、富、固さを意味し、全てのものに形を与える。陽は夏至にその影響力が最大になる。陽は竜、青色、そして八卦の図像の実線によって表現されることもある。
　易経に記されている通り、両極の変わり続ける関係が一般に宇宙と生命の途切れることのない流れに対応している。陰と陽のバランスがあまりに崩れると、洪水、飢饉、そして疫病といった破局が発生しうる。

もちろん、この簡単な記述で陰と陽の思想の全ての豊かさを説明することはできません。類型化され、したがって不公正なジェンダーの役割や、[必ずどちらかが勝ち、どちらかが負ける]ゼロサムゲームの固定的な特徴を有していること（[どちらも勝ちうる]ポジティブサムゲームのほうがより望ましい）についても批判可能です。しかし、そこには相反するものは創造的であり得るという理解の知恵が反映されています。この知恵は、しばしば苦く暴力的な争いにつながる、相反するものがあれば、どちらが正しくて（または情け深くて）どちらが間違っているか（または邪悪であるか）という判断への誘いであると見る、広く行き渡った西洋とイスラムの習慣とは異なっています。もちろん、西洋の伝統もバランスという考え方を包含してきました。とりわけG・W・F・ヘーゲルの弁証法哲学は言及されるべきですが、ここでは説明できません。

2.10.3 排除でなく、バランスという思想

対照的なものの間に見出されうる相乗効果という知恵は、分析的な科学哲学の欠点を克服するのにも役立ちます——もっと未来志向の思想を創り出す余地を生み出します。確かに、技術的科学的測定は正確になされるべきです。事実は事実として取り扱われるべきです。しかし、近代物理学はある特性の正確な測定は対照的な（相補的な）特性の測定可能性を損ないうることを示しました——例えばハイゼンベルクの不確定性関係は、粒子の運動量と位置は無限の正確さで同時に測定はできないことを証明しました。この驚くべき発見の物理的基礎は、粒子が観測装置の波（例えば光波）と干渉しうる波としての性質も持っているという事実に拠っています。そして粒子としての性質と波としての性質は互いに「相補的」なのです。

相補性は、近代物理学、東洋の知恵、そして宗教の間の並行性を理解するための道を開きうるものです。以前に言及した、かつてはハイゼンベルクの学術助手であったフリッチョフ・カプラは、ベストセラーとなった彼の『タオ自然学』[66]の中で、仏教、ヒンズー教、そして道教は、人びとが神秘主義と呼ぶ説明できない現実と対処する力を持っていることを示しました。この本の最後で、カプラは「科学は神秘主義を必要とせず、神秘主義は科学を必要としない、し

---

66 Capra (1975).

かし、人には両方が必要だ」と述べています。

　相補性、バランス、そして相反するものどうしの相乗効果という知恵は、新たな啓蒙への道しるべとなるべきものです。確かに、教皇フランシスコが『ラウダート・シ』で語った、わたしたちの「ともに暮らす家」にとって破壊的で自殺行為となっている、分析哲学、利己性、個人主義、短期主義、その他の特徴の欠点を克服するための更なる思想的段階があるでしょう。しかし、確かに**バランスの価値を見直すこと**が必要となっている短い論点一覧表が存在します。その論点の多くは全く新しいものではありませんが、全ての論点が現代において**バランス不足**の被害を被っています。

　新たな啓蒙はバランスに則って機能する必要があります：

- **人間と自然との間のバランス**：これは本書で最もお伝えしたいことの一つです。「空っぽの世界」ではそれは与えられていました。「いっぱいの世界」ではそれは巨大な挑戦です。増え続ける人口と増え続ける消費を満たすための資源として、残っている自然界の土地、水、そして鉱物を使うことは、バランスではなく破壊です。
- **短期と長期との間のバランス**：人間は喉が渇いているときの飲み物や上場企業の四半期財務報告書のように即座の満足に価値を置きます。しかし、地球の気候を再び安定化させるための政策のように長期的活動を保証するための反対措置が必要です。長期的な倫理に加えて、長期的活動を評価する短期的誘因が必要でしょう。
- **速さと安定性との間のバランス**：技術的文化的進歩は時間的優先順位の競争から便益を得ます。それは科学的職業人生にとって最も重要な基準であり、商業的成功に不可欠です。「揺さぶりをかける」技術革新は途方もない価値をもたらします。しかし速さはそれ自体で遅い人びと、老人の多く、乳児、そして村落共同体（ホピ族を考えてみましょう）にとっては脅威になりえます。より問題なのは、現代文明の速さへの中毒が持続性基準の下で生まれてきたさまざまな構造、習慣、そして文化に対して破壊的であることです。持続可能性とは、結局のところ、基本的には安定性を意味するのです。
- **私と公との間のバランス**：個人主義、私有財産、そして国家の介入からの防衛といった人間的価値の発見は、欧州啓蒙主義の最も価値ある達成に含まれ

てきました。しかし、今日では**公共財**は私的財よりもずっと危機に晒されています。共有地、公共的インフラ、そして法や信頼の置ける秩序の体系への危険が迫っています。（投資家を惹きつけるための）最低課税への国際的競争の下で、公共財は無視されたり不充分に財政措置されたりする傾向があります。国家（公）が市場（私）の規則を設定するべきであって、逆ではありません。ポール・デ・グラウウェとアンナ・アズベリー[67]は歴史的に私的支配と公的支配とが振り子のように揺れ動いてきたことを明快に記してきました。しかし歴史はその二つの間の持続するバランスのようなものを全くもたらしてきていません。

- **男性と女性との間のバランス**：「多くの初期の文化は、女性が家族の面倒を見ることを主に担い、男性が防衛（または侵略）を担った戦争の時期を通じて発展した」。このモデルは古くなっています。リーアン・アイスラーは『聖杯と刀』[68]の中で、パートナーシップモデルで繁栄した文化に対する考古学的知見を提示し、慣習的な（男性優位の）「国富論」はほとんど真のウェルビーイング［厚生、幸福］の風刺画であると主張する『真の国富論』[69]を提案してもきました。できるだけ多くの女性を、これまで「男性」用として類型化されてきた職位に入れたり出したりすることによっては、バランスはよく達成できないかもしれません。仕事の機能の分類を変えることによって、バランスはよりよく果たせることでしょう。

- **業績評価と平等との間のバランス**：業績達成への評価がなければ、社会は活気がなくなり、他の社会との競争に負ける可能性があるでしょう。しかし公的に保証された正義と平等の体系があるべきです。ウィルキンソンとピケットによれば、不平等は、不充分な教育、高い犯罪率、乳幼児死亡率、その他の望ましくない社会的指標（図2.8参照）と相関する傾向があります[70]。

- **国家と宗教との間のバランス**：宗教的価値と宗教共同体を完全に尊重しながら、公的統治を宗教的統治から分離したことは、欧州啓蒙主義による偉大な達成です。これはバランスの取れた状況で維持されるべきです。公的部門を

67　de Grauwe and Asbury (2017).
68　1987. San Francisco: Harper Collins.
69　Eisler (2007).
70　Wilkinson and Pickett (2009).

第 2 章　合わなくなった世界観にしがみつかないで！

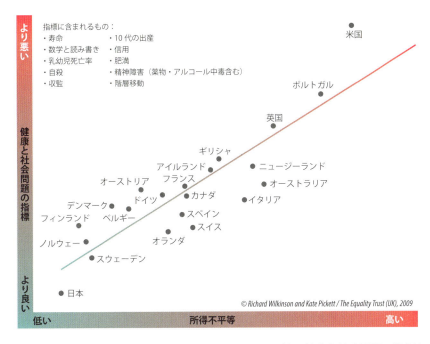

図 2.8　類似した富の水準の国々において、所得の不平等は健康と社会問題の指標と相関している（出典：Wilkinson and Pickett [脚注参照]）

　支配する宗教は、人権と、独立した上級裁判所を有する独立した法体系という大きな文明的達成を破壊する大きな危険を有します。宗教の支配は宗教共同体の外部で働く人物に対して不寛容な傾向があります。他方で、宗教共同体に不寛容な国家は倫理的（そして長期的）必要への配慮を失う傾向にあります。

　以上は、バランス原則の、穏当で、いくつかを例示することだけを意図した一覧です。多くのほかのバランスの事例を取り上げて素描する価値があることでしょう。それらには、人間の歴史的発展を正・反・合として解釈するG・W・ヘーゲルの弁証法哲学が含まれます。他方で、ケン・ウィルバー（1996）は、人間の脳の右半球と左半球の恒常的緊張を記述し、「神の二つの手」である左右両半球の潜在可能性を実現することを呼びかけています。しかし、バランスは新しい啓蒙の一つの特徴にすぎないことを繰り返す必要があります。上

述の一覧は、バランスの理解に向けた妥当な出発点を示しているにすぎないのです。

第2章と第3章との関係

第1章と第2章は記述的で、歴史的で、概ね分析的でした。もちろん、新たな啓蒙の創造を提案している 2.10 節を除いてです。

しかし世界は、地上の全ての、あるいはほとんど全ての人びとが新たな世界観を受け入れるまで我慢強く快適に待つことはできません。その過程は欧州啓蒙主義と同様に数百年を要するかもしれません。欧州啓蒙主義は 16 世紀に始まり、フランス革命の時代まで続きました。「混乱の中にある世界」(1.1 節) の根深い問題に対処するには、新たな行動が必要です。それが第3章の焦点です。

実際には楽観的になる理由があります。というのも事実、多くの潮流は正しい方向に動きつつあるからです。ドイツの週刊誌『シュピーゲル』は、「古い時代には全てが悪かった」[71] という題目で一連の解説記事を特集し、古い時代には全てが良かったという知られた不平を覆しています。この連載記事の読者は、天気予報が向上し、喫煙や児童労働が減っただけでなく、銀行強盗、戦死者、暴力[72]、飢餓、日常的疾病、そして宗教弾圧もまた減少していることを知るとしばしば驚きます。しかし、重要なことは、一連の全ての良い報せの一覧は人間中心的なものであることです。生態学的な良い報せの例は汚染管理や種の保全に関する局地的な成功に限られ、迫り来る地球規模の災厄に対しては安心させてくれません。

本書の第3章は、局地的な、または国単位での行動が可能であることを示す多くのわくわくする事例を示しています。それらは、政府、小さな共同体、または企業によっていつでも開始可能か、既に開始されています。個人であっても、社会変化、革新、発展、そして進化の触媒になりえます[73]。そして、この

---

71 Mingels (2017) の本の中で要約されている。

72 暴力の減少に関しては、Pinker (2012) も参照のこと。

73 Natarajan (2014).

第2章　合わなくなった世界観にしがみつかないで！

事実は希望の源です。1.1節では局地的経験はしばしば他のところでは真似できないと指摘しました。破壊的な潮流を遅らせ、逆転させ、持続可能な発展を支持するためには、規則や法を国や国際間で採択する必要があります。しかし、ここでわたしたちは未踏の地に立つことになります。本書ではもちろん国の水準でのいくつかの政策提案を示そうとしていますが、危険を冒して地球規模の統治の仕組みに関する選択肢についても議論します。そしてもちろん、地球規模の制度は地球温暖化のような挑戦にとっては不可避のものです。

　そこでわたしたちは、多くはローマクラブの会員である著者を招待し、金融部門、投資、そして企業を含む彼らの考えを示してもらいました。その探求の過程は、社会の消費と破壊に関する今日的習慣と対比された「再生可能な経済」に関する論考で始まります。わたしたちは二つのとても異なった国、中国とブータンが、いかに彼らの発展を「環境配慮型に」しようとしているかという挑戦を取り上げ、概略を報告します。わたしたちは、創業間もない場合を含めた企業が、いかなる種類の環境破壊も引き起こさないで消費者を満足させるサービスと商品でお金を稼ぐことを支援する法的枠組みに関心があります。そうした考えの集まりは不可避的に高度に多様であり、一つの新たな教義と見られるべきでありません。最終節では、わたしたちは明示的に読者とその他の論者に対し、さまざまなとらわれとそれに関して拡がっている絶望感を克服する試みに加わって助けてくれるよう、呼びかけます。本書の書名 Come On! の意味は「わたしたちと一緒に持続可能な世界へのわくわくする旅を始める」ための勇気付けに変わります。

　楽観主義は、第3章を含む本書全体の共通分母と見ることができます。これは『成長の限界』の出版以降、ローマクラブが獲得したどちらかと言えば「悲観的な」イメージとは異なっているかもしれません。しかし別の共通分母は、北米東部のイロコイ族同盟の憲法に秘められた原則である「七代先の将来世代のために管理すること」かもしれません。もちろん、その原則は「いっぱいの世界」でより、「空っぽの世界」でのほうが尊重するのが容易であったかもしれません。

157

参考文献

Armstrong K（2014）Fields of blood: religion and the history of violence. Knopf, Toronto

Baldwin R（2010）Thinking about offshoring and trade: an integrating framework. http://voxeu.org/article/thinking-clearly-about-offshoring

Bateson G（1979）Mind and nature: a necessary unity. Bantam Books, New York（グレゴリー・ベイトソン『精神と自然——生きた世界の認識論』、佐藤良明訳、新思索社（2001, 2006））

Bjorkman T（2016）The market myth. Cadmus 2（6）:43–59

Brynjolfsson E, McAfee A（2014）The second machine age. Work, progress, and prosperity in a time of brilliant technologies. W.W. Norton, New York（エリック・ブリンヨルフソン、アンドリュー・マカフィー『ザ・セカンド・マシン・エイジ』、村井章子訳、日経BP（2015））

Buc P（2015）Holy war, martyrdom, and terror, Christianity, violence, and the west. Univ of Pennsylvania Press, Philadelphia

Capra F（1975）The Tao of physics. In: An exploration of the parallels between modern physics and eastern mysticism. Shambhala, Boulder（フリッチョフ・カプラ『タオ自然学——現代物理学の先端から「東洋の世紀」がはじまる』、吉福伸逸、田中三郎、島田裕巳、中山直子訳、工作舎（1979））

Capra F, Luisi PL（2014）The systems view of life. Cambridge University Press, Cambridge

Daly H, Farley J（2004）Ecological economics（chapter 18）. Island Press, Washington, DC（ハーマン・E・デイリー、ジョシュア・ファーレイ『エコロジー経済学——原理と応用』、佐藤正弘訳、NTT出版（2014））

Darwin C（1859）The origin of species by means of natural selection. John Murray, London

de Grauwe P, Asbury A（2017）The limits of the market. The pendulum between government and market. Oxford University Press, Oxford

Dobzhansky T（1937）Genetics and the origin of species. Columbia University Press, New York.（3rd revised ed. 1951）

Eisler R（2007）The real wealth of nations: creating a caring economics. Berrett-Koehler, San Francisco（リーアン・アイスラー『ゼロから考える経済学——未来のために考えておきたいこと』、中小路佳代子訳、英治出版（2009））

Eldredge N, Gould SJ（1972）Punctuated equilibria: an alternative to phyletic gradualism. In: Schopf TJM（ed）Models in paleobiology. Freeman Cooper, San Francisco, pp 82–115

Francis P（2015）Encyclical Letter Laudato Si' of the Holy Father Francis 2015 On Care For Our Common Home（official English-Language text of encyclical）, Vatican（教皇フランシスコ『回勅ラウダート・シ——ともに暮らす家を大切に』、瀬本正之、吉川まみ訳、カトリック中央協議会（2016））

Giovannini E, Hall J, d'Ercole MM（2007）Measuring well-being and societal progress. OECD, Paris

Harari YN（2011）Sapiens. A brief history of humankind. Harper Collins, New York（ユヴァル・ノア・ハラリ『サピエンス全史』、柴田裕之訳、河出書房新社（2016））

Harari YN（2017）Homo deus. A brief history of tomorrow. Harper Collins, New York（ユヴァル・

ノア・ハラリ『ホモ・デウス——テクノロジーとサピエンスの未来』、柴田裕之訳、河出書房新社（2018））

Harris R（1997）The plan to end planning: The founding of the Mont Pelerin society. National Review, June 16

Heisenberg W（1930）The physical principles of the quantum theory. University of Chicago Press, Chicago

Higgs K（2014）Collision course: endless growth on a finite planet. MIT Press, Cambridge, MA

Hsu PD, Lander ES, Zhang F（2014）Development and applications of CRISPR-Cas9 for genome engineering. Cell 157（6）:1262–1278. ISSN:1097-4172

Huxley J（1942）Evolution: the modern synthesis. Allen & Unwin, London

IPBES（ Intergovernmental Science-Policy Platform on Biodiversity and Ecosystem Services）（2016）Summary for policy makers: pollination assessment. IPBES Secretariat, Bonn

Jackson T（2009）Prosperity without growth: economics for a finite planet. Earthscan, London（ティム・ジャクソン『成長なき繁栄——地球生態系内での持続的繁栄のために』、田沢恭子訳、一灯舎（2012））

King A, Schneider B（1991）The first global revolution. A report by the Council of the Club of Rome. Pantheon, New York（アレキサンダー・キング、ベルトラン・シュナイダー『第一次地球革命——ローマクラブ・リポート』、田草川弘訳、朝日新聞社（1992））

Klein A-M, Vaissiere BE, Cane JH, Steffan-Dewenter I, Cunningham SA, Kremen C, Tscharntke T（2007）Importance of pollinators in changing landscapes for world crops. Proc R Soc B Biol Sci 274（1608）:303–304

Koopmans R（2015）Religious fundamentalism and hostility against out-groups: a comparison of Muslims and Christians in Western Europe. J Ethn Migr Stud 41（1）:33–57

Korten D（2014）Change the story, change the future. A report to the Club of Rome. Berrett-Koehler, Oakland

Maturana H, Varela F（1972）Autopoiesis: the organization of the living. In: Maturana and Varela（1980）Autopoiesis and cognition. Reidel, Dordrecht（ウンベルト・R・マトゥラーナ、フランシスコ・J・ヴァレラ『オートポイエーシス——生命システムとはなにか』、河本英夫訳、国文社（1991））

Maxton G, Randers J（2016）Reinventing prosperity. Managing economic growth to reduce unemployment, inequality, and climate change. Greystone Books, Vancouver/Berkeley

Mingels G（2017）Fruher war alles schlechter. DVA, Munich

NAS（The National Academy of Sciences, Engineering, Medicine）（2016）Gene drives on the horizon. Advancing science, navigating uncertainty, and aligning research with public values. National Academies Press, Washington, DC

Natarajan A（2014）The conscious individual. Cadmus 2（3）:50–54

Obermayer B, Obermaier F（2016）The Panama papers: breaking the story of how the rich and powerful hide their money. Oneworld, London（バスティアン・オーバーマイヤー、フレデリック・オーバーマイヤー『パナマ文書』、姫田多佳子訳、KADOKAWA（2016））

OECD（2015）Measuring well-being. OECD, Paris（OECD 編著『OECD 幸福度白書 3 ——より良い暮らし指標：生活向上と社会進歩の国際比較』、西村美由起訳、明石書店（2016））

Ostry JD, Loungani P, Furceri D（2016）. Powerful Hide Their Money IMF's periodical. Finance and Development, June, pp 38–41

Piketty T（2014）Capital in the twenty-first century. Harvard University Press,（トマ・ピケティ『21 世紀の資本』、山形浩生、森岡桜、森本正史訳、みすず書房（2014）Cambridge/

159

London.（French original: 2013））

Pinker S（2012）Better angels of our nature. Penguin, London（スティーブン・ピンカー『暴力の人類史』、幾島幸子、塩原通緒訳、青土社（2015））

Raskin P（2014）A great transition? Where we stand. Great transition initiative. Tellus Institute, Boston

Raskin P, Banuri T, Gallopin G, Hammond A, Swart R, Kates R, Gutman P（2002）Great transition: the promise and lure of the times ahead. Tellus, Boston

Ricardo D（1951）In: Sraffa P（ed）Principles of political economy and taxation, vol 11. Cambridge University Press, Cambridge, p 136（デヴィッド・リカードウ『経済学および課税の原理』、羽鳥卓也、吉沢芳樹訳、岩波書店（1987）：デヴィッド・リカード『経済学及び課税の諸原理』、古田秀夫訳、ゴマブックス（2016））

Singh RP, Prasad PVV, Reddy KR（2013）Impacts of changing climate and climate variability on seed production and seed industry. In: Sparks DL（ ed）Advances in agronomy, vol 118. Academic, Oxford, p 79

Sinn HW（2003）The new systems competition. Wiley-Blackwell, Oxford, p 2003

Sloterdijk P（2009）God's zeal: the battle of the three monotheisms. Wiley, Hoboken. ISBN: 978-0-7456-4506-3

Steindl-Rast D（1990）Spirituality as common sense. The Quest 3:2

Stiglitz J（2012）The price of inequality: how Today's divided society endangers our future. W. W. Norton, New York（ジョセフ・E・スティグリッツ『世界の99%を貧困にする経済』、楡井浩一、峯村利哉訳、徳間書店（2012））

Tame CR（1998）The new enlightenment: the revival of libertarian ideas, Philosophical notes, vol 48. Libertarian Alliance, London. ISSN: 0267-7091. ISBN: 1-85637-417-3

Victor P（2008）Managing without growth. Slower by design, Advances in ecological economics. Edward Elgar, Cheltenham

Vitali S, Glattfelder J, Battison S（2011）The network of global corporate control. PLoS One 6（10）. https://doi.org/10.1371/journal.pone.0025995

von Weizsacker EU, Young O, Finger M（2005）Limits to privatization. How to avoid too much of a good thing. A report to the Club of Rome. London, Earthscan

Wagner A（2015）Arrival of the fittest. Penguin Random House, New York（アンドレアス・ワグナー『進化の謎を数学で解く』、垂水雄二訳、文藝春秋（2015）

Weber A（2016）The biology of wonder. Aliveness, feeling and the metamorphosis of science. New Society Publishers, Gabriola

Weeramantry CG（2009）Tread lightly on the earth: religion, the environment and the human future. Stamford Lake, Pannipitiya

Wijkman A, Rockstrom J（2012）Bankrupting nature: denying our planetary boundaries. A report to the Club of Rome. Earthscan, London

Wilber K（1996）A brief history of everything. Shambala, Boston, pp 129（ケン・ウィルバー『万物の歴史』、大野純一訳、春秋社（2009））

Wilkinson R, Pickett K（2009）The spirit level. Why greater equality makes societies stronger. Bloomsbury, New York（リチャード・ウィルキンソン、ケイト・ピケット『平等社会──経済成長に代わる、次の目標』、酒井泰介訳、東洋経済新報社（2010））

Ziegler J（2014）Retournez les fusils!: Choisir son camp. Le Seuil, Paris

第**3**章

さあ！　持続可能な世界を目指す わくわくするような旅に参加しよう！

3.1　再生力のある経済

　人類は破滅的な状況に直面しています。システム全体の崩壊が現実味を帯び
てきています。人類が惑星に影響を与えている証拠があります。大気圏内実験
の放射性残留物は、今や地質堆積物から見つかっています。化石燃料の燃焼に
よる CO_2 排出は、大気および海洋の化学的性質を変化させました[1]。だからこ
そ、甘い考えはやめましょう。わたしたちは、人口の急増、資源の過剰使用に
よる汚染、生命維持のために利用できる生物を含めた多様性の喪失など、困難
な課題に直面しています。

　これらは、GDP の指数関数的成長を維持できないと経済崩壊を招くという
イデオロギー的な信念に由来しています。その信念は、ほとんどの学者や政治
家の精神モデルに縫い込まれています（1.4 節図 1.6 参照）。しかし、それは間
違っています。GDP は、お金やモノが経済を通過するスピードを表すにすぎ
ません（1.12.2 項参照）。

1　Vaughn (2016).

161

3.1.1　新たな物語[2]

　ダークマウンテンプロジェクト[3]が示唆するように、わたしにはどうすることもできないと言っても大丈夫だと思うかもしれません。しかし、それは最も深刻に無責任なことです。わたしたちは20億年にわたる進化の歴史の結果です。それにふさわしい行動をとる必要があります。

　さらに、それは知的には不誠実なことです。より素晴らしい未来へ向かう道があります。だからこそ、わたしたち全員がより良い世界を創造しようとする義務があるのです。人類は破滅を避けることが可能です。しかし、そのためには他の何よりも重要なものがあります——わたしたちをスピード違反のバスに乗せたものに対抗する新しい物語。それは2章の基本思想でもありました。

　新自由主義の物語は人類を破滅の危機にさらしました。ケインズの物語も、続いていくのであれば、同じ結果をもたらすでしょう。不平等を軽減しますが、資源を過剰に利用することになるからです。

　新しい物語は生態学的な限界に収まるように、繁栄した人生を達成する方法を教えてくれるかもしれません——すべての人間の基本的なニーズに応える、普遍的な幸福を提供すること。そして、社会の安定を維持し、真の安全基盤を提供するのに十分な平等を提供すること。

　バックミンスター・フラーの言葉にあるように、「100％人類のために働く世界」のように見えるでしょうか？　そこに住みたいと感じるでしょうか？　わたしたちの映画はほとんどが黙示録さながらの破局です。わたしたちはゾンビと戦う方法を詳しく知っていますし、月に人間を送り込みました。しかし、男と女が地球上で幸せに歩く方法がわかりません。

　ローマクラブや他の多くの人々にとっても、新しい物語の基本原則を作るのが最優先です。

　ドナ［ドネラの愛称］・メドウズは教えてくれました。「人々は巨大な車を必

2　段落3.1.1は、近著『よりよい未来は可能だ』からの抜粋です。ハンター・ロビンスを筆頭著者とした、ジョン・フラートン、グレアム・マクストン、スチュワート・ウォーリス、アンダース・ワイクマンという5人のローマクラブメンバーによる共同執筆です。この本の目的の一つは、最も挑戦的な質問「崩壊することなく、根本的に変化することは可能か？」に答えることです。著者からの答えははっきりと「Yes」であり、以下にその本の内容が概説されています。

3　Dark Mountain, http://dark-mountain.net/

第 3 章　さあ！　持続可能な世界を目指すわくわくするような旅に参加しよう！

要としません。彼らには尊敬が必要です。彼らには服でいっぱいのクローゼットを必要としません。彼らには魅力的だと感じられることが必要なのであり、わくわくすること、多様性、そして美しさが必要です。人々はアイデンティティ、コミュニティ、挑戦、感謝、愛、喜びを必要とします。物質的なものでこれらのニーズを満たそうとしても、真に決して満足しない問題に対する偽の解決策にすぎず、満たされない欲望が築かれるだけです。結果として生じる心理的な空しさは、物質的な成長を求める強い力の一つになります。人々のニーズは非物質的なものだということを社会が認識し、それを満足する方法を見つけることができれば、材料とエネルギーの消費量を大幅に低下させ、人間の満足感をはるかに高めます」[4]

　わたしたちの現在の経済物語は、経済の縮図とも言える無骨な個人のいる世界における競争、完全な市場、自由な成長を讃えます。その結果が巨大な不平等です。「Too big to fail（大きすぎて潰せない）」問題は、個々の自己決定を打ち砕き、何百万人もの人々が仕事を嫌いになると言われています。米国の労働者の満足度に関するギャラップ・ヘルスの年次調査では、いつも測定結果より不幸なことが警告されています[5]。

　ローマ教皇フランシスコは、「内的な意味での荒野があまりにも広大であるがゆえに、外的な意味での世の荒野が広がっている」と警告しました[6]。彼はまた、人間性を希求する地球憲章も引用しています。「わたしたちは歴史上初めて、共通の運命によって新たな行動を始めることが求められている。……わたしたちの時代を、生命の新たな尊厳への目覚め、持続可能性を実現するための確たる決意、正義と平和を確立するためのさらなる努力、そして、喜びと祝福に満ちた生命とともに想起される時代にしようではないか」[7]

　新しい物語は、人間の尊厳を保護し、尊重することが重要であり、人類が共通善のために団結し組織化することができたときに生き残ることができるという科学的根拠を力説します[8]。

4　Meadows et al. (1992).
5　Mann and Harter (2016).
6　Pope Francis. 2015. l.c., 217 段落、彼の前任者の教皇ベネディクト 16 世を引用しています。
7　前掲書、207 段落。
8　Riane Eisler (2007).

163

新しい物語には、良い人生を教えられます。ポジティブ心理学や人間主義経営[9]のような分野では、ビジネス思想家が隆盛であり、コンシャス・キャピタリズム［思慮深い資本主義］、自然資本主義、再生力のある資本主義、そしてビッグ・ピボット［大転換］の必要性を論じています。生物学者は、自然の森でさえも、無慈悲な競争よりもコミュニケーションと協力が重要だという概念である「wood-wide web［森の情報網］」を探求しています。政策思想家は、国内総生産（GDP）を超えた概念、幸福度指数、そしてよりよい暮らしの構想について話します[10]。国際コンソーシアム「Leading for Well-being」は、以下の段落に示す概念を捉えるために新たな物語を構想しています。

　真の自由と成功は、繁栄した世界を創ることにかかっています。それぞれの組織は、個人の尊厳を認め、相互関係を強化するとき、人間に最も役立ちます。繁栄のために、企業や社会は新しい目的、すなわち、健全な惑星での幸福の共有に向けた転換が必要です。

　良い人生は、地球を犠牲にする必要はありません。3.14節では、地球幸福度指数 (Happy Planet Index：HPI) を取り上げ、物質充足度と人生の満足度の組み合わせについて検討しています。自然は持続可能ですが、それは、進化するからではなく、再生するためです。

3.1.2　自然資本主義：変化の物語

　持続可能な文明を創造するには、賢明な政策手段が必要です。それらは、コミュニティ、NGO、特に都市の行政の関与によって実施されなければなりません。また、ビジネス界の参加なしに成功はあり得ません。多くの場合、規則は国家または国際社会によって定義される必要があります。

　幸いにも、企業が効率的に廃棄物を削減し、すべてのサービスを作り、提供する方法を再設計し、サーキュラー・エコノミー［循環経済］やバイオミミクリ［自然や生物の仕組みに学んで設計し環境負荷を低減する考え］などのような概念を採用すれば、企業は繁栄するという強力なビジネスの実例があります。すべてこのことが、人間と自然資本が再生するように自分たちを管理することを可

9　紹介ビデオ , Humanistic Management Network, http://www.humanetwork.org/
10　New Economics Foundation, http://www.happyplanetindex.org/

能にするのです（3.8 節参照）。

自然資本主義[11] と呼ばれるものへの変化の物語は、ますます多くの企業によって実施され始めています。千人以上の CEO を対象とした、2016 年の国連グローバル・コンパクトとアクセンチュアの調査によると、97％が持続可能性は将来のビジネスの成功にとって重要であると信じています。透明性が重要な要因とみなされ、79％がブランド、信用、評判が持続可能性への行動を促すものであると見なされています[12]。

企業は自然資本主義の第 1 原則を実行し始めています。すなわち、**すべての資源を劇的に、より生産的に使用する**ことです。新古典派の経済学者は、費用面の効果が企業を効率的にすると言うでしょう。これはほとんど神話です。世界のすべての企業は、しばしば補助金が投入されるような、非常に低い価格で資源が販売されていない限り、資源生産性を飛躍的に向上させ、それによって費用を削減することができます。実業家で投資家のジガー・シャーは、継続的な技術革新により、温室効果ガス排出量の約 50％が削減されることになると示唆しています[13]。しかし、このような言説は、カーボンプライシングが不必要であると断言するために誤用されるべきではありません！

3.1.3　すべてを再設計する

サービス経済が現実味を帯びるためには、重大な構造改革が必要であり、多くの場合すでに進行中です。自然資本主義の第 2 原則は、**バイオミミクリやサーキュラー・エコノミーのようなアプローチを用いて、わたしたちがエネルギーをどのように供給し、自分自身を養い、わたしたちが望むサービスを作り提供するかを再設計する**ことです。

ジャニン・ベニュスによって提唱されたバイオミミクリの規律は、自然がビジネスを行う原則を定めています。それはわたしたちの現在の方法とは異なります。多くの企業は現在、バイオミミクリ組合[14] のような組織で、自然の原

11　Hawken et al. (1999).

12　UN Global Compact 2016 - Accenture Strategy CEO Study,
　　https://acnprod.accenture.com/us-en/insight-un-global-compact-ceo-study

13　Shah, Jigar, Creating Climate Wealth, ICOSA 2013, http://creatingclimatewealth.co/

14　http://biomimicry.net/about/

理を使った製品やサービスを制作し提供する方法に再設計しています。自然は、日光のみを利用し、毒素を含まず、環境温度で、水がベースの化学物質を使用し、何も無駄にすることなく、幅広い製品とサービスを作ります。これらのアプローチを実施している企業は、それがお金を節約し、優れたサービスを提供することにつながるのだと、再認識しています。

3.12.3 項では、国家が関与し行動すべき補足的なアプローチが概説されています。すなわち、資源消費に対する補助を停止し、資源をより高価にすることです。経済へダメージを与えないために、小規模なステップで、収益の中立性を保ったまま全体的な税率を低く抑えて、より良い将来に向けて財政的負担を軽減することができます。

3.1.4　再生の管理

自然資本主義の第 3 原則は、**すべての機関を人間と自然資本の再生のために管理すること**です。再生力のある経済の原則は、ローマクラブ会員ジョン・フラートンの白書である『再生力のある資本主義』[15] に示されています。バイオミミクリと同様に、それは自然の原理から引き出されますが、それらをサービス経済への移行に適用します。

フラートンは、世界中で自然が、健康で持続可能なシステムの安定のために役立つパターンと原則が存在すると指摘しています。これらの八つの原則は、世界にまたがって活動する経済を創造し、生命システムを支える状況を作り出すのに役立ちます。

1. **正しい関係のなかに身を置く**：人間の経済が、それ自身が生物圏の一部である、人間文化の一部だということを尊び、認識しながら、生命を持続させる。

2. **革新的で、適応性があり、応答性が高い**：社会のすべての分野で革新し、新たに創造する人間の先天的能力を描く。

15　Fullerton, John, "Regenerative Capitalism," Capital Institute, 2015, http://capitalinstitute.org/wp-content/uploads/2015/04/2015-Regenerative-Capitalism-4-20-15-final.pdf

3. **富の全体像をつかむ**：真の富は、複数の資本の調和によって達成された「全体」の幸福の観点から定義される。

4. **参加の権利が与えられる**：金融資産は、真の富の拡大された見地から公平に分配される（必ずしも均等ではないが）。

5. **安定した循環流**：生産サイクル、再利用、再製造、リサイクルのすべての段階で、エネルギー、材料、および資源の処理量を最小限に抑える努力を続ける。

6. **豊かな「エッジ効果」**：創造的なコラボレーションは、関係、交流、レジリエンス［しなやかさ］を通じて、付加価値のある富の創造の可能性を高める。

7. **バランスを心がける**：しなやかなバランス、つまり地震や危機などの衝撃から学習し、より強く効率的に成長する長期的な能力は、より動的に、力の集中を弱める。

8. **コミュニティと場所を大切にする**：実体と仮想の両方がモザイクのように連結された地域中心の経済において、健全で安定したコミュニティと地域を育成するための運営を行う。

　これらは自然の根底にある原則に沿ったものであり、人間心理学の原理や人間主義経営の新たな規律から学べるものと非常によく似ています。

　再生力のある資本主義は、世界の実際のプロジェクトや現場の企業にすでに測定されはじめています。再生力のある経済に投資するためのキャピタルインスティチュートのフィールドガイドでは、再生原則を実行している 34 の企業を紹介しています[16]。原則が世界経済の「ソースコード」になるためには、それらを大規模なグローバル企業に適用する必要があります。

　大企業には、ますます新しい物語が必要になってきています。150 年続くノルウェーの企業である DNV-GL は、再生力のある未来を創造する戦略を表明しています。自主独立財団であるため、ほとんどの上場企業で可能である以上に、会社の責任について長期的視点を取ることができます。DNV-GL のチー

16　Chang, Susan Arterian, "The Fieldguide to Investing in a Regenerative Economy," Capital Institute, http://fieldguide.capitalinstitute.org/

フ・サステナビリティ・オフィサーであるビョーン・ハウグランドは、変化を
もたらす戦略は、「心に語りかけ、行動を促し、変化に関する積極的な話を伝
えて、希望をもたらすべき」と述べています。

これらの原則は、少なくとも途上国に適用されます。優れた例は、アショ
ク・コースラによって提案されたディベロップメント・オルタナティブズの仕
事です（3.2 節)[17]。

同様に、再生力のある農業への移行は、人々により良い食料を与え、同時に
空気から炭素を吸収して土壌に戻すことができます。批評家は、「従来の工業
化された農業だけが人々に食料を供給することができる。すなわち、わたした
ちには遺伝子組換作物（GMO）が必要であり、より多くの添加物を必要とす
る」と言います。これは完全に間違っていることがわかります（3.5 節参照）。
実際、国連食糧農業機関（FAO）は、地球上で生産されるすべての食品の 70％
は、小規模農業に由来すると推定しています[18]。

これは良いニュースです。農業の大部分を再構築する必要はなく、先進工業
国の過ちを繰り返さずに、最善の再生力のある慣行を得ることができる農業者
を支援すればよいのです（図 3.1)[19]。

セイボリー研究所は、ホリスティック・マネジメント［資源の全体論的管理］
と意思決定の指導と実践を通して、世界の広大な草原を復元することに関与し
ています。これにより、砂漠を繁栄した草原に変え、生物多様性を回復し、川
や水源をよみがえらせ、貧困や飢えと戦うことができました。セイボリーは、
これが地球規模の気候変動に対処する最も有望な方法であると主張しています。
世界で 2 番目に大きな炭素吸収源である草原が、放牧動物の巨大な群れと共生
していた方法を模倣しています。ホリスティック・マネジメントされた放牧動
物は、枯渇した土地を取り戻す最善の方法の一つです[20]。自然界では、炭素は

17　Ashok Khosla, To Choose Our Future, 2016,
　　https://www.amazon.com/Choose-Future-Paperback-Ashok-Khosla/dp/B01GMIAAUS
18　Wolfensen (2013).
19　Joel Salatin, Meet the Farmer, Parts 1-3, 29 April 2012,
　　https://www.youtube.com/playlist?list=PL6C0D6709117A0049
20　Savory Institute, Introduction to Savory Hubs,
　　https://www.youtube.com/watch?v=SKWeqkq6tP4

第3章　さあ！　持続可能な世界を目指すわくわくするような旅に参加しよう！

図 3.1　セイボリー研究所により成し遂げられた復元の成功事例

世界最大の有害物ではありません[21]。自然界では、廃棄物でさえ資源として、その用途が見出されます。ホリスティック・マネジメントでは、炭素を吸収する土壌微生物の健全なコミュニティを作り出します。おそらく最も重要なのは、

21　Allan Savory, How to Green the World's Deserts and Reverse Climate Change, TED, https://www.youtube.com/watch?v=vpTHi7O66pI

商業規模で稼働したことがなく、石炭プラントの 2 倍のコストである、人工的な CCS（二酸化炭素回収貯留）とは対照的に、土壌を再炭化して自然の窒素循環を回復させることです [22]。

　炭素貯留のための土壌の重要性は、デイヴィッド・スプラットとフィリップ・サットンによる研究の長所の一つです [23]。多くの研究によれば、手入れの行き届いた草地において、平均して毎年 1 エーカー［約 4,000 平方メートル］あたり 1 トンの炭素を無理なく貯留することができます [24]。そして、アダム・サックスは、「蹄で踏み固められた土壌表面をほぐし、肥料を与え、潤いを与え、空気を吹き込み、何千もの重要な土壌生物にとって土を快適にさせる、動物の集約的な放牧の可能性を理解し始めているにすぎない。土壌の潜在性ほど気候を守る戦略はない」と言います。サックスは、「世界中に約 120 億エーカーの土地があり、人間の悪用によって破壊されているが、それを復元することができる。わずか 1 エーカーあたり 1 トンの吸収で、毎年 120 億トンの炭素を大気から吸収することができる。これは 6 ppm である。たとえ、年間 2 ppm を追加で出し続けても、今日の危険な 393 ppm から、産業革命以前の安定した 280 ppm に戻るのに 30 年もかからない」と主張します [25]。サックスの指摘以来、大気中の CO_2 濃度は 403 ppm という高いレベルに達しています。

　企業、地域社会、そして市民は皆、生存は責任ある行動に依存していると認識しています。個々の行動、コミュニティグループによる行動、そして企業部門による行動など、体系的な政策変更が必要です。

　わたしたちは未来をもっと良くできます。人類は、システム全体の崩壊を避けることが**可能です**。そうすることで、より良い未来を創造することができます。それを成し遂げることは、今を生きるすべての人間にとっての挑戦です [26]。この本の読者は、その挑戦に招待されているのです。

22　Radford (2015)。Brown (2014) も参照のこと。

23　Spratt and Sutton (2008).

24　A Landowner's Guide to Carbon Sequestration Credits, Central Minnesota Sustainable Development Partnership, P 8
http://www.cinram.umn.edu/publications/landowners_guide1.5-1.pdf

25　Adam Sacks, "Putting Carbon Back in the Ground - The Way Nature Does It,"
http://www.climatecodered.org/2013/03/putting-carbon-back-into-ground-way.html

26　Steffen (2015).

第 3 章　さあ！　持続可能な世界を目指すわくわくするような旅に参加しよう！

3.2　ディベロップメント・オルタナティブズ

　ディベロップメント・オルタナティブズは、文字通り何百万人もの人にとっ
て安全な生活、雇用、生態系の健全さ、楽観的な見通しを作り出しました。世
界の最も貧しい地域のひとつで行われた新たな取り組みであり、非常に励みに
なる例です。この取り組みは、片や市民社会と政府、片や市民社会とビジネス
との間を橋渡しする新しいタイプの機関を設立するために、政府と国連での快
適なキャリアを捨てたアショク・コースラ博士によって 1982 年に始められま
した。アショクと彼のチームは、根本的な原因を扱うことが、環境問題への最
善の対処だということを実証することができました。多くの場合、すぐに改善
策が必要となりますが、**代替開発戦略**を通じた予防は、安く、深く、長持ちす
る解決策につながります。だから、組織の名称はディベロップメント・オルタ
ナティブズ（DA）です[27]。

　DA は、UNEP からの 10 万ドルのプロジェクト助成金で開始され、もとも
とは環境面の使命が推進の動機でした。それは、環境の健全性が次世代のため
に維持され、再生されることを確実にする、経済、社会、ガバナンスの既存の
システムに必要な変更を分析することによって事業を開始しました。概して、
都市や国際社会の人々はあまり気付いていませんが、インドの人々の 70% 以
上（そして実際には世界の「南」の多く）が村や小さな町に住んでいることから、
環境のキャンバスには、それらの人々が最もよく関わる問題が含まれていなけ
ればならないのです。

　DA の主な社会的目標は、様々な方法で人々に力を与える方法を見つけて実
装することでした。「エンパワーメント」には、現代経済に参加する能力、給
付金制度にアクセスする社会的地位、家族、地域社会、地方自治体の機関に有
意義に参加する権限が含まれます。この運動の結果は、意思決定と将来をさら
にコントロールする市民の創造です。その核となるのは、持続可能な生活、す
なわち、所得、尊厳、意義を提供する職業や使命感を意味します。そのような

27　アショク・コースラは、DA の影響力の大部分は、能力開発やその他の支援によって
　　強化された、広大なパートナーネットワークの努力の賜物であり、現場での活動を
　　大幅に増大させていることを強調しています。

171

仕事は、基本的なニーズに応じた財とサービスを創出すべきですし、環境を節約しよみがえらせなければなりません。これは、持続可能な活動がエンパワーメントの基礎であり、結果でもあることを意味します。

ガンディーの思想に沿って、技術は人間の規模に合わせて、資源の無駄を減らし、人々の基本的なニーズに適応している必要があります。このような持続可能な開発の可能性は、経済的・社会的格差が大きい場合には、弱まってしまいます。極めて貧しい人々は、生存と必要性に駆られて（主に、いわゆる再生可能な）資源を過度に使い破壊する傾向があります。極めて豊かな人々は、他の（主に再生不可能な）資源を過度に使い破壊する傾向があります。ほとんどの場合、強欲と給付金制度からです。貧困の撲滅と同様に、社会保障の増大は、環境保全のための主要な手段となります。

DA は、進化した概念とデザインを実装するために、形式的には独立していますが、これらの概念や設計を実践する契約上の義務を負っている関連団体のグループを作りました。非営利団体である DA に加えて、商業的な下部組織（TARA）や、事業体として DA の技術を製造・販売する企業として登録されている様々な子会社が含まれています。

DA はシンクタンクとして、そのような概念を開発する際に先駆的な仕事をしてきました。これらの主な目標を越えて、環境の健全性と貧困撲滅の両方の基準を満たす特定の技術を開発する非常に革新的な研究開発施設を有しています。これらには、調理器具（薪ストーブ）、発電（ガス化装置）、緑、手頃な価格の建材（マッドブロック、マイクロコンクリートタイル、フェロセメント）、織機（高度な手織り機：図 3.2 参照）、手作り品、再生紙、持続可能な生活のための環境にやさしい他の製品が含まれます。DA の作業の多くは、土地、水、森林資源の再生に焦点を当てています。

アショク・コースラとそのチームの現場での長年の経験により、生態系の安全がなければ持続可能な生活は不可能であることが証明されました。逆もまたそうであり、密度の高い生態系は、皆にとって持続可能な生活がなければ生き残ることができません。したがって、DA によって設計・実施される介入の集まりにおいて、持続可能な生活と環境保全は交換可能な概念です。

公式経済部門は失業問題を解決できないのですか？

問題は、公式職業部門が失業問題を解決できるかどうかということです。

第 3 章　さあ！　持続可能な世界を目指すわくわくするような旅に参加しよう！

図 3.2　TARA「フライング・シャトル・ルーム」—動力の要らない手織り機：伝統的な織機と比較して 3 〜 4 倍の収入が得られる（写真：ディベロップメント・オルタナティブズ）

　国際労働機関（ILO）によると、世界の失業を克服するために約 10 億人の追加雇用が必要になると言われています。これはまさに持続可能な開発目標（SDG）であり、途上国が毎年 5,000 万人以上の新しい雇用を創出する必要があることを意味します。同時に、最貧国でも、農業が追加労働を受け入れる容量は急速になくなってきています。

> **コラム：従来の仕事と比べて生活費が少ない**
>
> 　主流な経済学によれば、生計や雇用の創出は、一般的に企業部門の責務であるべきです。しかし、企業部門は現在、第三世界の経済において雇用や暮らしを必要な数だけ生み出すことはできません。グローバル競争の強迫観念が、実業家が人よりもむしろ機械に投資することを奨励しています。グローバル競争は、新たな雇用創出が高い費用を必要とするという数値を示しています。工業国で一つの職場を創出するために必要な資本は約 100 万ドルです。途上国の賃金がはるかに低い場合でも、新しい産業の

雇用は非常に高価になる可能性があります。

　このような重い初期投資は、公式経済部門に新しい企業、すなわち仕事を創出する上で大きな障壁となります。

　製造業の新規雇用創出という点で成功例と見られるインドでさえも、こうした雇用の純増を享受することはできませんでした。過去 25 年間、経済は新たな高まりを見せましたが、インドの大規模な公式経済企業（ビジネス・プロセス・アウトソーシング（BPO）を含む）に雇用されていた人の数は、実際にはそのままでした。

　したがって、持続可能な開発目標の 8 は、公式経済部門の追加雇用によって達成される可能性は極めて低いようです。

　上記のコラムから、他の誰かが雇用と持続可能な生活を創造する責任を負う必要性が考察できます。これは、中小企業部門の出番です。ほとんどが地場の小規模な市場本位の営利事業です。ほとんどの経済で、それらは雇用と暮らしの最大の発生源です。DA は、この部門の革新的な一部です。

　最も重要であるにも関わらず、最も理解されていない大規模な暮らしの創造の影響は、おそらく国の人口に対するものです。少女や女性の教育プログラムとともに、持続可能な生活はおそらく、小家族や出生率の低下に対して最も効果を与えます。地球が長期的に健康であるために、出生率の低下による人口動態の変化、ひいては貧しい国での人口の低成長化の加速が、富裕層・貧困層両方の利益になります。そして、出生率の低下は失業問題への最も強力な答えにもなります！

　DA は 30 年以上にわたり、約 1 億 5,000 万ドル以上の費用で約 700 件のプロジェクトを実施しています。これにより、特に北部・中部インドの辺鄙なコミュニティの人々の生活において、大規模な変化の創出につながりました。こうした変化には、先に述べた「エンパワーメント」という言葉で要約できる多くの中間段階の最終成果品としての雇用と生活の創出が含まれます。技術を使って作られた産業によって生み出された「直接的な」雇用、砂防ダムや水管理システムのおかげですぐに職を得た農家の数、もはや水や薪を集めなくて済むので時間が生まれた女性が得る賃金を見積もることは難しくありません。しかし、DA のアプローチの体系的な性質を考えると、これらの経済活動は直接

174

第 3 章　さあ！　持続可能な世界を目指すわくわくするような旅に参加しよう！

雇用からみて第 2 次、第 3 次段階下流の雇用につながっており、実質的にその計算は簡単ではありません。

　技能、資産、資格の取得、雇用機会の知識へのアクセス、その他の同様の要因によって、「エンパワーされた」人々の多くが雇用を得たり、生計を立てたりすることができます。これらの異なる方法で権限を与えられ、実際に有給で雇用される人の取り分は、（現場経験に基づいて）10％から 30％の間で変化します。伝統的な社会における流動性が限られているため、女性の場合、この割合はおそらく低くなります。

　DA は一般に、暮らしと雇用の創出への影響を約 160 万人、それに加えて直接雇用と間接雇用を合わせて 100 万程度と推定しています。したがって、外部評価者は、DA は 30 年以上にわたり、直接的かつ間接的に責任を持って、約 260 万人の雇用を創出してきたと見積もっています。この素晴らしい記録には、誰もが同意するでしょう。しかも、下流の 2 次的 3 次的雇用もカウントすると、最終的な数値は 500 万人近くになる可能性があります。

　貧しい人々にとって、生計を得るために重要な要素の一つは教育です。そのため、DA は農村女性の基本的な読み書きと計算能力のニーズに応える徹底した解決策である「リテラシー・セルフ・リライアンス」プログラムを開発しました。第 1 段階として、ICT［情報通信技術］ベースのプログラム「TARA Akshar+」を使用して、登録した女性に読み書き学習を提供します。高度な指導技術を使用するコンピュータベースの教育プログラムで、ヒンディー語で読み書きすることができます。簡単な算数の計算も同様で、56 日以内のコースで非常に低価格です。第 2 段階では、DA の技能開発部門である TARA ライブリフッド・アカデミーにより、応用的な学習が行われています。2 ヵ月が過ぎると、登録された者はビジネススキルを身に付けることができ、これらの女性の多くはその地域の企業家や指導者になることができます。

　DA グループの商業的な下部組織である TARA は、小規模な起業家を目指す企業アイデアやビジネスモデルを生み出しています。TARA は、農村住宅、再生可能エネルギー、水管理、持続可能な農業、廃棄物管理、リサイクルの分野における企業開発を通じて、低炭素で包摂的な成長を促進することを目指しています。TARA はパートナーと協力して、創業以来、千以上の企業の設立を促進し、地方経済を動かし、環境にやさしい職を創出しました。TARA の傘下

175

の一つに、TARAマシーン＆テクノロジーサービス有限会社があります。グリーンビルディング材料の生産技術に基づいた、小さな「廃棄物から富へ」のビジネスパッケージを開発した社会的企業です。インド市場が小規模企業向けに、インドの農村地域で利用できる、手頃な価格の環境にやさしい建材を提供するための製品ラインナップが開発されました。

DAのもう一つの活動は、地下水位の低下というインドの驚くべき傾向を弱めるための400以上の「砂防ダム」の建設でした。バンデルクハンドの慢性的な干ばつの状況は、長年にわたって悪化してきています。しかし、砂防ダムは苦悩に対する正しい答えでした。砂防ダムは、わずかな費用で水の安全保障に革命を起こしました。地表水がゆっくりと流れ続けるため、農作物のために水をよりよく利用することにもつながります。生産性の向上は約25％であり、地元の農家の収入ははるかに高くなりました。1980年代のDAの成功に感銘を受けた砂防ダム技術は、大規模に実施するために他の開発機関やインド政府によって幅広く採用されています。

砂防ダム：

200ha 灌漑

年に二つ以上の作物

よみがえる地下水

200 の生活

費用：8000 ユーロ、ROI（投資利益率）：200＋％

DAは、インドに本部を置く最初の主要な国際NGOの一つです。DAとそれに関連する生産およびマーケティング組織であるTARAでは、現在、インドの様々な地域で800人以上のスタッフが働いており、環境的に持続可能な開発の分野における一流の機関です。

図3.3は、30年にわたる人々のエンパワーメントに関するDAの成功事例を要約した印象的な写真を示しています。

CO_2排出量の85万トン削減や、水消費量の9億3,500万リットル削減のような、環境面と雇用面の成果で同じような写真があります。雇用面については、前述のとおり、控えめに言って260万人創出されたと推測されます。

第 3 章　さあ！　持続可能な世界を目指すわくわくするような旅に参加しよう！

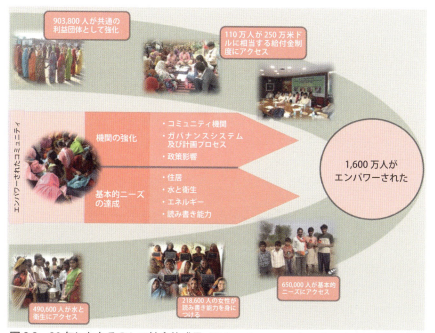

図 3.3　30 年にわたる DA の社会的成果（出典：ディベロップメント・オルタナティブズ）

　DA グループは、消費と生産のパターン、福祉と司法、企業とガバナンスを含む、社会と経済に対する事実上すべての考え方の転換と同様に、組織制度の再編をインドの変革の議題と定義しています。その中心となるのは、社会と自然の**サブシステム**としての経済を再定義すること、すなわち、社会的に公正かつ環境的に持続可能な未来への手段であり、現状のように経済それ自体を目的とするものではありません。環境や社会に大きな影響を与える、激しい工業化の段階を経た、西洋社会の発展経路を踏襲するのではなく、現状から持続可能な軌道に直接近道する、インド独自の発展経路を定義する必要性を DA は強調しています。

3.3　ブルー・エコノミー

　2009 年 4 月、ギュンター・パウリは、ローマクラブへの報告として、地域経済開発に関するいくつかの中核的な研究と概念を「ブルー・エコノミー：

177

100 個のイノベーションで、10 年間に、1 億人の雇用をつくる」[28] と題して発表しました。彼はドイツの諺「創造は科学でもある」に触発された大胆なビジョンを描いていました。このビジョンは、一般的に自然（特に広範囲の生態系）が、何千年もの想像を絶するあらゆる課題を克服してきたという理解に基づいています。したがって、自然は、人間社会が未来への道筋をどのように描くことができるかについてのインスピレーションを提供します。この道筋は、すべての生命が依存する豊富な製品とサービスを提供し続ける生態系の創意工夫から導かれるかもしれません。

　この新しい「ブルー・エコノミー」という概念は、不利な時には回復力をもたらし、有利な時には喜びをもたらすので、文化、伝統、社会資本を構築するすべての社会システムを強化するでしょう。それはまた、わたしたちが乏しさから豊かさへと進化するにつれて、明白な限界の中で生きる方法を学ぶことを可能にするでしょう。

　パウリはいくつかの中核的原則（参照：次ページのコラム）を仮定しました。この目標は、現地で利用可能なもので基本的なニーズをどのように満たすかについての知識を身に付けることによって、すべての人々の生活の質を高めるでしょう。その後、多くの新しい教訓が与えられ、元のビジョンと提案された100 個のイノベーションは、実用性が試されました。グローバリゼーション、費用削減、規模の経済という論理に基づく今日の主流のビジネス思想から、業績を向上し、産業をより速く変革するブルー・エコノミーへの移行を、いかに早く達成できるかを説明する取り組みとして、中核的原則が用いられました。それらは多くの場合、実行可能であると考えられています。それは、すべての基本的なニーズに応えるわたしたちの手腕から始めなければなりません。

　食料安全保障の探求は、わたしたちがプラネタリー・バウンダリー内で生産・消費する必要性と密接に関係しています。地球上のすべての人々の基本的ニーズに応えることが急務である一方で、より健康的な栄養摂取に移行することも同様に必要です。食料安全保障、持続可能な農業と健康への懸念の組み合わせが、イノベーションを受け入れるよう世界に求めています。これらは、社会的、技術的、そして組織的なものになるでしょう。一つの技術で完全な解決

28　Pauli (2010, 2015).

第3章　さあ！　持続可能な世界を目指すわくわくするような旅に参加しよう！

策が提供されないことは明らかです。今日直面している課題への対応には、時間とともに進化する一連の対応が必要です。同じことをたくさん繰り返すだけでは、より良い結果が得られることはめったにありません。それでも、いくつかの基本原則は、わたしたちを突破口へと導いてくれるでしょう。

コラム：ブルー・エコノミーの21原則（2016年版）

1. 製品と消費システムは自然に触発されたものである
2. システムは**非線形**である
3. システムは**最適化**（最大化ではない）し、**共進化**する
4. システムは増大する**多様性**を通じて、**回復力**を実証する
5. システムはまず**物理学**に基づいて動き、化学および生物学に適応する
6. 製品はまず再生可能であり、いつも有機的で生分解可能である
7. パフォーマンスの成功は、**ゲームのルールの変更**に依存する
8. **独立した問題**が、**機会のポートフォリオ**［組み合わせ］を作り出すために相互接続される
9. パフォーマンスには、**自然をその進化論的かつ共生的な道筋に戻す力**が含まれる
10. **コモンズ**［共有資源］**の強化**を含めた複数の利益がある
11. まず基本的なニーズに応えることが目的である
12. 持っているものを使う
13. 不要な製品を排除し、**何かを何もしないに置き換える**
14. 廃棄物や雑草でさえ、すべてに**価値**がある
15. **健康と幸福**は結果である
16. 規模の経済の代わりに、クラスター［つながり］で生産する**範囲の経済**に
17. 一つのイニシアティブ［取り組み］で、**複数のキャッシュフローと利益を生み出す**
18. **一次産業**と**二次産業両方**の**バリューチェーン**［価値創造過程］の**垂直統合**
19. 事業計画なしで、複雑システム分析によって推進される**経営**

179

20. すべての決定は、**損益計算書および貸借対照表に影響を与える**
21. すべての判断は**倫理を核とする**

3.3.1　中核的原則

　自然界では、原材料、エネルギー、栄養分を継続的にカスケード（段階）利用し、すべてのメンバーがその能力を最大限に発揮します。失業の概念は生態系には存在しません。この理想主義的な枠組みに反して、ゼロ・エミッション研究構想（ZERI）財団は資源効率を高めるビジネスモデルの設計に従事し、地域で利用可能な資源のみを使用して、これまでの想像以上に多くの食料と栄養分を生み出しました。更新された中核的原則は上記のコラムに表示されています。

3.3.2　コーヒー化学と食用キノコ

　遺伝子操作に依存する農業プログラムは、現在の工業化した農業および食料生産モデルが非常に無駄であることをしばしば無視しています。わたしたちは、1杯のコーヒーには、収穫された赤いコーヒーチェリーのバイオマスの0.2%しか含まれていないことを認識しているでしょうか？　発酵、乾燥、焙煎、粉砕および醸造のプロセスから、世界中で生産される1,000万トンのコーヒーのほんの一部が摂取され、他のほとんどすべてが廃棄物となります。

図3.4　コーヒー農園のバイオマスで生育するキノコ。ブルー・エコノミーにおける天然資源のカスケード利用の200の例のうちの一つ（写真：ディベロップメント・オルタナティブズ）

　この理解にもとづいて、収穫後、製造後、消費後のコーヒーバイオマスでのキノコ栽培、動物飼料としてのアミノ酸が豊富な使用済み基質の使用、臭気制御としての良質なコーヒー粒子の使用、UVプロテクター、さらには水素貯蔵システムを含めた、「コーヒー化学」が生み出されました。コーヒーの論理は、紅茶や他の何十もの作物に適用す

第 3 章　さあ！　持続可能な世界を目指すわくわくするような旅に参加しよう！

ることができます。このイノベーションの組み合わせは、有毒化学物質の代替を可能にするだけでなく、収入と雇用を生み出します。図 3.4 は、コーヒー植物のバイオマスで繁殖している、豊作で収穫可能なキノコを示しています。

3.3.3　サルデーニャでのバイオリファイナリーとアザミの設計

　最近の事例では、同じコーヒー収穫から 500 倍以上の栄養分を生み出し、容易に利用可能なバイオマスから 300 倍以上の価値を創出することも例外ではないことが実証されています。過去 20 年間で、ZERI 財団のパートナーは、コーヒーとキノコを組み合わせた 5,000 以上の農場で実証されているように、現在拡大中の何十もの事例を発見しました。バイオリファイナリーの設計は、重要な成功要因は原料の利用可能性であるという、食料と化学の力学についてより多くの洞察を与えます。

　イタリア・サルデーニャのノバモントの事例では、耕作放棄地で成長する雑草であるアザミの処理が、農業に新たな展望を与えながら、社会の多様なニーズに応えることができることを示しています。アザミは収穫されると、セルロースから油や糖類として加工され、次いでビニール袋用のポリマー、ゴム手袋用のエラストマー、除草剤および潤滑剤を含む生化学物質の組み合わせに変換され、廃棄物は動物飼料に加工することができます [29]。

3.3.4　三次元海洋養殖と気泡による釣り

　さまざまな革新的なビジネスモデルの組み合わせは、陸上での農業に限定されません。海藻、ムール貝、ホタテ貝、カキ、魚、カニ、ロブスターの養殖を組み合わせた三次元海洋養殖の導入は、海産物の健全な生産を復活させる非常に効果的な方法であることが実証されています。管理された環境では、食品や動物飼料から化粧品や医薬品の原料に至るまで、多様な生産物を確保し、残りの廃棄物は肥料に転換します。このシステムでは、淡水、農薬、肥料などの投入物は必要ありません。海のパーマカルチャー［持続可能な農業］と考えられるこの技術は、海水をアルカリ化し、生物多様性を再生し、消費者の食材をより

29　https://ec.europa.eu/eip/agriculture/en/content/eip-agri-workshop-building-new-biomass-supply-chains-bio-based-economy

健康的なものに変えるために役立ちます。

現代の食料生産システムにおける最も目覚ましい変化の一つは、漁業と養殖業です。魚網、鉤針、そして魚篭の時代は終わりました。イワシをサケの飼料へ転換することは、餌の量を倍増させる必要があるときには不合理です。イルカやクジラが獲物を捕獲する方法に触発された ZERI 財団は、気泡に頼る釣り技術の設計に焦点を当てており、これが漁船や技術の再設計につながっています。卵を持つすべてのメスの魚は、将来世代を確保し、野生の漁獲物を十分に供給するために、海に放流されます。実際、養殖業が漁業よりも生産的であると考えられる理由の一つは、漁師が見境なくメスの魚を卵とともに殺すのに対して、養殖業はそれらを生かし続けるからです。

革新的なイノベーターに、古くて破壊的な慣行を中断させるように促す時が来ました。これは雇用を生み出すだけでなく、古い生産性の論理を変更させることもできます。三次元養殖場では、1ヘクタールの海域あたり、2人の雇用を生み出すことができ、合計 7,500 ドルの費用と 25 本の生産ラインで、年間60 万個の貝と 75 トンの海藻を生産することができます。すべてがブルー・エコノミーの理念に従います（より多くの価値、より少ない投資コスト、より多くの生産と雇用）。そして、人間はその過程でより健康になるかもしれません[30]。

3.4　分散型エネルギー

ロッキー・マウンテン研究所のエイモリー・ロビンスと彼のチームは、『新しい火の創造』の中で、大きなビジョンを掲げています。「恐怖感のない燃料とはどんなものかを考えてみよう。気候変動はない。石油の漏洩も、炭鉱夫の死亡も、大気汚染も、荒廃地も、野生生物がいなくなることもない。エネルギーが使えないほどの貧困もない。石油が原因の戦争も、圧政も、テロリストもない。何も底をつくものがない。使うのを止めるものもない。心配するものは何もない。そして、無害で妥当な価格で入手できるエネルギーが、誰にでも、いつまでも、豊饒にある」[31]

30　本事例、およびその他のブルー・エコノミーに関する事例については、以下のウェブサイトおよび Twitter を参照 www.zeri.org, www.TheBlueEconomy.org, @MyBlueEconomy.

第 3 章　さあ！　持続可能な世界を目指すわくわくするような旅に参加しよう！

　さて、これはエイモリー・ロビンスのような先駆者の素晴らしい先見的な言葉です。もちろん、**気候変動が起きない**という未来がすぐに現実になる可能性は低いです。**野生動物が失われない**未来も婉曲表現にすぎません。再生可能エネルギーの拡大に関連する現在の傾向の多くは、野生動物のために残すことができるはずの土地の多くを使い尽くしています。そして、**豊饒なエネルギー**という言葉は、本書のメッセージとは反対に、無駄使いを誘っているように聞こえます。しかし、『新しい火の創造』の意義は、その小さな言葉の誇張ではなく、その大きな真実にあります。

　6 年前の執筆時点では、エネルギー業界がまもなく経験するであろう深刻な変化を予見する人はごくわずかでした。今やそれは皆の心の中にあります。ほとんどの国々が、より持続可能なエネルギーの未来へと大きく変化してきています。それは、一般的な意味で、エイモリー・ロビンスのビジョンの方向に沿ったものです。古典的な集中型電力会社は、競合する再生可能エネルギーから厳しい圧力を受けています。エネルギー業界は現在、大きな変化を遂げており、ほとんどがより持続可能な未来へと向かっています。

　デンマークとドイツが流行の仕掛人でした。デンマークは、1985 年に原子力発電施設の設置を禁止し、代わりに風力エネルギーを促進する法律を採択しました。それは、チェルノブイリ原子力発電所事故の 1 年前でした！　ドイツは、チェルノブイリ事故の直後に原子力発電の撤廃について話し始め、1999年に原子力撤廃法を採択しました。ほぼ同時に、再生可能エネルギーのための寛大な固定価格買取制度（FIT）が導入され、再生可能エネルギーがブームになりました。福島での原子力発電所事故の惨事の後、ドイツは再生可能エネルギーの急速な進歩を享受しながら、原子力撤廃を加速しました。

　中国（および他の約 60 ヵ国）は、ドイツの FIT 制度を多かれ少なかれ模倣し、技術革新の急速な進展と規模の経済をもたらしました。図 3.5 は、太陽光発電（PV）の価格が急激に下がった一方で、原子力発電費用が急上昇した過程を示しています。2010 年以降、原子力発電への投資の経済性のなさに関して議論の余地はありません。

　世界的に、再生可能エネルギーは飛躍的に増加しています。最近チリでは、

31　Lovins and Rocky Mountain Institute (2011).

183

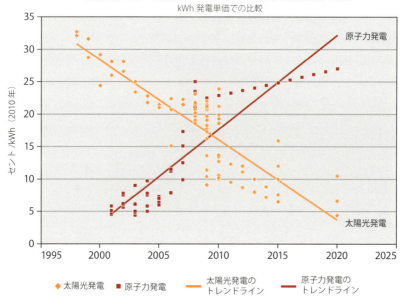

図 3.5　太陽光発電は費用面で原子力発電に勝る（出典：NC WARN）

非常に多くの太陽エネルギーが生産されたため、電力会社は太陽光電力を無料としました[32]。ドイツは2050年までに、スコットランドは2020年までに、100％再生可能エネルギーにすると約束しました。Asia Europe Clean Energy Advisory（AECEA）によると、中国は2016年だけで34.2GW［ギガ（10億）ワット］の太陽光発電を導入しました。

今や風力と太陽光の必然的な勝利だとますます思われるようになっていますが、一部のアナリストは、2014年が再生可能エネルギーの転換期だと見なしています。2015年4月、ブルームバーグ・ニュー・エナジーのマイケル・リープライヒは、「化石燃料は再生可能エネルギーとの競争力を失った。……世界は今や、石炭、天然ガス、石油の組み合わせよりも、再生可能エネルギーの容量を毎年増やしている」と発表しました[33]。

32　Dezem and Quiroga (2016).
33　Randall (2015).

市場平均を下回る石炭関連株
指標（指数化）

図 3.6　5 年間で、ダウ・ジョーンズ工業株価指数は 40％上昇したが、石炭関連株は価値がほとんどなくなった（出典：TruValue Labs、2016 年 6 月 29 日）

　石炭の競争率低下は株式市場にはっきりと表れています。図 3.6 は、石炭火力会社の株価と米国の平均株価（ダウ・ジョーンズ指数）を比較したものです。
　長期的に見れば、世界経済は化石燃料や核燃料に頼るのではなく、最終的には再生可能エネルギーに依存することは明らかです。地球の未来にとって重要な問題は、この移行が完全に実行されるのにどれくらいの時間がかかるのかということです。化石資源やウラン／トリウム資源の枯渇が主な理由ではありません。最大の理由は、地球温暖化や核燃料サイクル全体の費用増加に対処できないという、政治的、生態学的、そして技術的な費用です[34]。
　したがって、再生可能エネルギーへの移行が必要だというよりも、切迫していると言うべきでしょう。しかし、化石燃料の埋蔵量を大量に地中に残すことは、必然的な結果をもたらします。「座礁炭素資産」、つまり、以前の経済的資産が価値のないものになるか、あるいは負債にさえなるでしょう。最近の研究[35]では、「2050 年までに、発見された化石燃料埋蔵量の 20％しか燃焼できなかっ

34　Gilding (2015).

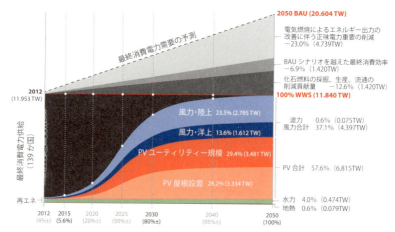

図 3.7　139 ヵ国の全目的の最終消費電力需要合計と従来型の燃料および WWS 発電による供給合計の経年変化（出典：ジェイコブソンら、脚注 37 参照）

たと仮定した場合、これらの座礁資産は約 6 兆ドルになる」と推定されています。地球温暖化による産業革命前からの温度上昇を 2 度に抑えるように設定された炭素排出量の上限に基づく他の推測は 20 兆ドルにすら達します[36]。これらの「座礁資産」は、化石燃料を段階的に廃止する移行費用の一部とみなすことができます。

　原子力発電の段階的廃止も、並行して考慮する必要があります。いくつかの国が何十年にもわたって軍事用と民生用の原子力発電の相乗的な経済効果を享受してきたこと、言い換えれば、民生用の原子力発電を暗黙のうちに助成してきたことから、政治的にはより複雑です。

　座礁資産の問題を考えると、世界が再生可能エネルギー資源だけに基づいた経済にどのくらい速く移行できるかという問いは興味深いものです。この疑問は最近、スタンフォード大学とカリフォルニア大学バークレー校のマーク・Z・ジェイコブソンとその同僚によって研究されました。彼らは、2050 年まで

---

[35] Carbon tracker and the Grantham Research Institute on Climate Change and the Environment at the LSE. http://www.carbontracker.org/report/unburnable-carbon-wasted-capital-and-stranded-assets/

[36] Capital Institute. July 19, 2011. The Big Choice. In The Future of Finance Biog, also referring to Carbon Tracker.

第 3 章 さあ! 持続可能な世界を目指すわくわくするような旅に参加しよう!

に世界が化石燃料からの完全移行を達成することが可能であると主張しています[37]。図 3.7 は、彼らの研究において、化石燃料優位から完全な WWS[風力、水力、太陽光]発電の世界への移行がどのように達成されるかを示しています。

この図について、いくつかコメントする必要があります。第 1 に、世界全体で集計する場合、風力発電に対する太陽光発電の割合は、国によって大きく異なることに留意する必要があります。第 2 に、図 3.7 から、2050 年の最終消費電力は、2012 年よりもわずかに低いことがわかります。しかし、この負荷は、WWS への移行のない BAU(なりゆき)シナリオで必要となる最終消費電力よりもはるかに少ないものです。これは、著者がエネルギー効率向上に関してかなりの潜在可能性を想定していることを意味します。第 3 に、逆に WWS シナリオでは、太陽光発電パネルや風力発電施設以上のものを必要とすることを認めなければなりません。ピーク需要と電力の断続性を管理する問題も処理し、資金を調達する必要がありますが、どちらも解決可能な問題であり、化石燃料の副作用と比べて安価です。

少し政治面に目を向けてみましょう。原則として、化石燃料主導型経済から再生可能エネルギーを動力とする経済への移行を加速するためには、二つの段階が不可欠です。

1. 化石燃料産業(民間所有および国有の両方)に対するすべての財政的誘因は排除されるべきです。最近の国際通貨基金(IMF)の報告書[38]では、化石燃料産業に対する税引前の補助金は、世界で年間約 6,000 億ドルの範囲であると推計されています。

2. 国際的に調整され、国内で実施される炭素税を課すこと(3.7.3 項参照)。ほ

---

37 Mark Z. Jacobson, Mark A. Delucchi, Zack A.F. Bauer, Savannah C. Goodman, William E. Chapman, Mary A. Cameron, Cedric Bozonnat, Liat Chobadi, Jenny R. Erwin, Simone N. Fobi, Owen K. Goldstrom, Sophie H. Harrison, Ted M. Kwasnik, Jonathan Lo, Jingyi Liu, Chun J. Yi, Sean B. Morris, Kevin R. Moy!, Patrick L. O' Neill, Stephanie Redfern, Robin Schucker, Mike A. Sontag, Jingfan Wang, Eric Weiner, Alex S. Yachanin Draft paper December 13 2015, 100% Clean and Renewable Wind, Water, and Sunlight (WWS) All Sector Energy Roadmaps for 139 Countries of the World, http://web.stanford.edu/group/efmh/jacobson/ Articles/I/Countries WWS.pdf

38 Coady et al. (2015).

187

とんどの途上国にとって、再生可能エネルギーへの依存度が高まるこのような傾向は恩恵をもたらすでしょう。分散型エネルギー利用は技術的に実現可能であり、途上国の地方部で最も必要とされる場所に、雇用を創出するのに大いに役立ちます。

　長期的には、現存の電力会社と石炭・石油会社は、移行に加わるか[39]、あるいは仕事を失うでしょう[40]。2016年初め、コンサルティング会社デロイトは、独立系石油会社の35％以上が倒産し、2017年にはさらに30％が倒産すると予測しました。これは、2015年後半に、北米の50の掘削業者が破産したことに続くものです[41]。確かに、トランプ政権により意図された石油価格の高騰と化石燃料の保護主義によって、少なくとも一時的に状況が変わる可能性はあります。実際、座礁資産の危機は、ドナルド・トランプの化石燃料に関するその他の馬鹿げた嗜好に対する最も強い動機と考えることができます。

　エネルギーの最大の利用者である中国は、再生可能エネルギー大国になりつつあります[42]。太陽光発電の設置容量をたった4年で20倍に増やした中国は、2009年の0.3GW［ギガ（10億）ワット］から始まって、2013年までに13GW、2015年には30.5GWの再生可能エネルギー（うち、16.5GWは太陽光発電）を追加しました。中国は依然として多くの石炭を燃やしていますが、グリーン・ホライズン計画では、都市の空気を浄化し、炭素強度［1経済単位の生産に要する二酸化炭素排出量］を今後5年間以内に2005年水準と比べて40〜45％削減することを約束しています[43]。2016年には、7％の経済成長率にもかかわらず、CO_2総排出量の5％削減が記録されました。そして2050年までに、中国は自国のエネルギー需要の80％を再生可能エネルギーで賄う予定です[44]。

39　Uphadhyay (2016).

40　Ahmed (2016).

41　Deloitte Center for Energy Solutions (2016).Arent (2016) (Goldman Sachs による) も参照のこと。

42　IBM Research Launches Project "Green Horizon" to Help China Deliver on Ambitious Energy and Environmental Goals, 7 Jan 2014, http://www-03.ibm.com/press/us/en/pressrelease/44202.wss

43　CHINA TO APPROVE OVER 17.SGW OF PY IN 2015, Bloomberg New Energy Finance, http://about.bnef.com/landing-pages/china-approve-17-8gw-pv-2015/

第 3 章　さあ！　持続可能な世界を目指すわくわくするような旅に参加しよう！

　中国は 2012 年に中国共産党規約に明記した概念「エコ文明」を目指すと発表しました。中国第 13 次 5 ヵ年計画（3.17.1 項参照）は、この新しい考え方を印象的に反映しています。

　幸いなことに、再生可能エネルギーへの世界的な転換、そしてエネルギー効率化は、雇用の増加を伴います。国際再生可能エネルギー機関（IRENA）は最近、再生可能エネルギー関連の雇用が年間 5％増加しており、現在世界で 800 万人を超えていると述べました。これらの雇用は、一般的な仕事よりも製造業において顕著であり、より男女平等が進む傾向があります[45]。

　全体的な移行がさらに早まる可能性があるという評価があります。スタンフォード大学のトニー・セバ教授は、2030 年までに全世界が再生可能エネルギー（すなわち、電気だけでなく、すべての形態のエネルギー）を使用するようになると予測しています。セバの本『クリーン革命』[46] には、なぜ変革が急速に起こると信じているのかが記述されています。彼は四つの要因を信じています。太陽光発電費用の低下、貯蔵（蓄電池）費用の低下、電気自動車、そして自動運転車の四つです。運輸が二酸化炭素排出の 30％を占めているため、石油由来の運輸から転換することは、石炭産業を破産させるのと同じくらい大きな仕事になるでしょう。セバは専門家が携帯電話の売上を完全に過小評価した方法から類推しています。1990 年代、経営コンサルティング会社のマッキンゼーは AT & T に、90 万人のモバイル加入者しか期待できないと語りましたが、実際の数字は 1 億 800 万人を超えることが判明しました[47]。セバは次のように問いかけます。クリーン革命を信じていないのですか？　国際エネルギー機関（IEA）は、従来のエネルギー事業者（原子力、石油、ガス、石炭）と従来の公益事業者に 40 兆ドル投資することを望んでいます。それは彼らにとってコダックモーメント［シャッターチャンス］です。それはあなたのお金です。それでいいのですか[48]。

---

44 "China 2050 High Renewable Energy Penetration Scenario and Roadmap Study" China National Renewable Energy Centre, http://www.rff.org/Documents/Events/150420-Zhongying-ChinaEnergyRoadmap-Slides.pdf

45 Renewable Energy and Jobs," International Renewable Energy Agency 2016, http://www.irena.org/DocumentDownloads/Publications/IRENA_RE_Jobs_Annual_Review_2016.pdf

46 Seba (2014).

47 Kim (2013).

起業家のイーロン・マスクは、ゼネラルモーターズの 300 分の 1 の数の自動車しか売っていないにもかかわらず、その半分以上の時価総額を持つ自動車会社を設立しました。それはどのようにしてできたのでしょうか？[49]　テスラは、2016 年 7 月にリリースされたマスタープラン・パート 2 において、太陽光発電を家庭用蓄電池と電気自動車に統合することを明確にしているからです。テスラはまさに蓄電池の会社であり、蓄電池の費用がこれまで同様下がった場合、化石燃料産業にとって間違いなくゲームオーバーになります。テスラは、エネルギーの生産を貯蔵および運輸と統合することによって、汚く、危険で、政治的に不安定になるような方法で古代の太陽光を掘り起こして燃やす合理的な根拠をほとんどなくしてしまうかもしれません。

3.5　農業に関するいくつかの成功事例

3.5.1　持続可能な農業政策の一般方針

　恵み深く生態学的に持続可能な農業を扱うためには、別の本が必要になるでしょう。1.8 節でわたしたちは、現在支配的な世界の農業は決して持続可能ではなく、開発のための農業知識・科学・技術の国際的評価（IAASTD）報告書の内容がより良い代替案であるとみなしました。報告書の主な政策調査結果は、農業の**多面的機能**を強調しています（食料の提供、社会保障、生態系サービス、景観価値など）[50]。これは、社会と生態学の特徴から切り離され、生産の最大化に専念する農業資源を基盤とした工業のアプローチとは対照的です。

　持続可能な農業の実践はアグロエコロジーと呼ばれ、地域の状況に適合し、地域のニーズを満たすように改良された幅広いシステムを網羅しています。こ

48　Tony Seba, 2012 How to Lose $40 Trillion, Tony Seba,
　　http://tonyseba.com/how-to-lose-40-trillion/ 2015 年まで、IEA は 2035 年までにその数字は 48 兆ドルになると言っていました。いずれにせよ、それは莫大な金額であり、IEA はそれを石油、ガス、石炭および原子力にほぼ完全に費やすことを提案しています。
　　https://www.iea.org/newsroomandevents/pressreleases/2014/june/world-needs-48-trillion-in-investment-to-meet-its-energy-needs-to-2035.html
49　Ogg (2016).
50　UNEP and International Resource Panel (2014) も参照のこと。

れらすべてに共通する原則は、生態学的、経済的、社会的な持続可能性です。アグロエコロジーは土壌と水の供給を保持し、自然の土壌肥沃度を再生して維持し、生物多様性を促進します。収量は長期的に持続可能です。大部分は、多様な作物を一緒に育てることで農薬を避け、自然の閉じたマテリアルフロー（物質循環）を模倣します。それは、炭素の排出量を増やすのではなく、むしろ隔離します。同時に、農家が暮らしていくために十分なお金を稼ぐことを可能にします。すなわち、農村地域の雇用を守るための加工施設が開発され、農家には農作物に対する正当な報酬と、自然と気候を保護するための合理的な報酬が支払われます。

　これらの目的を支援するための政策は、途上国と先進国の双方の政府によって採用される可能性があり、以下のことが含まれるかもしれません。(1) 土地、水、種子、情報、信用、市場への安全なアクセスの提供、(2) 女性、農家、先住民、地域社会に根ざした組織を支援するための所有権に関する法律の改正、(3) より公平な地域的および世界的な貿易協定の確立、(4) 農家の権利を尊重し、公平性という目標と生物多様性に取り組むための知的財産法の改正、(5) 地域インフラと農産品加工への投資、(6) 公的研究と普及への投資の増加。

　国連環境計画（UNEP）の国際資源パネル（IRP）による最近の報告書[51]では、現在の食料システムは世界の陸生の生物多様性損失の 60％、温室効果ガス排出の約 24％を占めていると述べている、IAASTD の批判を支持しています。IRP は三つの原則に基づいた「リソース・スマート」な食料システムを提案しています（環境への影響が少ない、再生可能資源の持続的な利用、すべての資源の効率的な利用）。IRP の報告書によれば、最大 30％の資源効率向上が達成可能であることが示唆されています！

　さらに、農業と食料の持続可能なシステムについて、一冊の本になるほどの記述ではなく、いくつかの例を適度に選んで、簡単に示します。

3.5.2　途上国における持続可能な農業

　農家と消費者の両方を助ける持続可能な農業と食料システムに関する一般的な方針を、いくつかの実用的な例として示すことができます。

51　UNEP (2016), Food Systems and Natural Resources (2016).

世界のカカオ豆市場は非常に独占されており、生産の80%は二つの超国家企業によって管理されています。彼らが購入するカカオ豆のほとんどは西アフリカで生産されており、カカオ豆を追跡して生産の社会的および生態学的条件を特定することは事実上不可能です。ドイツのチョコレート製造業者リッタースポーツは、この状況に不満を抱いており、2018年までに100%のカカオ豆が持続可能な形で生産されなければならないという野心的な目標を採用し、カカオ豆生産におけるより持続可能な基準を支持することに決めました。

　リッタースポーツは、1990年代からニカラグアの小規模農家に教育・訓練プログラムを提供し、2001年には、ニカラグア初のカカオ豆協同組合「Cacaonica」（cocoaとNicaraguaの合成語）の設立を支援しました。15年以上にわたり、この取り組みは3,500人以上の農家との協業に発展し、今や20以上の協同組合が組織されています。この事業は、カカオ豆の単一栽培に代わる生態学的に持続可能な手段であるアグロフォレストリーシステムに基づいています。異なる植物種が混在することで、農家はカカオ豆の高品質化と増収を達成できます。ドイツのパートナーは、世界の市場価格における品質基準の追加料金と固定数量買取を組み合わせた支払いモデルを採用しました。これらは、農家が前もって計画を立て、将来を確実にするのに役立ちます。

　リッタースポーツは、フランスのチョコレート製造業者セモアと共同で、アフリカのコートジボワールで同様の教育・貿易モデルを確立しました。同社は、その取り組みを開発援助という形ではなく、公正な貿易パートナーシップとみなしています。

　協同組合型農業のもう一つの成功例はキューバにあります[52]。ソヴィエト連邦が崩壊した時、食料と石油支援の突然の撤退は農業危機を引き起こしました。ほぼ一晩で、燃料、トラック、農業機械、スペアパーツ、肥料、農薬は非常に少なくなりました。国有農地の40%以上が労働者によって管理されている新しい2,000の協同組合に再編され、彼らにも自身の家族の食料を育てるための園芸スペースが割り当てられました。2000年までに、19万人以上の都市居住者が空いている都市の土地を個人用地として使い始めました[53]。小規模な都市

52　Koont (2009).
53　Higgs (2014, pp.12-13).

第 3 章　さあ！　持続可能な世界を目指すわくわくするような旅に参加しよう！

での生産は、輸送や農業機械のための石油の必要性を最小限に抑えました。農薬がないため、環境保全型の農業生産が必要でした。オルガノポニコと呼ばれる、堆肥のような土壌と有機物の混合物を含む高床式の長方形壁構造での生産は、キューバの都市農業における野菜栽培の主流となりました。

　生産量は飛躍的に増加し、キューバの都市では、環境は作物栽培の恩恵を受け、しばしば都市の森林再生や環境にやさしい農法と結びつきました。有機肥料、種子、灌漑と排水、マーケティングと技術教育の管理プログラムは、作物と畜産を支援しました。これらのプログラムでは、12 年間に新しく 35 万人以上の高収入で生産的な雇用が創出されました。

　環境にやさしい農業として成功したもう一つの方法は、「稲集約栽培法（SRI）」です。それは、すでに作物とそれを支える土壌に存在する生物学的プロセスを動員することを目的としています。それは 1980 年代にマダガスカルにおいて、灌漑稲作水田での生産を改善していく中で意気投合した、イエズス会の司祭と地元の農家によって始められました。それは徐々に雨水に依存したコメや他の多くの穀類や野菜にまで広がっていきました。

　SRI は進行中の取り組みであり、「緑の革命の技術のように実装される投入物ではなく、一連のアイデアや洞察です」[54]。そのため、製品を販売することを目的とする市場指向の人たちによって採用されることはほとんどありません。アイデアは市民社会のメカニズムによって広められ、今や多くの途上国にもたらされています[55]。

　SRI の革新的技術では、広く種をまくのではなく、苗を植えます。スペーシング［株と株の間を広くして植えること］を行います。土壌生物の動きを促進する分解された有機物質を用いて自然の肥沃度を構築し維持することにより、主に根を刺激します。湛水を避けることは、断続的な洪水が伝統的な方法よりも高い収量を生み出すことが判明した灌漑米で、特に有用です。そして、成長期間を通して、土壌を通気します。

　実証済みの利点として、改良品種や農薬の投与に頼ることなく、（時には 2 倍以上）収量が改善されました。また、水と種子の節約を含め、一般的に外部か

54　SRI-Rice (2014).
55　Uphoff (2008).

193

ら必要な投入物が少なく、炭素を隔離します。

　作物管理のもう一つの新しいアプローチでは、植物と昆虫の自然な関係を利用します。科学者たちは、アフリカ東部で広まっている穀物害虫の生態を調査したところ、厳選した飼料植物をトウモロコシ畑に加えることによって、穀物収量と総農場生産量が劇的に改善されることを発見しました。彼らの研究から生まれたいわゆる「プッシュ・プル」技術は、意図した作物から害虫を追い払い、攻撃に耐えられる他の宿主植物にそれらを誘引する、天然の植物化学物質を使用します。その過程で、科学者たちは飼料用のマメ科植物デスモディウムの興味深い新しい特性を発見しました。乳牛にとっては栄養価が高く、トウモロコシの害虫を撃退し、有害な寄生雑草であるストリガによる被害を大幅に軽減します。要は、プッシュ・プルシステムは、環境にやさしい方法で食料安全保障と農業収入を改善します。それは、アフリカの飢餓と貧困を減らす長期的な闘いの理想的な方法です[56]。

　このような例は、持続可能な農業が可能であるだけでなく、人々と環境の両方にとって非常に有益であることを示しています。もちろん、すべての環境にやさしい取り組みが経済的に自立しているわけではありません。多くのNGOは寄付によって資金提供され、世界中の小規模自作農家と様々な方法で協力しながら、教育や実践の機会を与えています[57]。世界の小規模自作農家と協力して教育・研究プログラムを増やすことは、先進国からの政府開発援助の主要な焦点となるはずです。

3.5.3　先進国の貢献

　先進国の産業農法も改善することができます。オーストラリアのニューサウスウェールズ州では、ギルガイ・ファームズが2,800ヘクタールの土地を管理し[58]、伝統的な作物/家畜のシステムを**セル放牧**の事業に変えました。これはもともとアラン・セイボリーによって進められたホリスティック・マネジメントのシステムです。農場は多角的で、ウシ、ヒツジ（主に羊毛用）、穀物、天然

56　The International Centre of Insect Physiology and Ecology (icipe) (2015).

57　例 え ば Legado; Oxfam; International Institute for Environment and Development, https://www.iied.org/partnerships-coalitions を参照のこと。

58　ギルガイ・ファームズのウェブサイト http://www.gilgaifarms.com.au/

第 3 章　さあ！　持続可能な世界を目指すわくわくするような旅に参加しよう！

硬材（シェルターと木材）、ユーカリの木のプランテーション（カーボンオフセット［温室効果ガスの排出分を吸収によって相殺する仕組み］用）を生産しています。セル放牧では、複数のパドック［放牧場］を通って家畜を移動させることによって、野生の群れの放牧強度に見立てます。評論家たちは、その利点が実証されていないと主張していますが、オーストラリア、米国、アルゼンチン、カナダ、南アフリカの実際の農場では、放牧地で植生が再生され、回復力もよみがえっています。

　ギルガイ・ファームズはその好例です。彼らは徐々に多年生牧草地を作り出し、野生の牧草を再構築し、土壌微生物や土壌生物を広く育てるために有機調剤を使用しています。土壌攪乱と費用のかかる投入物は最小限に抑えられ、環境容量は約 50％向上しました。農業全体の収益はこの成功を反映しています。1 ヘクタールあたり年間約 6 トンの温室効果ガス排出（二酸化炭素換算）を隔離しながら、農場のカーボンフットプリントは最小限に抑えられています。

　ハロルドとロス・ウィルキンは、米国イリノイ州ダンフォース近郊で有機農場を経営しており、商業資本ではなく、長期資本に基づく急進的な投資会社である Iroquois Valley Farms（IVF）を通じて、投資家たちに優れた利益を還元しています。IVF の成功は、世界の消費者が有機食品に支払うプレミアムのおかげです。そのプレミアムがあれば、必要となる 3 年間で米国の土地を有機的な状態に作り変えることができます。「寛容な資本」もまた必要なのです[59]。

　このような事業は、2020 年までに有機農業生産に特化した地域を倍増することを、2016 年に発表したデンマーク政府のような先進国の政府によって奨励されています。この取り組みもまた、農業の将来にとって朗報です。

3.6　再生都市化：エコポリス

3.6.1　エコポリス：循環資源フロー

　1.7 節では、着実に増加している人口と都市化の環境面の課題についていくつか説明しました。しかし、一方で都市化が人口の安定化を助けるという重要な事実にも言及しました。

59　Kuipers (2015).

図 3.8 再生都市「エコポリス」は、市場向け野菜栽培、混合農業、そして最も重要な再生可能エネルギーなど、多くの典型的な地方の活動を都市地域に呼び戻します。そのため、化石燃料依存度と輸送強度は大幅に減少します。(出典：Girardet, 2014)

共著者のハービー・ジラルデット[60]の理論的根拠に従うと、60都市で現在の本質的に直線的な代謝（すなわち、その起源や廃棄物の行き着く先についてあまり心配することなく都市システムを流れる資源フロー）を変える必要があります。これまで、入力と出力の大部分は接続されていないものとして扱われていました。それは都市化の弱点の一つです。とはいえ、急速に出生率を下げるものの、しばしば家族をより幸せに、より豊かにするという、意図していないにもかかわらず非常に喜ばしい効果もあります。

確かに、都市は、植物栄養素（窒素、リン酸塩、カリウム）を農地に戻し、土壌や森林に炭素を貯蔵し、都市農業を復活させ、再生可能エネルギーで効率的に住居に電力を供給し、都市を地域の後背地に再接続するという、循環型の代謝に移行する必要があります。これらの手段は、実行可能な新しい都市経済を創造するための基礎となります。

---

60 Girardet (2014).

第3章　さあ！　持続可能な世界を目指すわくわくするような旅に参加しよう！

　私たちの世代の挑戦は、今日の非常に持続不可能な都市モデルを、ハービー・ジラルデットが「エコポリス」と呼ぶ再生都市へと変革することです。私たちの主要な棲み家である都市は、生態学の基本原則に従わなければなりません（図3.8）。

　「エコポリス」モデルは、本書の共著者でもあるアグニ・バラヴィアノス・アルバニティスが先に「バイオポリス」と呼んだものと非常によく似ています。それは、人と自然の生物種が調和のとれたバランスで暮らしている、環境的に持続可能で汚染のない都市です。都市に自然や文化を復元する新しい形態の都市生活の倫理的側面を強調しており、人間は集団的責任を負っているとして、将来世代に与える損害や問題に対して倫理的に責任を持つということになります。

　ドイツのWBGU（地球気候変動諮問委員会）による最近の刊行物では、これらの問題が詳細に分析されています。ハビタット3（第3回国連人間居住会議）のために書かれた「都市の変革力」に関する2016年の報告書では、都市化はその地域の持続可能性だけでなく、世界規模の課題も提起していると述べられています。都市がしばしば国の最も生産的な農地で成長し、それを事実上不毛にすることばかりでなく、広い範囲の地球資源、それらの中でも特に、計り知れない量の燃料、食料、木材、そして金属を必要とすることも問題です[61]。

　WBGUによって提起された問題は、米国の都市計画家アベル・ウォルマンの1965年の論文「都市の代謝」の中で、初めて概念的に取り上げられました[62]。彼は、米国の100万人の仮想都市における資源の流入・流出の割合を定量化できるモデルを開発しました。このアプローチの利点は今では広く理解されています。都市の「システムの境界」を明確に理解できるため、都市がいかに自然界と相互に作用するかを説明するのに役立ちます。ウォルマンが物理・生命科学と社会科学を統合することにより、政策と技術の選択肢が明確になりました[63]。

　この論文は、ハービー・ジラルデットによってさらに発展しました。上記のように、彼は本質的に直線的な代謝について説明しています。作物が収穫され

61　WBGU (2016).

62　Wolman (1965).

63　https://en.wikipedia.org/wiki/Abel_Wolman

ると、農地から栄養素と炭素が取り除かれ、その後加工されて食べられます。結果として生じる下水は、処理の有無にかかわらず、人口密集地の下流の河川や沿岸域に達し、そこに含まれる植物の栄養素は、通常、農地には戻されません。世界中の河川や沿岸水域は、都市下水と有毒排水の混合によって汚染されています。確かに、これは変えなければいけません。植物の栄養素（窒素、リン酸塩、カリウム）は、都市に食料を供給する農地に戻ってきて、土壌や森林に炭素を貯蔵し（3.1節参照）、都市農業を復活させ、再生可能エネルギーによって人間の居住地に効率的に電力を供給し、都市を地域の生態系に再接続すべきです。しかし、現在世界中で起きている都市化の規模では、人々と自然の両方の面で見通しがまだほとんど立っておらず、あまり適用されていません。

3.6.2 再生都市

再生都市の概念は、この問題に対処することを目的としています。それは、都市環境の緑化や物理的な都市拡大から自然を守るだけでなく（しかしながら、そのような取り組みは重要ですが）、生産、消費、輸送、そして建設の再生都市システムの創造に積極的に取り組むことです。人類は、以下のことを始める方法を見つける必要があります。

● 都市とそれらが依存する自然システムとの間の関係を、環境的に強化して修復すること
● 世界各地の人間の居住地における、効率的な再生可能エネルギーシステムの主流化
● この変革プロセスへの参加を人々に促す、新しいライフスタイルの選択肢と経済的機会

都市計画とマネジメントを統合した新しい科学が必要だと思われます。従来の都市に関する科学、技術、計画は主に、企業にとっての有利な契約と地方自治体の統治者にとって輝かしいキャリアを約束する巨大なインフラ投資に焦点を当てています。欠けているのは、都市とそれを越えた生物界との関係についての理解です[64]。

近年、先進工業国の荒廃した都市では、非常に多くの**都市再生**プロジェクト

第3章 さあ！ 持続可能な世界を目指すわくわくするような旅に参加しよう！

が行われています。これらはすぐに、人々に大きな利益をもたらしました。しかし、再生**都市**の概念はさらに進んでいます。それは都市の人々と自然とのつながり、都市システムと生態系とのつながりに焦点を当てています。

　ニュー・アーバン・アジェンダ（NUA）が採択されたハビタット3（第3回国連人間居住会議、エクアドル・キト、2016 年）で、正しい方向への第一歩が踏み出されました。それは、持続可能な都市開発に関する幅広いトピックから構成されており、国際社会によって採択された一つの文書にまとめられています。初めて、地方自治体と都市が、持続可能な開発の重要な主体として公式に認められました。

　これまで、資源効率の高い再生都市開発への取り組みは、とりわけ欧州と米国の都市の「エコ地区」に集中しています。例として、ドイツのフライブルクにあるソーラー団地、英国ロンドン南部のサットンにある BedZED、フランスのナンシーにあるエコ地区、スウェーデン・ストックホルムのハンマルビー・ショースタッド、米国ポートランドのエコ・ディベロップメント・イニシアティブがあります。多くの場合、それらは国内法の支持によって可能になりました。

　しかし、都市部全体の改造を伴う、より野心的なプロジェクトもあります。この節の最後にある二つの例で、もう少し詳しく説明します。

3.6.3　都市と自然災害

　もう一つの重要な課題は、人口の集積する都市が、地震、津波、高潮、洪水などの自然災害に対して極めて脆弱なことです。そこでは、これまでにない大きな気候変動影響が、とりわけ河川の流れる谷や沿岸の地域に次第に迫ってきています。

　世界の最も資産価値の高い土地は、沿岸地域にあります。米国の人口密度の高い25 都市のうち、23 都市は沿岸地域にあります。世界を見渡しても、ニューヨーク、アムステルダム、ロンドン、ハンブルク、コペンハーゲン、ヴェニス、東京、上海、カルカッタ、ナイル川デルタ、ダッカ、バンコク、ジャカルタやマニラといった主要都市圏はすべて、多くの気候学者が予測して

64　Batty (2013).

いる今世紀末までの 1m の海面上昇に対しても脆弱です。真っ先に取り組むべき現実の問題は、原因はグローバルであっても、ローカルに対処する必要があることです。すなわち、海面上昇、強度の増す降雨や洪水に対処するために、海岸防潮堤や河川堤防への巨大な投資がこれから数十年の間に必要とされます。これは、とりわけ、広大な平野の場合には、河川堤防の嵩上げは海岸から内陸までの何百 km ものきわめて長い距離にわたって行う必要があるのです。

共著者の林良嗣[65] は、気候変動影響による災害リスクが将来にわたって予想される場所は、開発すべきでないことを強調しています。海岸堤防や河川堤防のような防災インフラストラクチャーの計画に際しては、地域全体のレジリエンスを最大化する高さを明確にする必要があります。すなわち、致命的な洪水の回避のために、高水時の空間的余地を残した集落の計画的撤退も必要となります。16 世紀の日本で武田信玄が造った信玄堤で実践され、そして、現代のオランダでも採用されている Room for the River［河川の高水時のために背後に余地を残す］の思想は、レジリエンスを確保するための素晴らしい伝統です。

国は、都市の郊外スプロールを制限するための積極的手法をとって下さい。道路と鉄道の計画に際しては、就業地、店、病院あるいは自然公園への容易なアクセスを強化するとともに、インフラ維持費、CO_2 排出を最小化するよう、投資効率を最適化するべきです。既存の交通インフラストラクチャーの規模縮小と新規整備のためには、都市全域の土地利用・交通システムの効率化を注意深く図るべきです。

将来世代は、高齢化を最大の原因として予算の更なる縮小の必要に瀕しながらも、都市インフラストラクチャーを維持管理する負担のために払い続けなければなりません。わたしたちの世代は、来るべき世代にとって支払い不可能となってしまう費用を回避しつつ、都市インフラストラクチャー計画を立案すべきです。

3.6.4　アデレード

21 世紀に入ると、オーストラリアのアデレード南部の人々は、マレー川からの水供給の減少について心配し始めました。南オーストラリア州のマイク・

65　Hayashi et al. (2015).

ラン首相は、130万人のこの都市で、より広く持続可能性の問題を探求する時が来たと判断しました。2003年、ハービー・ジラルデットはアデレードにおける「居住の思想家」として招待され、環境的な持続可能性と新しい雇用創出の取り組みを組み合わせたオプションについて議論を開始しました。

アデレードのあらゆる分野の人々を集めた数百のセミナーや講演を10週間にわたって開催し、相互に関連する多くの問題を調査しました。ジラルデットは滞在の最後に、南オーストラリア州における環境の状況を変革するための32の計画を作成しました。マイク・ラン首相の8年間の在任期間とその後の5年間で、多くのことが実行されました。

南オーストラリア州の電力の45%は現在、風力と太陽光発電から供給されています。エネルギーと水の効率化は義務化されました。すべての有機廃棄物はリサイクルされ、都市の端にある庭園やリサイクルされた排水で灌漑される農場に戻されます。侵食や大気汚染に対処するために300万本の木が植えられています。ロシェル公園太陽村はモデル開発として建設されました。何千人もの人々が都市の新しいグリーン経済のもとで働いています。

これらの取り組みに加えて、アデレードは都心部の住みやすさを高めるために多くのことを行いました。歩行者専用道と自転車専用道は都心部を一変させ、新しいトラムも建設されました。改装された倉庫や旧工場は、新しい住宅として多く利用できるようになりました。アデレードは、有名なパークランドを中心に、今や世界で最も住みやすい五つの都市の一つに選ばれています[66]。

その後、アデレード大都市圏は再生都市の多くの要件を満たしました。2013年12月までに、アデレードでは風力による発電量が45%に達し、太陽光パネルは60万戸中の15万戸の住宅とほとんどの公共施設に設置され、世界初のソーラーバスTindoが導入され、新しい建物には太陽熱温水システムの設置が義務付けられました。さらに、この都市では、CO_2吸収と生物多様性のために、2,000ヘクタールに300万本の樹木が植えられ、106のエコ住宅を持つロシェル公園太陽村が建設されました。これらのすべての手段により、アデレード大都市圏では2003年以降、CO_2排出量が20%削減されました。資源利用に関しては、野心的なリサイクルの取り組みによって推進されるゼロ・エ

---

66 www.infosperber.ch/data/attachements/Girardet_Report.pdf

ミッション戦略を実行しました。都市の有機廃棄物から作られた年間18万トンの堆肥を回収し、再生した廃水とその堆肥を利用して、都市近郊の2,000ヘクタールの土地を耕作しています。このようにして、アデレードは何千もの新しいグリーン雇用を生み出しました[67]。

3.6.5 コペンハーゲン

ここ数十年で、デンマークのコペンハーゲンは住みやすく、持続可能な再生都市に向けて目覚ましい進歩を遂げています。都心部の多くを歩行者空間に転換したことが出発点でした。これにより、「地中海風」の雰囲気のある市場、カフェ、レストランが急増しました。コペンハーゲンでは、他のほとんどの都市より多くの人が自転車に乗っています。そして、熱電併給と再生可能エネルギーを組み合わせた、エネルギーの効率化への取り組みは、世界の他のどの地域よりも進んでいます。廃棄物管理についても同じことが言えます。

1960年代に、コペンハーゲン市議会が歴史地区のまわりに車のない広大な歩行者空間を設置することを決定したとき、すべてが始まりました。歩行者空間整備は、自転車道、公共交通計画、熱電併給システム、再生可能エネルギー開発、リサイクルプロジェクトの創設と組み合わせられました。

この変化の大部分に影響を与えた人物の1人がヤン・ゲールであり、著書『人間の街』は都市デザインの専門家にとっての必読書となっています。コペンハーゲンが2025年までに、統合交通、グリーン建築、地域暖房、都市内外での風力発電、スマートグリッド、効率的な廃棄物管理などを含む、50の異なる取り組みを組み合わせて、世界初のカーボンニュートラル［温室効果ガス排出量が実質ゼロの］都市になる見通しであることに、彼はわくわくしています[68]。

これらの例は現在、他の都市の再生・変革のモデルとなっています。

---

67 Girardet, H., Regenerative Adelaide, Solutions Magazine,
　www.thesolutionsjournal.com/node/1153
68 Girardet (2014) 上記引用文中。

第 3 章　さあ！　持続可能な世界を目指すわくわくするような旅に参加しよう！

3.7　気候──いくつかの良い報せと更なる挑戦

第 1 章で既に強調したように、地表気温の上昇を産業革命前の水準から 2 度以内に留めるためには、世界はその生産と消費の構造を急速かつ徹底的に変容させなければなりません。パリ協定と各国政府がこれまで約束した手段のみではその目標から程遠いのです。温暖化を 2 度以下に保つどころか、世界は 3 度以上の気温上昇に向かっています。地球を（摂氏）2 度温めることはわたしたちが既に温めてしまった 1.0 ～ 1.3 度（程度）より少しだけ悪いというようなものではありません。2 度上昇はずっと危険なものです。3 度上昇はさらに深刻な危険を伴います。4 度上昇は、人類が経験したことのない恐るべき混乱状態の惑星に生きることを意味します。

ですから、状況は深刻です。しかし、いくつかの良い報せから始めることにしましょう。

3.7.1　良い報せ

3.4 節で、「不安なく手に入る燃料を想像してみよう。気候変動もない。……」というエイモリー・ロビンスからの引用で始めて、分散型エネルギー構造のわくわくする潮流について概説しました。続いて再生可能エネルギーが過去 10 年ないし 20 年の間にずっと安くなり、一方で石炭や原子力による発電所の新設費用が上昇してきたことが示されました。図 3.6 にはダウ・ジョーンズ米国石炭株指標の恐らくは宿命的な低下が示されています。投資家は投資先を再生可能エネルギーに変えつつあるのです。

関連する新たな動きが、希望を持ってよい別の理由になります。主として気候に対する懸念によって動機付けられている、広範で世界中に見られる化石燃料産業からの**ダイベストメント（投資撤退）キャンペーン**です。2017 年 3 月までに 5.46 兆ドルを有する 701 機関が化石燃料企業の株を売却しています[69]。史上最速で進展している投資撤退の動きです。

「座礁資産」に関する議論が加速しているのも、変化が広まっているという別の徴候です。アレックス・ステファンは彼のブログで次のように述べていま

69　https://gofossilfree.org/divestment/commitments、2017 年 3 月 13 日閲覧。

す（2017年3月）。「燃やすことのできない燃料には大した価値がない。したがって、主要資産が石炭、石油そしてガスであるような企業はそれらの株価が示すよりもずっと少ない価値しかない。化石燃料企業の**評価額**と**それらの真の価値**との差は大変大きいので、世界中の国立銀行、金融産業協会、そして偉大な投資家たちは、潜在的には2007年のサブプライム危機と同じ規模のバブルを再現することになると警告している」

　例えば、バークレイズ銀行は、気温上昇を2度に留めるための温室効果ガス排出抑制によって、今後25年間に石油・石炭・ガス産業の将来収益が33兆ドル減少すると推測しています。イングランド銀行（英国中央銀行）は2017年1月に公開した文書で「炭素バブル」の破裂は「突然起こる可能性が高く」、そして「金融安定性に対するリスクをもたらす可能性が高い」と述べています。

　どんなものの価格であっても、それは誰かがそのために支払う際にあなたが手にするものです。石炭・石油・ガス企業を所有する投資家にとっては、これらの企業が将来長きに渡って利潤を得られるという**認識**を支えることは、今や何兆ドルにも値する優先事項です。ところでこの観点は、米国のトランプ大統領とロシアのプーチン大統領を結びつける事柄の一つに思われます。両者とも化石燃料の価値を高水準にできる限り長く維持することに対して強い関心を持っています。

　それに関連して、運輸分野の二酸化炭素排出について別の良い報せがあります。シンクタンクのカーボントラッカーイニシアティブ[70]とインペリアル・カレッジ・ロンドンのグランサム研究所による報告です。重要なことは、示されているシナリオが、太陽光発電と、それと並行して電気自動車の一段の飛躍を想定していることです。もしこれが起これば、2020年以降は世界の石油需要の伸びを止めることが可能になり、低炭素型発展への移行が進むにつれて化石燃料資産を座礁させるようになります。今から数十年ほどで多かれ少なかれ二酸化炭素を排出しない移動を達成することができるということです。しかしもちろん、この結果は発電の主要な燃料である石炭を使用しなくなるかどうかにかかっています。

　3.9節では、省エネルギーの大きな可能性に関する証拠が示されます。エネ

70　Carbon Tracker Initiative (2017).

第3章 さあ！ 持続可能な世界を目指すわくわくするような旅に参加しよう！

ルギー効率の5倍の向上が可能であると見込まれ、それによってエネルギー供給の必要が劇的に減少します。しかし、商業的な利潤獲得可能性を確立するには、3.10節で議論するように構造的な条件に関していくつか主要な変更を行う必要があります。

全く異なる良い報せは、別の方角からやってきます。それは主にフェリックス・フィンクバイナーという9歳のドイツ人の少年が2007年に木を植えるのに大きなことを考え始めたことです。地球温暖化の脅威を学び、ケニアで3千万本植樹をしたワンガリ・マータイとグリーンベルト運動について聞いて、フェリックスは世界の子どもたちが参加してもっともっとたくさんの木を植えることができるはずだと考えました。同年、惑星のための植樹イニシアティブが設立され、世界各国に百万本ずつ植えると約束することから始まりました。

この運動は予想よりも速く成長しました。彼らは8歳から14歳までの子どもたちを対象に「アカデミー」を組織し、「気候正義担当大使」に任命しました。2016年までに193ヵ国のおよそ51,000人の子どもたちがこの称号を得ました。この運動の現在の目標は、世界の全ての市民が平均して150本の木を植えて、2020年までに総計1兆本に達することです。これは二酸化炭素排出量のかなりの部分を吸収するのを助けます。

気候を保全する活動にとってさらに励みになるのは、3.5節に示した農業とのつながりです。土壌の高い肥沃度を回復することは当然高い農業生産量の助けとなります。しかしそれは土壌が二酸化炭素を吸収する能力をも劇的に向上させます（3.1.4節も参照のこと）。これは世界の75億人の人々を養うことは気候政策の目標と対立する必要がないことを意味しています。ただし、消化の際に排出される温室効果ガスであるメタンの観点から、畜牛の数は増やすのではなくてむしろ減らす必要があります。

3.7.2 歴史的債務への対処と「炭素予算」法

パリ協定は世界中の政府に対する行動を呼びかけています。しかし、必要な変化は先進工業諸国から始まらなければなりません。それらの国々は安い石油とガスに依存して生活水準を高め、途上国のおかげで先に発展することができたのです。

もちろん、工業諸国は問題の一部にすぎません。パリ目標が達成できるかど

205

うかの大きな部分は途上国における動向で決まるでしょう。しかし途上国は、多くの場合工業国で現在入手可能な技術を使うことができるかどうかに依存しています（中国といくつか他の途上国を例外として）。途上国は、福祉と厚生が低炭素経済において達成可能であるという好事例を見る必要もあります。

　気候交渉での南北間の話し合いは、しばしば北の国々[71]から南の低所得国への資金移転をめぐって行われます。2020年から年間1,000億ドルとなったパリ協定での約束は、ますます変化しつつある気候への適応のために用いられます。この合計額は、このおよそ5〜6倍に達する世界の化石燃料に対する補助金に比べるとまだ地味なものです。しかし、実際的な問題は、北の国々のほとんどの政府と議会が公的予算を組み替える余地がほとんどないと認識していることです。これら諸国の真の富はたいてい民間の手にあるのです。

　この事実から、低炭素経済への移行を可能にするための異なった戦略が導かれます。そのような戦略に対する抗いがたい考えは、1990年代に既にインドの故アニル・アガルワルと彼の同僚スニータ・ナライン[72]によって生み出されていました。彼らは地上の全ての人に同量の資源消費か、同量の大気中への温室効果ガスの排出を認めることを提案しました。貧しい人々は彼らの消費・排出許可量の一部を富める人々に売ることができ、貧困を削減し、なお富める人々と貧しい人々の双方がより資源効率的になり、二酸化炭素排出量を削減する強い誘因を維持することができます。残念ながらこの「一人当たり均等許可量」の考えは、決して必要な支持を得ることがありませんでした。

　10年以上経って——そしてデンマークのコペンハーゲンでの第15回国連気候変動枠組条約締約国会議での気候交渉を促す観点から——ドイツの地球気候変動諮問委員会（「WBGU」）はさらにその考えを発展させ、図3.9に模式的に示されるような「予算法」[73]を紹介しました。この方法は、あらゆる種類の国に同じ量の一人当たり二酸化炭素排出「予算」を与えることを意図しています。古い工業国は、より発展していない国々から排出許可証を購入するよう強いられるでしょう。

71　「北の国々」というとき、南半球にある先進国であるオーストラリアとニュージーランドを含みます。

72　Agarwal and Narain (1991).

73　WBGU (2009).

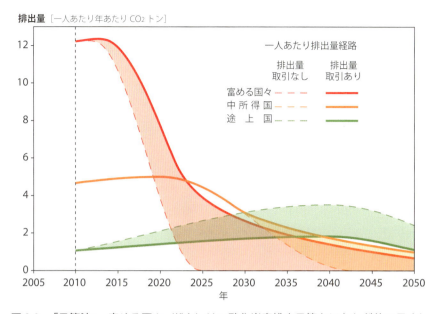

図3.9 「予算法」。富める国々（桃色）は二酸化炭素排出予算をほとんど使い尽くしている。破線は排出量取引が行われる前の予算の経過を示している。途上国（緑色）は余剰の排出許可量を有しており、いくらかを売ることができるだろう——その結果富める国々がまだ二酸化炭素を排出することが許される。中所得国（黄色）もまた2040年に予算がひょっとしてゼロになってしまったあとに排出許可量を買うことができる。(出典：WBGU：ドイツの地球気候変動諮問委員会（2009）；「気候ジレンマを解決する：予算からのアプローチ」特別報告書、WBGU、ベルリン)

　この予算法の興味深い特徴は次の点です。史上初めて、新たな化石燃料発電所を建設するかどうかを決定する前の途上国が、自動的には建設せず、一時考え直して二つの選択肢——建設するか建設しないか——の費用便益関係を計算するようになるのです。二酸化炭素排出への高い価格付けは、建設しないという選択肢を魅力的な利潤のあるものにします。再生可能エネルギーの展開（3.4節）やエネルギー効率向上（3.8節）の選択肢が豊富に存在していれば、バランスはすぐに建設しないという選択肢に傾きます。そして、それは純粋に経済的な理由によるものです。

　気候交渉にとっては不運なことに、米国、ロシア、サウジアラビア、そして他のいくつかの国々は、予算法に関する議論を遮るという明確な意図を持ってコペンハーゲン気候首脳会議にやってきました。しかしローマクラブにとって

は、この方法はとても魅力的で検討対象として再生するに値するものに見えます。

3.7.3　二酸化炭素排出の価格付け

　予算法は国際的な取引に関する手法です。国内においては、欧州連合（EU）ETS（排出量取引制度）の経験が示しているように、排出量取引はずっと魅力的でなくなります。排出許可量の価格がこれまで——そして今も——変化を生み出すにはあまりに低すぎるのです。実際的な条件では、炭素税の方がずっと取り扱いやすく、またより効果的です。障害となるのは、政治的に炭素税は、とりわけ米国において、「有害」であると見られがちであることです。一つの魅力的な解決法はジム［ジェームズの愛称］・ハンセンが示唆し、もっと最近では新たな（共和党の）気候リーダーシップ評議会が提案したことに従うことでしょう。それは、炭素税を課すとともに同額のお金を四半期ごとに配当小切手、直接預託金、または個人退職年金への拠出金として返すという制度です[74]。もしそのような行為がなされれば、代替エネルギーと化石燃料を用いない工業過程に投資する誘因がさらに強力な推進力を得ることでしょう。

　あらゆる炭素税や二酸化炭素排出量取引制度が抱える問題は、それらが二酸化炭素排出者をひどく傷つける（政治的に極度に困難）か、あまりに大人しすぎて経済の脱炭素化に実際には役立たないかのどちらかであることです。長所を組み合わせる（政治的に受入可能で、しかも制御効果がある）ようにする提案を3.12.3節で議論します。記録された効率性の向上に応じて価格を徐々に上昇させ、平均的には、化石燃料やエネルギーサービスに対する年間支出額を一定にするのです。

3.7.4　「戦後経済」体制で地球温暖化と闘う

　明らかに、これまで政府と民間組織が行ってきた実際的な手段はパリ目標を達成するのに充分と言うには程遠いものです。それに対して、ますます多くの気候科学者を含む解説者が、気候変動との闘いに勝つために**戦争に匹敵する**大量の**動員**を進めるべきという議論を行っています。ラトガース大学の経済学教

74　Thorndike (2017).

授であるヒュー・ロコフは気候変動との闘いと第二次世界大戦との類似性を指摘しています[75]。ロコフによれば、気候変動と闘うための財政的困難の規模はわたしたちの両親や祖父母が第二次世界大戦中に直面したものと同様です。彼らがこの困難を克服した方法──そしてわたしたちが地球温暖化を打ち負かすために必要になるとロコフが示唆するもの──はインフラと技術への莫大な政府支出の追求です。

これが意味するのは、「漸増主義」の時代は終わった、ということです。わたしたちが今必要としているのは技術革新、代替、そして大規模投資を通じた変容です。ここで政府が鍵となる役割を果たします。

ローマクラブとしては「戦争に匹敵する動員」という言葉をどちらかと言えば避けたいと思います。そこで代わりに「戦後経済」という用語を使いましょう。米国、そして第二次世界大戦で敗れた諸国である日本とドイツは、インフラ建設（または再建）と新技術開発で戦後大幅な経済発展を経験しました。

劇的な変化を促すような枠組み条件の変更に向けて政治的に取り組む──「戦後経済」に移行したり、そして／または予算法を採用したりする──と同時に、生産部門別の選択肢を追求することも必要であり続けます。再生可能エネルギー、エネルギー効率性補助金、賢い移動、農場改革、森林伐採削減などのように、それらのいくつかはとても興味深いものです。政策枠組みは必要な技術転換を促す誘因を与えるように変更されなければなりません。加えて、研究、革新、そして実証事業に対する公的部門の支援は大きく増加する必要があります。さらに、政府による調達──多数の国々で国内総生産の5分の1を占める──は低炭素型の解決策を促進するように積極的に用いられるべきです。中でも重要なのは低炭素型インフラと資源効率性に対する投資支援です。そして、金融業界に対して融資に関する炭素リスクの報告を義務化する必要があるでしょう。

公共財、この場合は低炭素型解決策に対する革新へは、ずっと大きな優先順位が与えられなければなりません。私たちの見立てでは、こんにちの革新を促す活動は、貪欲さとできるだけ早い投資からの収益確保にあまりにも支配されています。政府は低炭素解決策の研究と革新に対する財政支出を大幅に増やす

75　ロコフは Tarter (2016) で引用されています。

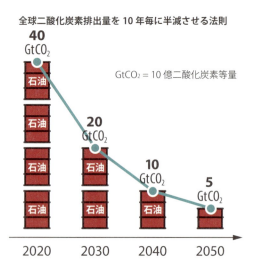

図 3.10　Johan Rockström et al. (2017) によって提案されている大量排出削減の行程

べきです。しかし 3.12 節で概説する、安定的かつ予測可能な形で二酸化炭素排出価格またはより一般的にエネルギー価格が——望ましくは炭素税を通じて——上昇するという条件の下では、政府と民間投資家はともにほとんど自動的に厳密に望ましい方向へ優先順位を変更することでしょう。

　世界で最も著名で尊敬される気候専門家の幾人か——その中にはヨハン・ロックストロームとジョン・シェルンフーバーがいます——は論文で慣習的な知恵に異を唱えています[76]。著者らはこう言っています。「パリ協定の目標は科学に沿っており、原則的には技術的経済的に達成可能であるが、科学に基づく目標と国々の約束とには警戒すべき不一致がある」。彼らは長期的な目標が政治的な短期主義によって打ち負かされてしまうことを懸念しています。そこで、彼らは半導体産業における効率向上に関するムーアの法則に触発されたように見える「炭素法則」という形式の工程を提示しました。2050 年まで 10 年毎に二酸化炭素排出量を半減させることを含意する法則です。そのような経路に従うことで温室効果ガス排出量は 2050 年にゼロに近づき、高い確率で 2 度目標を達成するための前提条件を満たすことになります（図 3.10）。

76　Rockström et al. (2017).

第3章 さあ！ 持続可能な世界を目指すわくわくするような旅に参加しよう！

工程は全ての生産部門に影響し、これまで議論されていたよりもずっと急速な行動を起こすことを提案します。化石燃料への補助金は 2020 年までに廃止されなければなりません。石炭はエネルギー利用の組み合わせから 2030 年までに姿を消す必要があります。少なくともトンあたり 50 米ドルの炭素課徴金が課されなければなりません。内燃機関［エンジン］は 2030 年以降販売禁止です。2030 年以降は全ての建物の建設において、実質的に二酸化炭素を排出しないカーボンニュートラルか、二酸化炭素の排出よりも吸収が多い炭素吸収でなければなりません。農業関連産業は持続可能な食の戦略を開発する必要がありますし、大型の再植林プログラムが開始されなければなりません。大気中からの二酸化炭素の除去は、生物起源二酸化炭素捕集貯留（BECCS）、および／または直接大気二酸化炭素捕集貯留（DACCS）といった方式によっても相補的に行われる必要があるでしょう。

これまでの気候変動緩和措置の主要な焦点はエネルギー利用にありました。しかし、社会の中での資源の流れは同様に重要です。地球規模での資源の蓄積と流れに関する最近の研究によれば 2050 年までに人工的な資源蓄積が 4 倍に増加すると予測されています[77]。クラウスマンらは二酸化炭素排出量を制限するには「資源消費からサービスを厳格に分離する」必要があるだろうと議論しています（3.8 節及び 3.9 節参照）。

パリ協定は、森林を除く土地利用変化に関連する温室効果ガスの排出に焦点を当てていません。土壌は陸域最大の天然の炭素貯蔵庫です。しかしこれまでのところ、農業は気候変動緩和策に含まれていませんでした。農業は大変な挑戦を提示しています。こんにちの食卓に上る 1 カロリー分の食品は少なくとも 5 カロリーの石油によって支えられています。100 年足らず前にはその関係は逆でした。農場に注がれる技術的なエネルギーの 1 カロリーはおおざっぱに言って 5 カロリー分の食品をもたらしました——太陽からの気前の良いエネルギー投入によってです。ここで、化石燃料を賢いバイオ燃料に転換し、肥料と殺虫剤の使用料を減らし、そして土壌中に炭素を蓄積することによって、革命のようなものを起こす必要があります。保全耕起栽培、多年生作物、被覆作物、

---

77 Fridolin Krausmann et al. 2017. Global socioeconomic materialstocks rise 23-fold over the twentieth century and require half of annual resource use. PNAS. 114(8). 1880-1885.

そして輪作は、土壌有機物質を増やす活動です。既に述べたとおり、こうした転換が既に可能であることはとても良い報せです。

森林損失は年間温室効果ガス排出量の12〜17%を占めています。再植林の努力は近年加速してきており、森林伐採の速度は落ちてきました。とりわけ「惑星のための植林」運動の賞賛すべき若い人々の力を使って、まだ多くのことができるでしょう。またいつくかの新技術も適用できるでしょう。ローマクラブメンバーのアグニ・アルヴァニティスが示唆するように、ドローンを使って発芽しつつある種を入れた小さな容器を土壌中に打ち込むことができるかもしれません。

バイオ燃料は、解決策の一部となりえます。カナダ、スウェーデン、そしてフィンランドといった森林国では生物に基づいた経済という考え方が根を下ろしつつあります。石油由来の製品は、森林と農業由来の再生可能物質に基づくより良い商品に取って代わられつつあります。バイオエネルギーは、多くの製品群の一つです。とりわけ関心があるのは、海藻の潜在可能性を探求することでしょう。海藻はほとんどどこでも生長が可能であり、農地を必要としません。海藻は栄養素をより効率的に使用し、典型的な燃料用植物に比べて単位面積あたり10倍以上の油を生産できます。

これらすべての方法は、「足るを知る」という新たな文明の価値観を伴っていなければなりません。雇用創出という実に高い政治的優先順位のために、人為的に「ハムスターの回し車」の活動を創り出す一方で、回し車を踏みながら、「車」から生み出されるたいていは馬鹿げた製品を消費する人々に、ほとんど満足を与えないという危険が常にあります。パリ協定の目標を達成するには、消費者はずっと重要な役割を担わなければなりません。しかし、新たな消費文化を育てるために、新しい指標の開発が一つの前提条件となるでしょう。国内総生産の成長率を暮らしの質の指標で置き換えることは、一種の新たな測定です。別な指標としては、一人ひとりの真の二酸化炭素排出量を測定する指標を開発することでしょう。

こんにちの排出量統計は「生産に基づく」会計によっています。しかし、生産に基づく地理的な排出量は全体像の一部にすぎません。例えば、スウェーデンを見てみましょう。生産に基づく会計基準による一人当たり排出量は6トン以下です。他方で、国際旅客を含む消費に基づく会計では一人当たりの排出量

第 3 章　さあ！　持続可能な世界を目指すわくわくするような旅に参加しよう！

は 10 トンになります。このように、供給と販売の連鎖を通じて炭素排出量を記録し、販売時点か使用時点で表示することが最初に必要な手順です。

3.8　サーキュラー・エコノミーは新たな経済論理を必要とする

こんにちの経済は、取得し、生産し、そして廃棄するという「高速回転」原則の上に成り立っています。わたしたちの付属品をより速く交換すればするほどより良いように見えます。そして今やこの原則は安い衣料品から高価な携帯電話に至るまでわたしたちが消費するほとんどの製品にあてはまります。社会における物質の流れの 30 〜 40% を占める建設部門も例外ではありません。この部門では、消費財と同様に、わたしたちが地球の資源を管理する仕方はたいへん非効率であると同時に大量の廃棄物を生成しています。その結果、各製品が廃棄されるたびに、汚染水準の急速な増加、資源枯渇、重要な生態系の損失、そして経済価値の大きな損失が生じています。この道をたどり続けていると時間が経過するほどに危険な状況に至るでしょう。資源枯渇、気候変動、そして汚染が組み合わさると、成長を抑制し、最後には経済を失速させるでしょう。

一度使ったら一方向的に廃棄に向かう物質の流れがもたらす経済価値損失についてはほとんど語られていません。例えば欧州では、勇敢なリサイクルの努力にもかかわらず、投入された物質のほとんどの価値は一度使用された後には失われています（マッキンゼー、『資源制約の中の成長』、2015 年）。最良の仕組みにおいてさえ、全ての物質が再使用またはリサイクルされているには程遠く、リサイクルされている物質も、貧弱な設計、汚染、または基準の欠如によって大変多くの場合再利用されていません。電子製品は典型的な事例です。ほとんどの電子製品は分解できないように設計されています。別の例は自動車に用いられている高品質の鋼鉄です。解体の過程でさまざまな物質と混ざるため、主に低価値の建設用鋼鉄として用いられます。同じ話が多くの他の物質にも当てはまります——プラスチックは焦点となる事例です。ここでの含意は、多くの二次利用物質は焼却されるか、埋め立てられるか、あるいは低価値な応用物に使用されるだけである、ということです。

厳格な気候変動緩和の立場からすると、現在の一方向的な経済モデルは大変問題です。金属に限らず物質のリサイクルや再利用は多くのエネルギーを節約

213

し、したがって汚染を減らすことをわたしたちは知っています。鋼鉄、セメント、そしてアルミニウムといった基本的な物質の採掘と生産は地球全体の温室効果ガス排出量のほとんど20%を占めています。生産過程での再生可能エネルギーへの転換とエネルギー効率の向上は気候変動緩和の助けとなるでしょう。しかし、再使用、リサイクル、製品寿命の延長、そして使用済み製品の構成部品の再使用を行うリマニュファクチャリングといった活動を通じて、さらには技術革新と別な製品での代替を通じて、物質の流れを削減していくことも併せて重要です。基本的な物質に対する需要が将来急速に増大すると予測されていることを踏まえると―― 2050年に必要とされる都市インフラの半分はまだ建設されていないのです――わたしたちが基本物質とそれらの代替物を使う方法に関する革命が緊急に必要です。

3.8.1　経済の仕組みが変わらなければならない

　天然資源は繁栄と厚生の基礎をなしています。全ての国連持続可能な開発目標（SDGs）は、地球の天然資源の持続的な管理と利用を前提としています。その関係は、2016年5月に日本で開催された先進七ヵ国財務大臣・中央銀行総裁会議で設置された国際資源パネル（IRP）による画期的な報告書『資源効率性――潜在可能性と経済的含意』で大変明確にされました。

　IRP報告書は、こんにちの多かれ少なかれ一方向的な生産体系が直面するリスクを詳細に説明しています。報告書は生産と消費の体系のみならず価値観の大胆な転換を提言しています。全ての種類の資源がもっとずっと効率的に利用されない限り、SDGsは達成され**ない**でしょう。

　しかし、資源効率性の向上は正しい方向への最初の一歩です。等しく重要なのは、再生可能な資源と循環型の物質の流れに基づき、需要を調整するために税が用いられる経済に向かって進んでいくことです。そうでなければ、効率性向上で得られた節約分はリバウンド効果と経済成長の組合せによって急速に消費されてしまうでしょう。残念なことに、ほとんどの過去の政策的介入はこれらの効果を無視しており、そのため資源消費と繁栄とを完全に分離することに失敗しました。

　政府と実業家は協働して資源戦略を開発し、資源制約とともに、ますます深刻化する廃棄物と汚染の問題を避けなければなりません。生産性という概念は

214

天然資源を含むように拡張されなければなりません。労働生産性は産業革命以来少なくとも20倍に増大していますが、資源生産性の伸びは地味なものでした。2000年以降、事実、資源生産性は地球規模の視野で見ると減少しています。わたしたちがこんにち経験していることは資源と繁栄との「分離」ではなくむしろ「再結合」なのです。つまり、資源需要の伸びは経済成長率よりも大きいのです。労働力が大変生産的で、失業は世界大の天罰となったいま、エネルギー、資源、土壌、そして水といった基本物質の生産性向上に努力の対象を変えることは大変合理的なことでしょう。

新たな事業の論理が必要です。循環型事業モデルが一方向型モデルに取って代わらなければなりません。将来に向けての一つの個別的挑戦は、コンピューター、携帯電話、家庭用電化製品、自動車、家具、そして衣料品といった幅広い種類の消費財に対して、**製品ではなくサービス**を、という考え方をもたらす突破口を生み出すことでしょう。

大事な争点はこうです。「より多くのものを売ることで稼ぐ」という原則を、どうすれば「増大する収益はずっと使える製品がもたらすサービスの質の結果である」という仕組みに取って替えることができるのでしょうか。

この考え方の先導者の一人である、ローマクラブメンバーのヴァルター・スタヘルは次のように述べています。「社会的な富と厚生は流れではなく蓄積で、販売ではなく資本で測定されるべきである。その上で成長は、自然・文化・人的そして人工の全ての資本の質と量における増大に対応する。例えば、持続可能な森林管理は自然資本を増大させ、森林伐採は自然資本を破壊する。排出された廃棄物からリンや金属を回収すれば自然資本を維持するが、廃棄物を捨てれば汚染を増大させる。建物の改修はエネルギー消費を減らし人工資本の質を増大させる」。この考え方から、国内総生産の成長率を、量ではなく質に焦点を当てた指標に変えるという別の議論が導かれます。

新たな事業論理への移行には決断力のある政策行為が必要です。経済の費用構造は深刻なまでに傷ついています。金融資本は過大評価されている一方、社会関係資本と自然資本は過小評価されています。これらの欠陥に対処しない限り、サーキュラー・エコノミーは実現しないでしょう。

幸いなことに、エレン・マッカーサー財団、欧州委員会、経済協力開発機構、世界経済フォーラム、そしてローマクラブによる一連の研究によって刺激され、

新たな生産と消費のモデルを求める声がますます頻繁に聞かれるようになっています。欧州では、2015 年 12 月に法案「サーキュラー・エコノミーパッケージ」が提案され、現在加盟国政府と欧州議会によって検討され議論されています。

エレン・マッカーサー財団、欧州委員会、そしてローマクラブによる調査は、サーキュラー・エコノミー——資源を使い切るのではなく、利用して再使用する経済——への動きは複数の便益をもたらすであろうという事実を強調しています。そこでの主張は、リサイクル、再使用、解体、そして構成部品再使用が容易なように製品が設計され、例えば貸与や共有によって製品や財産がずっと効率的に使用されるようなサーキュラー・エコノミーは、これまでの経済を支配してきた「取得し、生産し、そして廃棄する」一方向的なモデルに取って代わるべきだ、というものです。

物質の再利用とリサイクル、そして製品寿命の延長を好む経済は定義上、廃棄思想、すなわち一方向的な資源の流れに基づく経済よりも労働集約的です。既に生産されているものを大事にすることで、しばしば高度に自動化されロボット化されている施設における鉱業と製造業よりも多くの雇用が生み出されるでしょう。

3.8.2 サーキュラー・エコノミーへ移行する社会的便益

2015 年から始まるスウェーデンの事例研究[78] によれば、サーキュラー・エコノミーに移行することで経済競争力を強化し、雇用を増大させ、そして二酸化炭素排出量を削減することが大幅に可能になります。別の七つの欧州諸国（フィンランド、フランス、オランダ、ノルウェー、ポーランド、スペイン、そしてチェコ共和国）を調査した継続報告書は、サーキュラー・エコノミーを支える三つの資源・経済分離戦略——再生可能エネルギーの占有率向上、エネルギー効率向上、そして資源効率向上——の効果について分析しています。研究では伝統的な投入産出シミュレーションモデルが使われ、もし鍵となる一連の政策措置が実施されれば、2030 年までに全ての対象国において 60 〜 70% の二酸化炭素排出量を削減できることが結論づけられました。雇用に対する効果は調査対象国によって異なりますが、追加的に生み出される仕事の量は労働力の 1 〜 3%

---

78 The Club of Rome (2015).

の範囲にあります。

報告書は、サーキュラー・エコノミーとそれがもたらす気候と雇用の便益とを推進するのに役立ついくつかの政策選択肢と投資を考察しています。

- 市場価格に全体費用を担わせることで経済の歪んだ費用構造に対処する。
- 税を再考する──労働への課税を低くし、自然の利用への課税を増やすという課税対象の変更によって（そのような課税変更はサーキュラー・エコノミーへの移行を加速する。また急速にデジタル化が進む経済における雇用喪失の脅威を調整するのに役立つ）。
- リサイクルと再使用の目標を強化して、廃棄物と残渣を削減し加工するのを支援する。廃棄物の焼却に上限を設ける。
- 再生可能エネルギーを普及させるための既存政策を強化する。電力価格の上乗せにより、一定の価格で再生可能エネルギー由来の電力を電力会社が買い取ることを義務付ける固定価格買取制度や、グリーン電力証書など。
- 新製品がより容易に修理、維持管理、分解、そして耐性向上できるような設計要求事項を導入する。同時に、主要生産部門で物質と製品の基準を導入する。
- 政府や自治体による調達を通じて、製品を売るビジネスモデルから性能を売る新しいビジネスモデルへの移行に対して誘因を与える。
- 資源効率性を気候変動緩和政策の核となる部分とする。ほとんどの気候変動緩和戦略は生産部門別であり、主要な焦点はエネルギー利用である。しかしここで参照するローマクラブの調査によれば、製品をより長く使用し、リサイクル率と再使用率を上げることによって二酸化炭素排出量を大幅に削減できる便益があることが示されている。
- サーキュラー・エコノミーを支える、主にインフラに対する投資を開始する。
- 低炭素解決策の技術開発を支える。
- 全ての二次利用物質に対する付加価値税を免除する。

欧州連合における取り組みの展開は大変重要です。どの国も一ヵ国では物質循環の輪を閉じることはできません。しかし欧州連合全体での共通の規則は課題解決を大幅に促進させるでしょう。これまで（2017年6月）のところの問題

は、欧州委員会はサーキュラー・エコノミーパッケージを開始したものの、より循環型の経済になるかどうかを決定する大事な争点について意味のある行動を避けてきていることです。つまり、課税対象の変更、新製品の設計要求事項、そして製品基準です。これまではほとんどの努力が廃棄物指令の変更につぎ込まれてきました。しかし、市場に流通する大部分の製品が効果的な再使用とリサイクルに適した形で設計されていない限り、リサイクル率の向上は限定的な効果しか持ちません。製品の分解が困難であったり、あまりに数多くの異なった品質の物質からできていたりすると——プラスチックやほとんどの建設材料がそうであるように——二次利用物質の市場はきちんと機能しません。その結果、ほとんどのリサイクルされた物質は廃棄物か低品質の製品になってしまいます。

　緊急に必要なのは、企業が、製品が使用される一生の最後においてリサイクルされたり再使用されたりするように設計された製品を、市場に投入しようと思うように誘因を与える政策手段です。欧州連合の文脈で言えば、エコデザイン指令——これまでのところ主にエネルギー効率向上促進が狙いです——は資源効率性を向上させるためにも用いることができるでしょう。税は、政策手段でもあると考えられるべきです。現行の税法は、サーキュラー・エコノミーの手法を取る企業を評価しません。付加価値税率は、製品の環境負荷に関する材料取得から廃棄に至るまでの全期間にわたる分析に基づいて設定したり、リサイクル物質を高率で含む製品には低く設定したりすることが簡単にできます。最後に、だからといって重要でないということではありませんが、課税対象変更——労働への課税を減らし自然の使用への税を増やす——は緊急に必要とされる経済の変容をもたらす大いなる助けとなるでしょう。

3.9　5倍の資源生産性 [79]

　資源生産性の向上は、失業を減らし、厚生を資源利用から分離する上でとて

---

[79]　本節は、オーストラリアのカーティン大学持続性政策研究所（CUSP）及びアデレード大学起業家精神・商業化・技術革新センター（ECIC）のカールソン・ハーグローブス、ダニエル・コンレイ、ネスター・セクエラ、ジョシュア・ウッド、キリ・ギビンズ、そしてジョージア・グラントによって草稿が作成されました。

第3章 さあ！ 持続可能な世界を目指すわくわくするような旅に参加しよう！

も合理的な行為であることが示されました。2009年のローマクラブへの報告書である『ファクター5』で、著者らは最もエネルギー・水集約型の四つの生産部門（建設、工業、運輸、そして農業）でさえ、5倍の資源生産性が可能であることを示しました[80]。報告書は、大部分は低い資源価格のために、この潜在可能性のほとんどは顕在化していないままであることも指摘しています。しかし、ほとんど不利な条件の下でさえ相当の進捗がなされており、見出すことができるというのは、とても勇気付けられることです。

3.9.1 運輸

運輸は、炭素生産性に関して、困難であってかつ鍵となる部門です。『ファクター5』では温室効果ガス排出を大幅に減らす手段として三つの主要な分野が示されました。すなわち、**低／ゼロ炭素の車両用エネルギー源への転換、車両のエネルギー効率の向上**、そして個人用車両による通勤ではなく大量輸送機関を使うといった**適切な交通手段の確保**です。

石油に基づいた液体燃料が、交通において長期的な役割を果たすことはなさそうです。結果として、技術者は、既存の燃料流通インフラの資産を活用できる別の燃料の開発から、内燃機関から電気モーターへの転換までといった努力を通じて、費用対効果の高い別の選択肢を生み出そうと懸命に試みてきました。2012年にテスラ・モーターズはモデルSの販売を開始し、文字通り一夜にして電気自動車の世界的先導者となりました。それ以来、ほとんど全ての主要な自動車製造会社が電気自動車を市場に投入しています。明らかに、二酸化炭素排出の観点から見れば、もし電力が石炭火力発電所から来るならば電気自動車に乗り換えることは意味がありません。したがって車両の電気化の前提条件は、電力生産が低炭素型になることです。

自動車技術と資源効率的な輸送手段を支えるインフラの双方で、もっと多くの進展が必要です。『ファクター5』の事例が強調するのは、効率性向上の果実を得る潜在的可能性を高めるのは決してたった一つの修理法ではなく仕組み全体の設計である、という点です。研究によれば、たった10%の車両重量の削減で燃費を6〜8%削減しうることが示されています[81]。これを達成する最

---

80 von Weizsäcker et al. (2009). ［日本語訳：林良嗣監修・吉村皓一訳（2014）］

219

も簡単な方法の一つは、適所で車両重量を削減するために鉄鋼に代わる代替品を使用することです。

米国エネルギー情報局によれば、重量削減と空気力学的向上が重車両の燃料需要を 45% 削減することを可能にし、相補的な技術改良を通じて 2030 年までにさらに 30% 削減できるであろうとされています[82]。

適切な交通手段の整備によって、より多くの果実を手にすることができると考えられます。実際には、これは自動車依存を減らすことを意味します[83]。交通手段の転換は、例えば鉄道のように好ましい手段に有利なように手段選択の経済判断に影響を与えることによって達成できます。大量の通勤者を鉄道やバスを使用するように誘導する一つの方法は、混雑課徴金です。これは特定の道路や全区域に適用される、都市内の特定の部分での運転有料化です。ロンドンでは 2013 年にこの制度が導入され、最初の 12 ヵ月で混雑は 30% 削減されるとともに二酸化炭素の排出は 16% 削減されました。この方法で得られた正味 12 億ポンドの収益は、公共交通と徒歩・自転車インフラ整備に直接投資されています。

多くの都市が、今や自動車を利用しなくて済むように努力するとともに、鉄道インフラに重点的に投資しています。旅客向けの路面電車と、高速旅客鉄道及び貨物鉄道の双方です。2012 年時点で、中国の 82 都市で鉄道システムが建設中でした。2016 年に国営鉄道会社である中国鉄路総公司は別の 45 都市での鉄道事業計画を公表しました。2015 年には 50 のインドの都市での鉄道体系整備計画が確認されました。高速電気鉄道サービスは多くの高速道路と同程度のキロメートル当たりの費用で済みます。人口密集地域で最も効果的であるだけでなく、広域に広がった自動車依存型の郊外でも実施可能です[84]。この事例の一つはオーストラリアのパースでの南鉄道線で、2007 年 12 月の開始以来 1 日 80,000 人の旅客を運んでいます。以前はバスで 1 日 14,000 人しか運べませんでした。

とりわけ、米国で国全体の温室効果ガス排出量のおよそ 9% を占める貨物輸

---

81 Pyper (2012).
82 RMI (2011).
83 Newman and Kenworthy (1989).
84 Newman and Kenworthy (2015).

第3章　さあ！　持続可能な世界を目指すわくわくするような旅に参加しよう！

送業においては、5倍以上の資源効率性向上を達成できる潜在的な可能性があります。長距離貨物輸送をトラックから鉄道に転換すると貨物関連の運輸部門温室効果ガス排出量を85%削減する可能性があります。この数字は、貨物輸送で必要になるトラック輸送が全体に占める割合でもあります[85]。

　国際エネルギー機関（IEA）の運輸部門に対する**移動回避・手段転換**政策は、土地利用コンパクト化への配慮、交通計画選択肢整備、そして交通手段転換の組合せです。推奨される手段は、異なった特徴に基づいて特定の都市ごとに検討される事例別の選択肢であって、例えば以下のようなものです。バス高速輸送システム、都市部での自転車利用、公共交通指向型開発、移動・交通需要管理、相乗り誘因プログラム、遠隔勤務プログラム、駐車場政策、そして長距離旅客・貨物輸送の鉄道への転換。この筋書きでは、2050年までのインフラ投資の削減によって世界全体で20兆米ドルの節約がもたらされ[86]、しかも世界全体の都市交通による温室効果ガス排出量の50%を削減できる可能性があると推定されています[87]。

3.9.2　資源効率的な建物

　建物と、その稼動に必要な電気と熱の生産に用いられる建物関連エネルギーは、2010年に世界での温室効果ガス排出量の18%以上を占めました。この排出量を減らす最善の結果は、地域冷暖房、家庭用温水、電化製品、照明、そして冷蔵に着目することで達成されました。主要な家庭部門の事例研究は、1990年代以降のドイツの革新である「パッシブハウス」という考え方についてのものです。それは、基本的には、日射と、居住する人および電化製品が生み出す熱によって受動的に暖めるもので、以下の最低性能基準を満たします。

- 年間の冷暖房の必要量が1㎡あたり15キロワット時未満である。
- 建物外壁（境界）でのとても低い空気圧差（送風機扉試験による気密性試験）。
- 一次エネルギー消費量が年間1㎡あたり120キロワット時未満である。

85　Frey and Kuo (2007).

86　EA (2013).

87　Creutzig (2015).

「パッシブハウス」の考え方は、最低限の熱エネルギーの必要量で、一年を通じて新鮮な空気をもたらすことができる熱交換換気と組み合わせて、最新の断熱と気密性を利用しています。一つの例は、ドイツ・ハイデルベルク市のバーンシュタット新市街区開発です。1,000を超える集合住宅がパッシブハウスの基準で設計されており、地域暖房システムによって熱供給されます。それによって熱エネルギー需要の80%削減に成功しています。この考え方は世界中で注目を集めており、米国は今や住宅、学校、そして商業的改築の認証制度を誇っています。バージニア州フランクリン郡の省エネ設計センターは、米国で初めてパッシブハウスの基準で設計された公立学校（K-12［小・中・高校］）です。この学校は、その場で再生可能エネルギーを生産しており、カーボン・ネガティブを達成しています。つまり消費するよりもずっと多くのエネルギーを生産するのです。

最近では、「グリーンビルディング［環境配慮型建物］」が多くの商業建築物で主流となり、エネルギーと水の使用量が大幅に削減されてきました。2014年時点で、700を越す「エナジー・スター」認定商業建築物事業があり、7,500万米ドルの費用削減と二酸化炭素換算6,000億トンの温室効果ガス排出削減がもたらされると推定されています。オーストラリアの調査によれば、単純な方法によってエネルギー効率を向上させるだけで、少なくとも50%のエネルギー消費の節約ができ、平均2,500㎡の広さの事務所であれば年間10,000豪ドル（およそ6,800ユーロ）の節約が可能であることが示されています。

一つの例はオーストラリア・メルボルンのピクセル・ビルです（図3.11）。このビルは革新的なエネルギー利用によって、二酸化炭素を排出しません。水の自己充足が100%可能なように設計され、再循環換気システムを使用せず、通常の配合に比べて生産中に排出される二酸化炭素が約半分になる「ピクセルクリート」と呼ばれる新たな配合のコンクリートが使用されています。ここでは、60%のセメントが、粉砕された送風炉スラグ［鉄鋼副産物］とフライアッシュ［石炭火力発電の燃焼灰］、そして100%リサイクル再生補強材料によって置き換えられています。加えて、このビルは、建設時点から50年間の利用期間に至るまでに発生する直接・間接の二酸化炭素排出量を、その場で生産され送電網に戻される再生可能エネルギーの超過分で埋め合わせることになっています。

コンクリートはエネルギー集約度の高い鍵となる製品です。オーストラリア

第3章　さあ！　持続可能な世界を目指すわくわくするような旅に参加しよう！

図3.11　メルボルンのピクセル・ビル。グロコンのピクセル・ビルはオーストラリアで最初のこの種のカーボンニュートラル［温室効果ガスの排出量が正味でゼロの］事務所である（studio505、ディラン・ブレイディ、及びディルク・ツィマーマンの厚意による。オーストラリア、メルボルン市。写真：ジョン・ゴリングス）

だけで、住宅部門の関連する間接エネルギー利用の20%以上、そして商業ビルではその63%は、コンクリートによるものです。リサイクルされたコンクリートの体系的な使用と組み合わせると、セメントの種類の転換によって1キログラムあたりのエネルギー使用量を5分の1に削減することができます。

ですから例えば、世界中の建設事業で、ジオポリマー・コンクリートというセメントを使わないコンクリートが現在利用されつつあります。最大の事業はオーストラリアのブリスベーン・ウェスト・ウエルキャンプ空港（BWWA）で、およそ25,000m³の航空機舗装規格コンクリートと、空港のその他の箇所に15,000m³のジオポリマー・コンクリートが使用されています（全体で40,000m³ないし100,000トン）。この事業では、ジオポリマー・コンクリートを使用することによって8,640トンの二酸化炭素排出量が削減されました。

3.9.3　農場での水の効率的利用

農業は、世界の淡水消費量の3分の2以上、そして2010年の世界の温室効果ガス排出量の14%に責任を負っており、これら二つの数字は食料需要の継続的な伸びによって上昇し続けています。制限不足点滴灌漑（RDDI）と根系

部分乾燥（PRD）は農業における水生産性を高めるための潜在的な改善分野であり、生産量に最低限の影響か全く影響を与えずに50%まで灌漑用水を節約できる可能性があります。2010年以降、「不耕起栽培」も拡がってきました。それによって、農場におけるさらなる水とエネルギーの利用効率向上が達成できます。

制限不足点滴灌漑（RDDI）戦略は灌漑の形態を制御します。この戦略は、生長が遅いときには水を引き戻し、急速に生長する期間には豊富な水を与えることによって収量の増大を引き出します。例えば、オーストラリア・タスマニア島のような冷涼で温和な環境では、RDDIは乳牛用牧草のための水利用を60〜80%削減する可能性があることが示されました。これによって乳牛業界全体を通して、灌漑により牧草の平均収量を90%向上させることができます。南部オーストラリアのワイン地帯におけるブドウ樹木生産者は、RDDIの手法を用いることでブドウ種のリースリングおよびシラーズを育てる際の水利用効率をそれぞれ90%と86%向上させることができました。

灌漑農場の会計監査によれば、灌漑に用いられるエネルギーは農場全体のエネルギー利用に対する請求額の50%以上を占める可能性があることがわかっています。CIMIS（カリフォルニア灌漑管理情報システム）のような灌漑管理システムを用いることで、農家は作物に対する灌漑用水の過剰使用を最小化するために、即時に助言を得ることができます。

同様に、気温、降水量、湿度、露、そして日射量を提供するオンライン気象システム技術の利用によって、ブラジルのトマト農家は灌漑と化学肥料の使用をさらに効率的にして水の使用量を半分にしました（1ヘクタールあたり800ミリメートルから400ミリメートルへ）。この方法は効率的な灌漑法と組み合わせることによって水を汲み上げるのに使われるエネルギー費用を60〜70%削減することができます。しかしながら、農家によるこれらの方法の採用はこれまでのところゆっくりとしており、これらの戦略によって実現するさまざまな便益が大規模に達成されることが今なお待たれています。

3.10　健全な揺さぶり

先行する章は楽観的です。しかし、気候変動に関する限り、最近行われてきたことよりも格段に強力な改革が必要です。わたしたちの経済・社会システム

第3章　さあ！　持続可能な世界を目指すわくわくするような旅に参加しよう！

は揺さぶりをかけるような改革を必要としています。1.11 節では、揺さぶり、デジタル化、そして急速な開発がもたらす問題や恐ろしい側面を取り上げました。揺さぶりをかける技術革新の暗い側面を十分に意識しつつ、明るい面を論じてゆく必要があります。それが必要とされるものを**健全な揺さぶり**と呼ぶのを助けてくれます。

3.10.1　情報技術を歓迎する 30 年

　1.11 節では、ブルントラント報告によるデジタル革命は情報通信技術（ICT）の大衆化と同期しており、持続可能な発展に大きく寄与すると期待されていたことを述べました[88]。国連機関のひとつである国際電気通信連合（ITU）は、世界情報社会サミット（WSIS,2003/2005）の中で「ICT 革命は持続可能な開発の手段として、すさまじいばかりのプラスの影響を持っている」[89] としています。世界情報社会サミットでの「ジュネーブ基本宣言」[90] では繰り返し持続可能な開発（SD）に言及し、「持続可能な生産と持続可能な消費パターンを含む、持続可能な開発のための ICT の開発戦略と活用」を ICT アプリケーションが持続可能な開発に役立ちそうな分野のリストを添えて呼び掛けています。

　ブルントラント報告から 30 年が経ち、デジタル技術はマイクロプロセッサーの処理能力の発達と通信網発達という外部効果との相互作用による費用の低減から爆発的発展を遂げました。電子的サービスは、一度そのインフラができてしまえば安価になります。この効果は驚異的な（「揺さぶりをかけるほどの」）速度の IT サービスの拡大をもたらすことになり、マーク・ザッカーバーグのような発案者や特許権所有者を（ロックフェラーなどと比べて）極めて短期間に億万長者にしました。しかし、この、持続可能な開発のために揺さぶりをかける技術革新を用いる潜在可能性はまだ充分に実現されていません。

3.10.2　「良い揺さぶり」

　デジタル化、より具体的には揺さぶりをかける技術についての、よくバラン

88　2012/6 "ICTs, the Internet and Sustainability: An Interview with Jim MacNeill". IISD.

89　"Tunis Commitment" 13 節 . http://www.itu.int/wsis/docs2/tunis/off/7.html

90　"Geneva Declaration of Principles" https://www.itu.int/net/wsis/docs/geneva/official/dop.html

スが取れ、概ね楽観的な見方と、それらの持続可能な開発のための有用性は
マーティン・スタッチティーなど[91]によるものです。具体的には、彼らの著
作においてエネルギー転換とサーキュラー・エコノミーにおけるビッグデータ
の有用性について述べていますが、注目すべきは従来、廃棄物の処理過程で消
滅していた有用な資源の再生についてです。

　彼らはデジタル化の三つの重要な実例を、突然、まさに揺さぶりをかけるよ
うに取り上げています。それは3.9節でも取り上げた移動、食料、住宅です。
移動に関しては、ウーバーやその他のe-交通サービスが自動車の所有から
シェアリングへの時代を作り、車の電動化、自動運転、そして車両の軽量化に
よって車の環境影響が小さくなったことを詳述しています。10年前には想像
もできなかった揺さぶりです。食料生産においては、新しい技術である精密農
業[92]では養分循環と自然資源の保全を中国の黄土高原の150万ヘクタールの
例を示し250万人が貧困から解放されたことを述べています。これも10年前
には想像すらできなかったことです。住宅では、中国蘇州で発表された3Dプ
リンターで24時間、推定5,000ドルで建設できる、自家消費以上のエネルギー
を生み出す住宅があり、これも10年前には想像不可能でした[93]。

　これらは健全な揺さぶりへのヒントとなります。ただし、「協業」や「共
有」などの概念は環境負荷を公正な方法で低下させるために使われるように注
意が必要であり、これらのデジタル技術が新たな私的な独占を生み出し、とり
わけ労働条件や課税条件といった規制の回避に使われることがないように配慮
する必要があります。

　科学における思想の変化にあって、還元主義的方法から生命を尊重するアプ
ローチ（2.7節）への変遷は、複雑で、進化し、応答性の良い生命システムのシ
ミュレーションがICTにより実現可能とすれば、それは大いなる利益と言え
るかもしれません。ローマクラブにとっては、1972年の『成長の限界』で使
われた単純なWorld3モデルから40年経たのちの、ヨルゲン・ランダースの

91　Stuchtey et al. (2016).
92　例として
　　https://soilsmatter.worldpress.com/2015/02/27/what-is-precision-agriculture-and-why-is-it-
　　important/
93　前掲書、pp. 187-198.

第3章 さあ！ 持続可能な世界を目指すわくわくするような旅に参加しよう！

2052 システムへの発展は大きな励みとなっています。

　もちろん、ICT の進化の方が複雑系の理解とモデリングに関する情報交換よりも数段早いものです。わたしたちの産業界は現在、「インダストリー 4.0」への過渡期の興奮の最中にあります。ジェレミー・リフキンが 1.11 節で述べているように、何が「第 3 次産業革命」を名付けるものであるかに五つ（数え方は人により異なる）の「柱」が上げられています。それらのほとんどは再生可能エネルギーと電力供給の分散化及びそれに関連する製造過程に関するものです。高圧送電線を持たない途上国にとって、失われた開発期間を取り戻すことができるわくわくする機会の到来と言えます。

　全く異なる種類の IT による進歩に、インターネットによる情報の入手の容易さとウィキペディアがあります。昔は、情報は一定期間ごとに図書館などで整理されて保管されており、それを入手するにはそこに出向いて行き、丸一日、ある時は 1 週間もかけて調べる必要がありました。さらに、ウェブサイトは、これまでほとんど世界とは切り離された存在であった、大小の企業、官庁、財団、そして活動家集団を目に見えるようにしました。

　そして、一部で現実化しているように、IT による民主主義の見通しがあります。すでにこれまでも限られた地域の草の根グループなどにおいては行われている「直接民主主義」が、理論的には ICT 革命の一部である数々のソーシャルメディアを使うことで、技術的に可能となっています。しかし前述したとおり、ソーシャルメディアのいくらか問題のある特徴によって投票の知恵に影響を与えており、また愚かにも異なる意見の格納庫へ人々を閉じ込めています。しかし、そうした現象は、体系的でない民主主義に対する電子的支援に反対する主たる理由として用いられるべきでありません。

3.10.3　そして、ここで衝撃的提言：情報税

　アダム・スミスは『国富論』で富は分業と生産要素への課税に基づくと言っています。これをもとに、ローマクラブ・カナダ支部はその『新・国富論』の中で、情報の生産要素への課税を考えるべきと述べています。それは 20 年前のことですが、この考えの背景となった知識人としてラン・アイデとして知られる T・ラナルド・アイデ氏がいました。彼と共著者は「国家の新しい富は、グローバルなネットワークを介して脈動している数兆ものデジタル・ビットの

227

情報の中にある。これらは無数の取引、会話、音声・ビデオメッセージそして
プログラムで、生産過程データであり運送経路と消費の記録であって、新しい
消費経済そのものを物理的／電子的に表している。」[94] と主張しています。そし
て、この調査の結果としてデジタル情報の「ビット」に税金を課すことを提案
しています。その税率は極めて小さなものとなりますが、ICT の持つ負の外
部性と戦う対策を立てる費用や、持続可能な発展のための原資となるには十分
なものになるとしています。

　さらに重要なこととして、課税のもつそのような形の操縦効果があります。
もしエネルギーに課税されるとなれば、エネルギーの使用には慎重になり、省
エネビジネスはより高収益なものとなると思われます。もし労働が課税されれ
ば、より労働生産性を上げて労働時間を減らす方向に進むことになると思われ
ます。もしビットに課税されれば、スパムや他の余計な情報の送信側に制限が
課せられ、一般ユーザーはそれを歓迎することになります。もちろん課税には
常に反対はつきもので、消費税、労働税、エネルギー税、財産税などと同様に
否定的な力が働きます。しかし、短絡的に「それは進歩に対する課税だ」と批
判するのはナンセンスというものです。非常に微々たる税率、たぶん１ビット
当たり百万分の一ドル程度のもので、常識的な使用上は、ウェブにおいて最も
大切な収入源となっている広告を含めて全く影響はないでしょう。今日の機能
不全を起こしている課税制度という文脈において、ラン［ラナルドの愛称］・ア
イデの考えは再度、政治の場で討議されるべきでしょう。ビル・ゲイツらが提
唱している、ロボットにより奪われる職場を補う意味での「ロボット税」など
と比較して論議されるべきです。

　情報（ビット）税はしかし、エアビーアンドビーやウーバーなどという、世
界的に数十億ドルのビジネスをしながらどこにも税金を納めることのない、あ
きれたビジネスモデルに打ち勝てるものではありません。彼らは所在地を租税
回避地におき、経費を支払う相手先の会社や個人はしばしば廃業状態の場合が
あったりします。似通ったものとして、IT 巨大企業であるアップル社は市場
である国々から 130 億ユーロの未納の税を請求されています。新しい形の失業
の原因の一つと考えられ始めている情報産業のグルと言われる専門家たちは、

94　Cordell et al. (1977).

228

第 3 章　さあ！　持続可能な世界を目指すわくわくするような旅に参加しよう！

それに気づき無条件のベーシックインカム［全ての個人に最低限の所得を保証する政策］の考え方を擁護しています[95]。この概念は、今後始まるであろう議論の大切な部分であり、建設的で意図的な技術的揺さぶりの勢いからどのように利益を得るかということです。これは、まさに揺さぶりにより創り出される、古いものにとっても新しいものにとっても人間性への挑戦といえる重要なことです。この状況は、社会が収入と課税についての新しい思考を獲得する画期的な機会であるといえるでしょう。

3.11　金融界の改革

1.1.2 節では貨幣制度の固有のリスクについて述べました。このシステムは不安定です。このシステムには資産バブルがつきものです。ほんの少しの部分だけが実体経済の投資を助けているだけで、システムは不平等を助長し、変動性を増加し、循環的になりやすく、好景気と不景気の幅を増大させています。2008 ～ 2009 年の金融危機は、これらの機能がいかに破滅的であるかを示しました。にもかかわらず、金融業界は、エネルギー、気候変動、その他の環境リスクが大きな企業に意図的に融資や出資を行い（図3.6 参照）、年金基金を含む投資家にリスクを与え、大気汚染や生態系を悪化させているのが現実です。

　問題は何をすべきかです。どのように世界経済と金融システムを、持続可能性の本題に従って設計しなおすべきでしょうか。著者たちは金融システムの専門家ではありませんが、文献を読み広範囲の専門家との議論を重ねた結果、次に述べる提案にたどり着くことができました。一連の施策が検討されるべきものです。その中心となるものは、「成長」と財政不安の主要な駆動力である「債務」にきちんと対処することです。

　量的緩和策を取る中央銀行と並び、商業銀行は今日主要な信用創造者です。1980 年以降の金融緩和は莫大な貨幣の発行を招きました。経済協力開発機構（OECD）各国の銀行の取扱量は 3 倍以上となりました。中道右派及び中道左派の政治家が好む、負債による成長には私的及び公的債務の増大という問題があります。しかし、この政策は中央銀行を含む金融の専門家からは支持されて

95　例えば Jathan Sadowski. Why Silicon Valley is embracing universal basic income. 2016.6.22.

います。

　負債の増大を防ぐために、わたしたちは銀行に対し、資本準備金と準備率の割り増しを強制的に行う必要があるのみでなく、民間信用創造の厳格な制御を行う必要があります[96]。主流の経済学者——そして一般の人々——が想像しているような、貸し付けは主として預金で賄われるという考えは、全く事実ではありません。銀行は債務を創り出す際に——ほとんど何もないところから——お金を生み出しているのです[97]。新たなお金で賄おうとする様々なリスク特性の異なる資産分類と紐付けられたいわゆる貨幣乗数という制限が設けられてはいます。この貨幣乗数は政治的な制御の下にあり、金融バブルのためでなく、実体経済のために貨幣創造を管理するようもっと活用可能です。しかし、これらの制約はだんだんと厳格ではなくなり、結果として本来の実体経済の必要から遠く離れて負債は増大しました。

　当面の挑戦は、銀行の投機のための過剰な投資を止めて、本来必要な投資に向かわせることにあります。しかし、投機的投資を目的とした資金調達を止めることは、技術的にも法的にも多大な困難があると言えるでしょう。

　時間との闘いであることは間違いありません。金融システムを安定化するためには、投機目的の過剰な通貨供給と定常的な借金依存は抑制されなければなりません。しかし、貸出が突然抑制されると直ちに「流動性の枯渇」が発生し、バブルは崩壊し、多くの銀行が倒産するでしょう。

　スウェーデンの元国務大臣であった、ウルフ・ダールステンはこれから出版される本[98]の中で次のように述べています。

　「主要な問題は、金融市場はグローバル化しているのにもかかわらず、通貨供給は国が行っていることにある。国際的な共通の利益のために、法律や規則を調整し決定できるグローバル水準の機関が欠けている。グローバルな不均衡、グローバルな流動性、通貨準備高、国際的なルール、取り決め、それらを管理するグローバルな中央銀行的金融機関が全く存在しない。国際通貨基金（IMF）が存在し、これらのことができ、広いネットワークも持っているが、

96　Turner (2016).
97　実際の準備高（貯蓄額）の銀行債務に対する割合は、特に先進国においては過去40年の間に20%近くから1～2%へと極めて低くなっています。
98　近日出版予定の本の原稿から：著作の題名と出版社は未定。

第 3 章　さあ！　持続可能な世界を目指すわくわくするような旅に参加しよう！

意思決定のための国際的な力に欠けている。金融市場こそが最も国際市場法を必要としている領域である。国際的組織、中央銀行、金融規制当局は新たな改革された手段を必要としている」

　ここに上げられている多くの手段は、金融セクターの改善に真剣に考慮されるべきです。

3.11.1　商業銀行と投資銀行の分離

　1933 年に行われた商業銀行と投資銀行の分離は、その後 40 年間にわたり金融の安定を提供してきました。もし再び商業銀行が、投機的な投資銀行から分かれることができれば、投機的失敗をした銀行を助けるために、小口預金者が銀行窓口に呼び出されるようなことはなくなることでしょう。そのような銀行は、政府保護を保証された個人預金に縛られることをやめるでしょう。このような方向に沿った法案は、米国と欧州連合（EU）の双方で提案されました。しかし、これまでのところ限られた行動しかとられていません。オバマ政権下の米国議会においていくつかの方法が提案され可決されましたが、トランプ大統領、ならびに共和党が上下両院の多数を占める選挙結果となり、金融市場を管理するどころか規制緩和の方向に進んでいます。

　さらに進めるべきは、スタートアップ企業や零細企業といった、高収益ではないが、社会が本当に必要としている企業への投資に大銀行を向かわせることです。これは特定顧客あるいは決められた地域に範囲を絞って認可が与えられる専門化した銀行で可能となるかもしれません。政治家と規制当局が、ビジネス目的と地理的領域を考慮した銀行の認可を慎重に行うことで可能となるでしょう。過去 50 年間の動向は逆の方向のものでした。限られた数の巨大銀行は、それらの銀行の株主にとってはより高収益ですが、それらはわたしたちの社会が求めることにたいていあまり応えてはいないのです。

3.11.2　負債の取り扱い

　社会における負債額が増大することは、必ずしもそれ自体が問題というわけではありません。それは、社会の信用水準が上がったという健全な印と受け取ることができます。社会に大量の資金があれば、多くのことが起こせます。新しいビジネスが始まり、新しい技術が開発され、インフラが整備され、多くの

231

人々が貧困から解放されます。問題は、創り出された資金の使われ方にあります。

作られた負債は未来の実際の富への請求権です。オーストラリアの経済学者リチャード・サンダースは「持続可能性問題の根の最も簡単な分析結果は、有限な（現実には減少している）自然資本に対する、指数関数的に増大する請求権（貨幣価値）である」[99] と説明しています。過剰な資金は環境の現実に一致していないばかりでなく、過度な負債は金融危機へと導き、今日現実に機能不全を起こしている突出した借金を残しています。

最も欠けていたものは、銀行の過度な貸出に対する損失吸収能力で、大銀行の自己資本比率［総資産に対する自己資本の比率］は 3 ～ 5% が通常とされていたことにあります。これが意味しているのは、銀行が倒産した場合、損失のほぼ 5% しか財務諸表上では吸収できないということです。現在自己資本比率の引き締めの努力が行われています。バーゼル IV［国際的銀行規制の改定］において期待されている新しい適正資本量規制は、間違いなく銀行側の支払い能力を強化します。マッキンゼーによると、提案されている規則の改定により欧州の銀行の平均的な自己資本率を 13.4% まで増強させることになります[100]。これは、間違いなく正しい方向への第一歩です。しかし、自己資本比率は 4 倍にするべきとわたしたちは考えます。システムを安定させ納税者を保護するためには、まだまだ長い道のりがあります。変化がどこまで到達するかは言い難いものです。しかしわたしたちは自己資本比率の増加を期待しています。ここで再びアナト・アドマティとマーチン・ヘルビヒの共著書籍を参照しましょう。「わたしたちが銀行からお金を借りようとすれば 20% の自己資金があることが要求される。わたしたちは銀行に同じことを要求する」[101]

商業銀行や地方銀行は、顧客の状況をつぶさに把握しており債務リスクを低減することができると主張します。彼らは、彼らにとって不必要な国際的規制を守ることで、顧客を失うことも、お役所仕事も、レバレッジ費用が増大することも望んでいません。これはローマクラブが判断することではありませんが、

99　Sanders (2006).

100　McKinsey (2017).

101　Admati and Hellwig (2013).

わたしたちは地方銀行と国際規模の銀行とで異なる改革が行われることを望みます。

既存の莫大な負債の蓄積は難題です。負債国がいわゆる南の国［途上国］か、ギリシャ、スペイン、そしてイタリアのような国々か。そのたいていの債権保有者は、債務が始めから収奪的で、事実返済不可能な場合であっても、いかなる実質的債務免除にも抵抗する巨大な国際的銀行や他の資本市場投資家です。いくつかの負債や利払い不履行の貸し付けについては、帳消しとするか返済可能な水準に下げるべきです。そして残額は徐々に銀行の会計帳簿から外すことで、悪質な債権者銀行の連帯を防ぐべきです。例えば、銀行の財務諸表上に多くの各国政府や政府機関などが発行・保証する債券があるとすると、それを整理することが潜在的な金融危機を招きかねません。

3.11.3　貨幣創造の制御：シカゴプラン

専門家によると今日世界を流通している通貨は、実体経済が必要としている量をはるかに上回っています。これはほとんど規制なしに行われている、銀行による貨幣の創出によるものです。これまでに提案してきた自己資本比率の引き締めがこの状況を改善できるであろうことは疑う余地がありません。もし銀行が債務の 20% 程度の総自己資本を持たなければならないとすれば、彼らのビジネスの特質は変わらざるを得ないでしょう。彼らが最近そうしたようには、もはや様々なリスクを取ることはできないでしょう。

しかし多くの人たちは、自己資本比率と資本の流動化の引き締めが、システムを改革するには充分でないと考えています。彼らは今日の負債と貨幣創造の現状を 1920 年代、1930 年代の大恐慌と比較しています。あまりにも多すぎる負債額の問題に対処するための革新的手法、これは後年シカゴプランとして語られるようになりますが、これを 1962 年に提案したのはノーベル化学賞受賞者であるフレデリック・ソディーです。彼は、貨幣の**創造は国家にのみ行わせるべきだと論じました**。シカゴプランは 1930 年代に作られ、イェール大学のアーヴィング・フィッシャー教授により提唱されました。しかし、米国のルーズベルト政権の下で充分な支持を集めることができず、同政権は銀行をより厳しく規制する政策に戻ることを選択しました。

2008 年の金融危機の後、シカゴプランは息を吹き返すことになりました。

233

いくつかの非政府機関がシカゴプランに注目し支持しました。シンクタンク「ポジティブマネー」は、英国銀行制度の詳細な再生計画をシカゴプランに基づいて作り上げました[102]。

　興味深いのは国際通貨基金（IMF）エコノミストのベニースとクムホフによるシカゴプランの最近の精査です[103]。彼らは米国経済の最新のモデルでフィッシャーの指摘を検証した結果、その全ての主張が支持されていることを見出しました。国家が貨幣を作り出すことで、国家は全ての銀行の預金を保証し銀行のリスクを打ち消すことができます。国家の負債は40%削減され、平均的な家計は債務を持たなくなります。ベニースとクムホフによれば、「敗者はいな」くなるのです。

3.11.4　国際通貨取引税

　少額の「トービン税」を（おそらくは百万米ドル以上の）国際通貨取引に課税するべきです。しかし、過去の交渉によれば、近い将来においてこれが行われる見通しは立っていません。税制に強い国が率先してこれを始め、投機への興味を失わせ、そして得られた税収入を開拓者として税制を実施した国が得るのがよいでしょう。

3.11.5　透明性の強化

　全ての金融派生商品市場は、投機目的以外に使用されているか精査されなければなりません。純粋な投機目的の取引は、なくす方向にするか課税を行います。そして有用と考えられる金融派生商品は、適切に規制され、全世界で監視される中央清算機関の白日の下に移行されるべきです。「陰の銀行制度」（2008年危機における総貸付額の約70%）は、表の銀行が受けている規制と同程度の規制を受けるべきです。

3.11.6　独立規制者

　規制者は従来、国際的な銀行を経営している役員の中から選ばれ構成されて

102　Tekelova (2012).
103　Benes and Kumhof (2012).

います。規制者は真に独立していなければなりません。この独立性確保の目的のためには、規制者に選任されるまでの「待機期間」の延長を課すことができます。銀行家は規制自体を気にはしていませんが、規制が厳しくなることには反対します。規制者は、リスクに見合った規制を行うという「比例原則」を尊重するべきです。すなわち、大規模銀行に不可欠な規制は、中小銀行にはいくらか緩和されて適用することが可能です。

3.11.7　富裕層への課税と税の徴収

　節税、脱税、そして資産を秘匿できる秘密管轄区（租税回避地）の組み合わせにより、犯罪者と独裁者のための資金洗浄を助けるだけではなく、より正当な富を社会的及び金融的な義務から切り離すことができる仕組みができます[104]。2012 年には 21 〜 32 兆米ドルがこれらの秘密管轄区に隠されたと推計されています[105]。その本質的特徴は、低課税または非課税と、複数のペーパーカンパニーの迷路を経て投資され実質的所有者を特定できないようになっている秘匿性です。

　超国家企業と富裕層から税を取るためには、国際的な協力と実行が必要となります。租税回避企業の代表者らは口をそろえて、彼らは全て法律に遵っていると述べています。多くの場合彼らは法を犯していないので、法律の方を変える必要があります。原則として、利益が発生している国で課税されるべきです。

　最初に、完全な透明性が求められます。非営利組織のオックスファムは、秘密管轄権にあるものを含めた企業、財団、信託および口座の最終的な実質的所有者を、公的に登録するよう要求しています。経済協力開発機構（OECD）はこの 20 年間に改革を進め、（居住者の全ての銀行情報を含めて、国家間での）自動的な情報交換と国別の報告基準の適用を開始しています[106]。2017 年から 2018 年の間と見られていますが、これらの実施がはじまると今日使われている節税慣行のうちいくつかは不可能になると考えられます。

　経済学者ガブリエル・ズックマンは、OECD の対応はあまりにも遅すぎ、

104　Shaxson (2012).
105　Henry (2012).
106　OECD (2016).

富裕層の節税会計士や弁護士はもっと有能で、これらの規制を出し抜くことに長けており、そのための資源も十分に持っており、その証拠にこの5年間で租税回避地に隠匿された富は25%も増加したと警告しています。ズックマンは超国家企業の利益の世界総額に課税し、それぞれの利益が発生した国に配分し、設営の仕組みを無効にする公式を考案することを提案しています[107]。

　この全ての租税回避の仕組みは不平等を増長させています。現在、先進国では本来、健康、教育、環境保護などの国家的な優先事項に充当されるべき収入が失われています。もしこれらの税金が徴収されていたなら、国家財政の赤字はそれほど大きくならなかったはずです。南の国々、途上国にとってこの損失はいっそう大きくなっています。市民の福祉のための既存インフラが整っておらず、持続可能な開発を賄う資本が不十分だからです。

　オックスファムは、秘密管轄区によってもたらされるさまざまなリスクを評価するための国際的な課税当局の創設を提案しています。オックスファムは、この調査結果を公表し、租税回避地を利用したり促進したりする人々が租税回避の仕組みを使いにくくすることを推奨しています。オックスファムは、各国政府が、租税回避地を利用しにくくする仕組みを法律で定めることができるように、国際通貨基金（IMF）とOECDが協力し租税回避地の一覧を作成することを望んでいます[108]。

3.11.8 「ビッグ4」監査法人を監督する

　監査法人の役割は、本来は企業会計の監査と立証でした。金融市場と金融産業が影響力を増した金融化以降（1.1.2節）は、PwC、デロイト、KPMG、Ernst & Young（EY）と2002年に解散したアーサー・アンダーセンの五つの巨大監査法人が残っていました[109]。その後さらに残った四つの巨人は、不透明なパートナーシップを築いて相互に守りあいながら、世界で売り上げ10億米ドル以上の企業の98%以上を監査しています。彼らは、2014年に漏洩したルクセンブルク・スキームのように、多数の大企業が節税の仕組みを開発するのを支援

107　Zucman (2015).
108　Jamaldeen (2016).
109　Brown and Dugan (2014).

もしてきました[110]。

EY、PwC、アンダーセンなどで弁護士をしていたインサイダーであるジョージ・ロズバニー[111]の見積もりによると、このような仕組みにより、政府と納税者は年間1兆米ドル以上の損失を被っています。彼は、商業銀行業務と投資銀行業務の分離改革と同様に、ビッグ4全ての監査法人のコンサルタント／税務顧問業務を、会計／監査業務から分離することを勧めています[112]。

このような提案は、政府が、政府が代表する人々の運命を決する力と、社会の方向性と目的に関する鍵となる選択を行う能力とを再び獲得する主要な方法になるかもしれません。またこれらはOECDとIMFが、提案された新しい規則を実施し**執行する**かどうかにもよります。既に2.6.1節と2.10.3節で述べたように、わたしたちは、個人の利益と公共の利益、つまり私企業と国家や国際社会を代表する国際機関の適切な力のバランスを必要としているのです。

多くの政府が、変化に抵抗する既得権益者に取り込まれないよう対抗するには、強靭な政治的意思が必要になります。2007年から2008年に実際に起きた危機の際に、納税者が多額の資金で支援したという事実にもかかわらず、金融機関が自分たちの業界への介入をほとんど受けずに生き残ったことは残念なことです。金融政策の主導権を政府に戻そうと主張する機会は、（特に米国の）金融業界の影響の下で政治家によって失われました。万一次の危機が起きたときには、政府はそのような結果を避けることが肝要です。

3.12 経済制度の改革

金融システムの改革は緊急に議論を要する課題であり、実際各国政府および国際水準で改善策が議論されているところです。しかし、ある意味ではそれは最初の一歩にすぎません。よりよい社会に向けた真の持続的な変化に向けて、金融業界の現状を形成してきた経済的政治的制度をさらに掘り下げて見る必要があります。

---

110 Bowers (2014).

111 West (2016a).

112 West (2016b) も参照。

その顕著な例が欧州連合（EU）で、目下緊張状態にあります。EU は当初、過去一千年以上にわたり間断なく戦争状態にあった六ヵ国の共同市場として発足しました。経済の統合は、戦争などということを考える暇も与えることなく、六ヵ国を平和な方法で経済に集中させることに成功しました。石炭と鉄鋼に始まり、すぐに農業が加わり、結局全ての経済を含む経済圏は周辺の多くの国を惹きつけることになり、共通インフラとしての EU を作りあげていったことは、第二次世界大戦後の歴史の最大の成功例となりました。EU はバランス感覚も表しています。一方での地方、地域、そして国での機能と、もう一方の欧州共同体水準でなされればより良く提供される欧州共通機能とのバランスです。例えば学校は地方と国の機能ですが、卒業証明書は欧州共通基準で決められており、各国政府に品質基準への同意が義務付けられています。

第一章で主に議論した生態学的な危機では、経済構造を再考する上でわたしたちには熟慮が求められました。21 世紀の挑戦に対処するには新しい発想が必要となります。新思考は、多くの職業消失、人口変動、不正スキャンダル、テロの脅威などの挑戦に対しても求められます。この章では、これらの挑戦に応じる、やや無作為に選ばれた四つの例をとりあげ少し詳細に述べてみましょう。

3.12.1　「ドーナツ経済学」

ローマクラブの会員で、オックスフォード大学の経済学者であるケイト・ラワースは、彼女の著作『ドーナツ経済学が地球を救う』[113] の中で、現在一般的に語られている経済学が時代遅れであると指摘しています。今日の学生——2050 年の政策立案者——は、1850 年代あるいはもっと古い時代の理論に基づき、1950 年代に書かれた教科書で学んでいます。ラワースは、21 世紀の挑戦——気候変動から極端な不平等そして金融危機にいたるまで——を考慮すれば、このような恐竜時代の教育方法は災厄を生み出していると述べています[114]。

ラワースはわたしたちが直面する挑戦を新しい方法で示しています。今世紀の人類の目標は、**この惑星が与えてくれる恩恵の範囲内で、全てのシステムと**

113　Raworth (2017).
114　Kate Raworth のブログ、2017 年 4 月 7 日、書籍出版の日の投稿。

生きとし生ける物が必要としているものを手に入れることです。それは外側と内側に境界をもつドーナツ（中心に穴の開いた円）で表現できます。ロックストロームによるプラネタリー・バウンダリー（1.3 節）がこの惑星の外側の上限を与える境界です。2030 アジェンダと持続可能な開発目標（SDGs）（1.10 節）で表される社会的挑戦の各項目が内側の境界です。

わたしたちは、わたしたちの持つ経済に対する考え方を今日的な文脈に位置づける必要があり、彼女は文脈が意味するところを指摘しています。経済はこれまで考えられているような世界の**上**で働く機械ではなく、心臓と循環系のように世界の内側に埋め込まれているものです。この点においてラワースはシステム科学の洞察を利用しています。

彼女の本は、人類を社会的境界とプラネタリー・バウンダリーの間のドーナツの安全地帯に誘導するために必要な組織と政策を開発するよう経済学者たちを誘導するために、七つの原則を概説しています。この観点から、経済は公平性と持続可能性を実現させるための道具箱となります。これは、現在わたしたちの経済を誘導している、利益の最大化が全てに優先する不変の目標であって、社会的および環境保護的な目的は二次的なものとする原則に、真っ向から対立するものです。

このラワースの七つの原則の多くは、すでに持続可能性論議の一部となっています。それらは利他的に見えるかもしれず、人は自らや自らが属する集団の利益を最優先して考えるものだと主張することも可能です。しかし彼女は、適切な社会的誘導の下に、コミュニティの（より高い）優位点がさらに魅力的になりうるし、そうなるべきであると述べています。

1. **「GDP 成長」から「ドーナツ」へ**：経済の目的は GDP の成長よりもずっと大きなものである。**惑星が与えてくれる恩恵の範囲内で全てのニーズを満たすことである。**このたった一つのスイッチの切り替えで、経済発展の持つ意味が、際限のない成長からバランスの取れた繁栄へと大きく転換される。

2. **「自己完結した市場」から「社会に埋め込まれた経済」へ**：経済は社会に組み込まれ生きた世界に存在し、そして両者は互いに依存しあうことである。

3. **「合理的経済人」から「社会的適応人」へ**：人は本来、現在の経済理論が示唆するわがままな個人よりもずっと豊かな存在である。わたしたちは、生命の網の目に埋め込まれた、互恵的で、相互依存し、似通っており、適応することができる、社会的な存在である。

4. **「力学［機械論］的均衡」から「動的な複雑さ」へ**：ニュートン力学は経済を分析するのには不向きである。システム科学の複雑性と進化論的思考を受け入れるほうが賢い。

5. **「成長で再び物事が良くなる」から「設計による分配」へ**：富める者がますます富めば貧しい者も富むというトリクルダウン経済はありえない。創り出された富はそれを生み出した全ての人々により公平に共有されるような経済を創出すべき時が来ている。

6. **「成長で再びきれいになる」から「設計による環境再生」へ**：経済成長が——しつけの良い子供の様に——後をきれいにすると言うのは神話にすぎない。一度破壊した後に生きている世界を再生しようと試みるより、再生可能で循環利用可能な設計を前もってする方がよほど洗練されている。

7. **「成長中毒」から「成長にこだわらない」へ**：今日の経済はわたしたちが繁栄するかどうかにかかわらず成長する必要がある。明日の経済は、成長があろうとなかろうとわたしたちに繁栄を約束するものであろう。

3.12.2 多数派の支持が得られる可能性のある改革

マクストンとランダース[115]は彼らの著作『繁栄を再発明する』で、拡大する所得格差、世界的な貧困、環境の劣化など今日人類の幸福が直面している全ての主要な挑戦は比較的解決しやすい——理論的には——、と述べています。しかし現実には、提案された「解決策」のほとんどは、短期的な視点しか持たない人々や政府の人々には容認されず、そう簡単ではありません。インタビューの中で、ランダースは、この種類の問題を民主主義の下で解決するのは、可能であるとしても大変困難であると述べています。一方で、彼は、中国の様な国では貧困撲滅と気候変動緩和を長期的な問題として効果的に扱うことができると述べています。

115　Maxton and Randers (2016).

第 3 章　さあ！　持続可能な世界を目指すわくわくするような旅に参加しよう！

　彼らは、さらに真摯な試みを続け、人類が直面している挑戦に対し世界中で実施可能な政策措置と解決策を提案しています。彼らの著作は、40 年にわたり行われている成長／ゼロ成長論議に対し、失業、貧困、不平等を減らしながら、気候変動と生態系劣化を効果的に緩和し、さらにどうしても必要と言うなら**経済成長も可能な**ような提案をしています。マクストンとランダースは、13 の提案の内いずれが失業問題、不平等、気候変動に関連しているかを特定しています。

　失業率を減らすには、年間労働時間を短縮することで少なくとも数学的には達成が可能です。つまり、働きたい人に労働の再分配をするということです。労働時間の短縮は、家族と過ごす時間、余暇、新しい知識と技術の獲得、教養のための時間が増えることを意味します。時間当たりの平均労働生産性には影響はありません。現職の労働者および経営者はこの考えを歓迎しませんが、高い失業率に苦しむ国では受け入れられない訳ではありません。プログラムは段階的に取り入れることにより、学習と適応が可能です。

　反対に、経営者や顧客がその働きぶりに満足する限り、労働者の定年年齢を引き上げて長く働けるようにすることが合理的であるかもしれません。もし長期の労働期間が通例になるなら、特に調整、統括、紛争解決など長い経験を持つ人の能力をさらに開発することが予想できますが、年配者は長期の労働により身体的に苦しむことになるかもしれません。また旧式の道具を使う必要がある仕事や、旧式機械の修理などは、年配の従業員やフリーランスの労働者が適しているかもしれません。シニア世代が仕事に就くことは国の福祉予算を低減することになり、国はより多くのお金を新しい職場の確保に使うことができます。

　この文脈での三つ目の提案は、自宅で家族を介護するための報酬についてです。リーアン・アイスラーは著作『介護革命』改訂版で家庭における介護の財政と評価について記述しています[116]。この仕事の可視化には、介護報酬の額と労働条件を評価する正式な第三者組織が必要となるかもしれません。介護報酬は一義的には公的予算からの支出となるべきでしょう。人々がそれを人口の高齢化に対する適切な処置であると判断すれば、公的支出に対する理解は得やすくなります。

116　Riane Eisler (2007).

さらに一歩先んじたものとして、具体的な労働を対象とせず全ての人に無条件で報酬を支払うといういわゆるベーシックインカムがあります。それについては、現在莫大な利益が数百万の職場を奪った結果であると考えるシリコンバレーの企業のみならず、世界の各地で議論が始まっています[117]。これまでのところ議論を呼ぶこの提案について、さらなる各国および世界規模での議論を開始することは価値のあることです。

　関連する考えに失業手当を増額するというものがあります。その他の失業および不平等削減策は公的な刺激策の分野に含むことができます。これらには物理的インフラ、生涯教育、そして環境保護を含むことができるでしょう。

　世界銀行総裁のジム・ヨン・キムの主導により、パリ気候変動会議COP21［国連気候変動枠組条約第21回締約国会議］（1.5節、3.7節参照）において、カーボンプライシングリーダーシップ連合（CPLC）が正式に発足しました。この考えは——別段新しいものではありませんが——マクストンとランダースが支持しており、全ての化石燃料に課税することを目指しています。目新しいこととして税収の全てが市民に等しく分配されることがあげられます。これは、エネルギー消費が少ない多くの貧困層を助けることになります。同時にそれは、クリーンエネルギーへの移行を強制的に促進します。

　この考え方は、人の労働に課税することから地球資源の使用に課税することへの移行を一般化する働きがあります。これは企業の関心を、労働生産性の向上から資源生産性の向上へと向かわせます（3.9節も参照のこと）。

　民主主義社会では相続税の増額は多数の支持を得ることができるかもしれませんが、これも国際的な協調が必要となります。その税収は社会的な優先事項に充てられるべきですが、その選択を高齢者にゆだねることも考えられます。

　その他の国際的な課題としては、環境破壊と明確にわかる製品やサービスの国際取引に対し課税することをWTOが阻止していることがあります。すでに1.9節で述べたようにWTOの規則は、環境保護に対して基本的に否定的です。これらの最後の二つの点は、3.16節で述べるグローバルガバナンスに関わります。

117　すでに Jathan Sadowski、2016 年 6 月 22 日、Why Silicon Valley is embracing universal basic income. で引用しています。

第3章 さあ！ 持続可能な世界を目指すわくわくするような旅に参加しよう！

3.12.3 グリーン転換をもっと収益が上がるものへ

第3章では、刺激的な取り組みについて述べましたが、そのうちのいくつか
は今日の条件下でさえ多くが達成されることを示しています。しかし実際の成
功例というと、ほんの例外にすぎません。各国の主流は保守的であり、しばし
ば貧困層を疎んじ、富裕層を重んじる傾向にあり、自然環境を破壊することは
厭いません。もしいつか持続可能な社会への移行が主流になるとすれば、政策
は持続可能なビジネスを非持続可能なビジネスより収益が高くなるように配慮
する必要があります。

伝統的な環境と社会に対する政策措置は、環境に関する直接規制と社会的平
等のための課税でした。概して、どちらの政策も、大気汚染、水質汚染の二つ
の公害、および社会的不公正の情勢を改善してきました。しかしこれらの政策
は、本報告書の第1章において説明したような持続不可能な傾向を是正するに
は至りませんでした。

持続可能な社会へ移行するための最も効果的な方法は、**ビジネスのための金
融の包括的条件を変更すること**です。もちろん、義務的な基準と禁止は、汚染
物質や最も緊急には農業でのリスクのある化学物質の場合のように、継続する
必要があります。しかし、基準の設定はエネルギー消費と温室効果ガス
（GHG）排出を限定的にしか抑止しません。著しい成果を得るためには、温室
効果ガス排出、エネルギー、水、主要な鉱物、そして土壌の劣化に対し価格を
つける経済の仕組みを作ることが不可欠です。

これを行う最も簡単な方法は税です。市場価格が下がれば税率を上げ、市場
価格が上がれば税率を下げます。その目的は予測可能性にあります。

エネルギー、水などへの課税は、ほとんど前例がなく言うほど簡単ではあり
ません。ここでの政治的挑戦は、これらに価格を付ける政治的合意をまず得る
ことから始まります。

一つの方法は国連環境計画 (UNEP) の『デカップリング2』[118] で概説されて
います。そこではエネルギーや他の資源の価格を、**資源生産性の経験的上昇に**

---

118 International Resource Panel. 2014. Decoupling 2. Technologies, Opportunities and Policy
Options, Nairobi: UNEP. Factor Five, Chap. 9: A long-term ecological tax reform も参照の
こと。

243

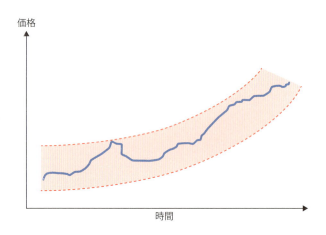

図3.12 国家の介入を最低限にするためには 価格誘導帯の幅（点線）を政治的に決定してもよい。もし、市場価格（青線）が上限あるいは下限の価格誘導帯の境界を超える場合、国家は介入して価格誘導帯内に引き戻す試みを行う。

合わせて、上昇させることを示唆しています。例えばある年の平均的世帯におけるエネルギー効率が1%上昇したとすれば、翌年のエネルギー価格を1%上昇させるのです。運送、工業、サービス業においても同様です。もし、誰もがエネルギー価格は上昇していくものと知ることになれば、省エネをすることが利益を増やすことになるとわかり、省エネのために投資をすることになります。

政府の介入をできるだけ少なくするために、**価格誘導帯**の幅（図3.12の点線）は政治的な同意を得て策定してもよいでしょう。市場価格（青線）は変動します。しかし市場価格が価格誘導帯の境界に達すると、修正のための政府介入が行われ誘導帯内に収められ、投機を抑制します。

消費者、生産者、商社、技術者、そして投資家たちは資源生産性に注意を向けることになります。もし技術的に資源生産性を5倍、いくつかの場合20倍まで向上できるとすると、(3.9節)、ずっと衝撃的な改善を期待することができます。

一方で、対処すべきいくつかの問題があります。

- ボーキサイトからアルミニウムを取り出すために製錬したり電気分解を行ったりする既存の産業においては、エネルギー効率は究極まで高められもはや

第 3 章　さあ！　持続可能な世界を目指すわくわくするような旅に参加しよう！

改善の余地はないとされている。しかし、多くの場合、代替の方法や材料を用いることで、さらに効率を高めることができる場合がある。

● 省エネ技術の進歩が貧困家庭まで行きつくためには長い時間がかかる。そのため、省エネ技術ができたからといってすぐにエネルギー価格を上げると、それは貧困家庭にとって打撃となる。答えは、エネルギー価格上昇政策に影響されない、低い「生存水準価格」の設定である。

　いくつかの産業は国内のエネルギー価格が海外のエネルギー価格にくらべて高い場合、確かにその競争力をなくすかもしれません。この問題への解答は二つです。一つ目はエネルギー価格政策を国際的に調和させる努力をすることです。そして二つ目として、それが機能するまでの間は、その産業から徴収したエネルギー税を、省エネ対策により発生した付加価値と増加した人件費に応じて返還することです。それぞれの産業分野で損失は出ず、省エネ技術開発への強い意欲が生まれます。1992 年、スウェーデンは、強力な窒素酸化物税を導入するとともに、「税収中立措置」が、熱供給プラント、重化学工業、焼却炉、金属産業、製紙パルプ産業、食料、木材産業に対して取られました。これらの産業は、この措置のお陰で損失を被ることはなく大変満足しました。最終的に、産業は他国の同業者にくらべて省エネ技術が進み、競争力が強くなりました[119]。

　エネルギー価格が上がることで、競争力が失われるという恐怖は誇張されるべきではありません。1970 年代と 1980 年代の「エネルギー危機」の間に、四つの異なる経済体制が、異なるエネルギー価格戦略を取り対抗しました。ソヴィエト連邦では、高い石油輸出国機構（OPEC）原油価格にもかかわらず低価格戦略を取り続けました。米国政府は、もしガソリン価格が高騰すれば「アメリカのライフスタイル」を維持できないと恐れ、また米国内で原油は産出していることもあって、燃料税などはなく低価格政策を続けました。西欧では、ガソリン税は高く、電気料金は高価でした。日本にはもとより石油はなく、大気汚染に悩まされた結果、高いガソリン税があり、電気料金は、部分的には汚染管理対策や原子力発電所建設への資金提供のために、非常に高い価格でした。その結果この四つの異なる経済体制の景気動向に何が起こったでしょうか？

119　Höglund-Isaksson and Sterner (2009).

245

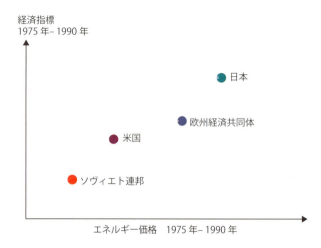

図 3.13　経済実績は必ずしも高いエネルギー価格から害を受けない。（ワイツゼッカーとジェシングハウス (1992). OECD,1991 の資料による）

図 3.13 は素晴らしい答えを示しています。エネルギー価格が高い地域ほど経済実績は良かったのです！

よろしいでしょう、因果関係は逆であったかもしれません。しかし、日本では歴史的なエネルギー価格の高騰の後に大成功は起こりました。明らかに、持続可能な開発が収益性の高いものになるための手段が他に数百とあるとしても、価格政策なしには巨大な官僚制度を動かすような大きな変化は期待できないでしょう。

3.12.4　共通善のための経済[120]

再生可能経済の考えに特徴づけられた見事なばかりの未来は、素晴らしいビジョンであり、いずれの進歩的政策プログラムにも含まれています。それは、実際に起きている革新により支持され始めています。オーストリアの新進の包括的思想家で作家の、クリスチャン・フェルバーが唱える一つの概念が「共通

---

[120] Volker Jäger が本節のドイツ語草稿を提供してくれたことに、そして Bodo E. Steiner が英訳してくれたことに感謝します。編集責任は本書の統括執筆者と編集者にあります。

善のための経済」(ECG) と呼ばれるものです。彼は、企業のビジネスの目的
を再定義することで、人々が互いに協力できずに生態系を劣化させる「共有地
の悲劇」[121] を避ける方法があるはずであると考えました。共通善を保つことが、
彼の ECG に真に注力するビジネスの倫理的急務となります。

　現在の経済制度の数知れぬ副次的な損害の原因を顧みて、フェルバーと彼の
友人たちの起業家やビジネスコンサルタントが Attac 運動[122] として 2 年以上
かけて ECG を公式化しました。それには、2010 年 10 月にウィーンで開かれ
た講演会で発表された「共通善の財務諸表」が含まれています。この講演会開
催中に 25 の企業が、この革新的な財務諸表を自社の来期の会計報告に取り入
れることを自発的に申し出て、参加企業は ECG 実現のための運動を始めるこ
とを決定しました。

　ECG は、ビジネスが従来の利益最大化原則から共通善に焦点をあわせた志
向に転換する、すなわち原則を競争から協力に変えることを意図しています。
この概念には、アルフィー・コーン、ヨアヒム・バウアー、ジェラルド・
ヒューター、マーティン・ノーワークなどの洞察[123] が含まれています。

　ECG の思想には、わたしたちが幸福をめざす時には、幸福それ自体のため
に行動するのであって、幸福が別の何かの目的（金銭的なものを含む）を達成す
るのを助けるからではない、というアリストテレスのニコマコス倫理学に戻る
部分があります。ECG の創立者は、ネオリベラリズム経済思考の根底にある
全体的な誘因構造を変革するという目的から始めました。そして、それに従っ
て共通善への志向が達成させるような、将来主要になるべき価値を特定するこ
とに焦点を当てました。これらの価値観は、地球上のほとんどの立憲民主主義
国家の基本理念に通底するものから選ばれています。具体的には以下の五つの
価値です。

● 人間の尊厳

121　Garrett Hardin (1968).
122　Attac は主に欧州において活発な、ネオリベラルなグローバリゼーションに批判的
　　な社会運動です。その名前はフランスの協会 L'Association pour la taxation des
　　transactions financières et pour l'action citoyenne から取られています。
123　例えば Kohn (1990).

- 連帯
- 生態学的持続可能性
- 公正
- 民主主義（透明性と参画）

　フェルバーは、もしわたしたちが、人間関係および環境との関係の構築に成功し発展させることができるならば、社会が実績と経済的成功の新しい意味を発見するであろうと主張しています[124]。繋がりにもとづく新しい経済は、競争と分断の現在の経済への代案を提供するものとして出現するでしょう[125]。

　共通善のための経済の実用的なマニュアル[126]の作成にあたっては、運用を行う企業と評価をする外部評価者の多少のすり合わせが必要となるでしょう。現在、ドイツ、スペイン、そしてオーストリアには自発的に監査を受けた約400の企業があり、すでに200から800の「共通善」ポイントを獲得しています。

　次の段階は、政府が高いポイントを得た企業に対し敬意を払う意味から、優遇税制、優遇融資、優先公共調達などの特別措置を行うことでしょう。これは国際ECG運動の政治的目標であり、現在150の地方支部の3,000人を超えるボランティアから構成されています[127]。すでに最初の地方自治体と地方議会は、良い財務諸表を提示した企業に優先調達の措置を発表しています。これら政策的誘因が効力を発揮し始め、倫理的事業戦略に経済的報酬が現れ始めているため、先端を行く企業からはすでに、顧客との良好な関係、社員の会社に対する信頼、企業評価の向上など、付加的な利点が報告されています。

　100を超えるECGを導入した企業の中からほんの一例だけをここで紹介しますが、それは現在の経済制度のなかで最もありそうにない業界からです。それは、ある銀行の例です。この事例研究は、オーストリアの貯蓄銀行に関するもので、この銀行はヨハン・パプテスト・ウェーバー神父によって1819年に

124　Felber, Gemeinwohl-Ökonomie 2012 ドイツ語版 p.107

125　Eisenstein, Charles 2013 http://sacred-economics.com/about-the-book/

126　CGE Matrix の基準に基づいて自社および他社の評価のためにクリエイティブ・コモンズの下で文書が入手可能。https://old.ecogood.org/en/download/file/fid/556 で参照可能。

127　Felber (2012, p.47).

設立されました[128]。設立当初の目的は、銀行をより広い顧客層に利用してもらうことにありました。今日知られているバングラデシュのムハマド・ユヌスと同様、ウェーバーは、一般市民やどちらかといえば貧乏な人々を顧客として求める貯蓄銀行があれば、全ての人の利益につながるものと考えていました。

ドルンビルナー貯蓄銀行 (Dornbirner Sparkasse AG) は、1867 年に人口5万人のドルンビルン町に設立され、2002 年には株式会社となりました。フォアアールベルグ郡に 14 の支店を持っており、従業員数 350 人、売上高 23 億ユーロ (2015 年) です。自己資本率は 18.3% と、メガバンクのそれを大きく上回っています。

ドルンビルナー貯蓄銀行は、従業員参加の 2020 年経営戦略立案においてECG の採用を決定しました。それは顧客中心の価値基準に基づく考え方で、感謝、開放性、信頼、決定力、勇気、そして持続可能性を推進することでした。この戦略計画の立案の段階に、また「共通善会計」の文脈において、この価値がより深く議論されたことを通じて、銀行は共通善への関与と真の献身をさらに強めました。この銀行は、共通善財務諸表を取り入れたことよりも、それに至る段階で自らがオーストリアの貯蓄銀行の本来の役割に目覚めたことを誇りに思っています。

ドルンビルナー貯蓄銀行とその従業員の活動で、高い ECG スコアを取ることになったものに、倫理財務管理があります。低い倫理格付けの資産は、次第に銀行のポートフォリオから消え、「共通善」指向のものに置き換えられました。これを進めて行くに従い、関係者の倫理的投資についての考えが明確になり、日々の銀行業務につながっていきました。ここで最も重要なことは、この新たな取り組みをするにあたり、関係者の誰もが苦しまなかったことです。その反対に、彼らはこの取り組みを理由に、約 5,000 人の構成員からなる協同組合を含む、いくつかの新規顧客を獲得しました。その協同組合はドルンビルナー貯蓄銀行に法人口座を開設し、自己資金の一部をそこに預けました。

3.13　良質な投資

伝統的な意味での投資とは、金融商品、会社の株式、あるいは不動産、商品、

128　https://de.wikipedia.org/wiki/Erste_Bank

または芸術品など何か価値があるものを取得するためにどのようにお金を使うのかという意味合いで実践され、またビジネススクールでは教えられてきました。このような伝統的な投資の意義とは、それが金銭的な利益を生むことです[129]。今日では純利益は投資の成功度合いを測る唯一の評価基準です。

　どういうわけか、わたしたちの社会は、株・債権よりも、また、社会や環境への影響よりも、ずっと現金を尊ぶようになってしまいました。さらに、近年の量的緩和を通して、中央銀行は経済へと燃料投下するかのごとく、巨額の紙幣を刷る権限が与えられました。

　一介の事務員ですら「現金は安全なだけで腐ってしまうよ」と言うくらい、そのような政策が効果的であるかは疑わしいのですが、いくつかのテクノロジー企業の金銭的価値は天井知らずに上っています。民間市場においていくつかのテクノロジー企業は、設立時において、その企業資産価値は10億ドルを超え、「ユニコーン」と呼ばれました[130]。それが、2015年末においては、146ものテクノロジー企業が2014年時における企業資産価値の倍以上となり、14の民間企業に至っては、企業資産価値にして100億ドルを超え、「デカコーン」と呼ばれるようになったのです。このように認知度を飛躍的に高めた企業、特に*WhatsApp*といった代表的メッセンジャーサービス企業は、年間収益が2千万ドル近辺を推移し、2014年にはFacebookによって190億ドルにて買収されることとなりました。この額は同年におけるアイスランドのGDPを超えるものです[131]。

3.13.1　ウォール街から慈善事業まで

　利益を追求することのみが目的であるような投資という世界と、対極的な位置にあるのが慈善事業でしょう。これは従来、社会における不道徳や環境破壊といったものを、団体からの利他的な寄付や、個人のやさしさによって、埋め合わせを図る行為です。Giving USA［米国での慈善寄付の源泉と使用について年次報告している機関］によると、米国人は特に非凡なボランティア精神を持ってい

129　Mankiw (1998).

130　Erdogan et al. (2016).

131　2014年アイスランドにおけるGDPは170.4億ドルと2016年5月11日付けで見積もられています。http://www.tradingeconomic.com/iceland/gdp

第 3 章　さあ！　持続可能な世界を目指すわくわくするような旅に参加しよう！

るのですが、2014 年には推定で 3,583.8 億ドルもの寄付が慈善事業に対して寄せられています[132]。この内大きな比率は、個人からの寄付が占めていて（2,585.1 億ドル）、さらに財団からの寄付（539.7 億ドル）、遺贈（281.3 億ドル）、企業寄付（177.7 億ドル）、と続きます。その使途先は、概ね三分の一は宗教関係へと向かい、次いで教育、福祉、医療、芸術、環境、そして社会的なものへと投じられています。しかしながら、これらの寄付のほとんどは国内の必要性に応じたものであって、グローバルな問題やその挑戦に対してなされる例は非常に少ないのです。

　2010 年に発足した Giving Pledge［マイクロソフト社会長のウィリアム・ヘンリー・ビル・ゲイツ三世と妻メリンダ・アン・ゲイツ、投資家のウォーレン・エドワード・バフェットが始めた寄付啓蒙活動］は、もう一つの例です。これは米国において最も裕福な 40 もの家族と個人からの、今日わたしたちを悩ませている人道上の探索に対する回答と言えるでしょう[133]。これは気高い行為でかつ多くの人が望んでいたことなのですが、それでもなお慈善事業は何かと行き届かず苦しんでおります。今日の慈善事業を取り巻く環境は、法制度と管理体制、いずれの面からも時代遅れとなっています[134]。大半の慈善事業団体においては、年額寄付のおよそ 5% しか慈善活動に使われていないのです。その 5% の予算は確かに慈善事業に専ら使われ、プログラムマネージャーによって管理されております。しかし、残り 95% は普通には独立法人や信用組合によって管理され、出資者が何らかの要求をしない限りにおいては、その額を維持、ないしは、経過時間に応じて増やさなければなりません。典型的な資産管理者は資産運営上の成功いかんで評価され、慈善事業活動における成功うんぬんで評価されているわけではないのです。ゆえに、慈善事業関連の資本の多くは通常の資本と一緒に組み入れられ、その活動にとってはむしろ相反するようなことになりかねない類の生産物やサービスを産出する企業へとしばしば投資されることとな

132　Giving USA：2014 年には米国人は推定で 3583.8 億ドルを慈善事業に寄付しています：（2105 年 6 月 29 日付）。2016 年 5 月 13 日下記サイトにて確認。
http://gibingusa.org/giving-usa-2015-press-release-giving-usa-americans-donated-an-estimated-358-38-billion-to-charity-in-2014-highest-total-in-reports-60-year-history/

133　Pledge (2010).

134　Fulton et al. (2010).

251

ります。大きな制度上の変化や構造的な改革が生じない限り、慈善活動を通して世界をより良くしている一方で、それを傷つけるような投資活動を行っている、といったパラドクスは続くものと思われます。

ビル＆メリンダ・ゲイツ財団［2000年創設された世界最大の慈善基金団体］は設立当時にウォーレン・バフェットに次ぐ規模であり、米国が誇る慈愛に満ちた団体ですが、これも同様な問題をはらむケースです。出資者は彼らが世界に与えたであろう影響の大きさを考慮の上、彼らの死後50年間に渡って資産全てを費やすことを誓っています。しかし、ゲイツ財団は慈善活動としてのその使命と、財団の信託としてなされる投資において、そのミスマッチが広く批判されるところとなっています。後者は明らかに投資の収益を最大にするような活動をしているにすぎないのです。ピラーら[135]の研究によると、ゲイツ財団信託は、貧しい患者の手の届かない価格で販売している製薬会社に投資したり、ひどい環境汚染を行っているような企業の主要な資産を保有していたりしました。彼らはまた、小規模の農家の営利と福祉を軽視し、そして環境へ与えた悪影響の記録で知られるモンサントの株式を500,000株（約2千310万ドル）購入しました[136]。もちろん、あまり知られていない慈善事業財団の活動にはもっとたくさんのそのような事例があります。

現在出回っている金融商品の多くは長期的・持続可能な性格をもつものではありません。なぜなら、それらは目下「外部経済」とレッテルを貼られているような類のものであり、何ら金融として顧みる価値のあるものではないからです。本書の1.1.2項にてリーターらが引用されて議論したように、国際金融取引のおよそ98%までが本質的には投機的なもので、財やサービスへの支出ではありません。投機とはごく短期的視野の下で行われるもののため、わたしたちが描く未来にとっては酷い破壊者としか映らないのです。

3.13.2　現在進行中の構造変化

持続可能な金融の将来に向けての障壁に取り組もうとする試みの中には、国際連合の責任投資原則（UN PRI）に関して担当している機構が行ったものがあ

135　Piller et al. (2007).

136　GuruFocus (2010).

第3章　さあ！　持続可能な世界を目指すわくわくするような旅に参加しよう！

ります。これは、短期的な収益を重視する考え方、環境と社会における基準を順守しない行為、情報公開の欠如、外部経済緩和のための注意不足など、将来のアンバランスをもたらすような要素を防ぐ必要があり[137]、そのための構造改革が推奨される対象地域についてとりまとめたものです。

このような取り組みを地球規模で実現していくことは依然としてあまりに膨大な事業であって、当然ながら未解明な問題がたくさん浮上しています。しかしながら幸運なことに、投資産業は構造改革を伴って急速に発展しており、後述するように、総合的な持続可能性を目指し、活躍した投資家の取り組みも存在します。その動機には無論のこと、近年の金融産業における失敗によって失った社会的信用を取り戻すことが含まれます。

2012年ブラジルのリオ・デ・ジャネイロで開かれたリオ＋20地球サミットの期間中においては、例えば745もの自発的な取り組みの宣言がなされ、それらの内200はビジネスや金融関係の団体から発せられたものでした。その一つが自然資本宣言（NCD）[138] です。これは2012年当時共同開催された、国連環境計画（UNEP）の金融イニシアティブ［Finance Initiative、UNEP とおよそ200以上の世界各地の銀行・保険・証券会社等との広範で緊密なパートナーシップ］とグローバルキャノピープログラム（Global Canopy Programme）による金融部門の取り組みです。42もの銀行、投資基金、そして保険会社のCEOから支持をとりつけています。これは土壌、空気、水、植物相、動物相といった**自然資本**の重要性を再確認することを目的とします。そのゴールは、他の生産物やサービス（ローン、債券、年金、保険商品など）と同様に、参画企業らのサプライチェーンに沿いながら、あらゆる投資を勘案する際や決定する時において、自然資本のことを統合的に考慮することにあります。

さらに、ほとんどの自然資本は全人類にとってただで使える財であると考えられていますから、参画企業らは政府らに「金融機関を含む様々な組織を支援し、彼らにとっての自然資本の価値が高まるように、また自然資本の使用について報告し、結果として彼らの仕事が環境費用を内部化することに向かう誘因を付与するような、明確で、信頼できる、長期間の政策フレームワーク」の作

137　UN PRI (2013).

138　http://www.naturalcapitaldeclaration.org

253

成に向けての素早い対応を要求しました。トマ・ピケティが指摘したように、わたしたちが抱える真の公的な負債とは自然資本に対するそれであり[139]、本書図1.11で描かれていたように、GDP（国内総生産）ではほとんどの経済部門において不適切に得られた利益性を高く評価してしまうことになるので、GDPによる通常の査定はそのような危険性に対して盲目となってしまいます。GDPは自然資本に対しての評価を全く含んでいないという事実は、わたしたちの過去が大きな過ちを含むものであることを意味します。またそのことは、欧州委員会における「GDPを超えて」イニシアティブ、並びに同時に他で行われている試みなどが、進歩というものを評価する現在の方法に疑問を抱き、修正を図ろうとする主要な動機となっています（本書3.14節を参照のこと）。

　私企業部門と投資コミュニティは、彼らが長期的な意味での利益を得ていくためには、「進歩」という言葉の意味から修正を図らねばならないことを認識し始めました。Global Alliance for Banking on Values（GABV）は、世界をリードする資産価値を持ち高い持続可能性を誇る30程度の金融機関から成る独立したネットワークです。同ネットワークは「持続可能な銀行の原則」を適用しており、人、地球、そして繁栄に対する三つのボトムラインについて公約しています[140]。2014年における実体経済報告書では、GABVは2003年から10年以上にわたってネットワーク内の銀行の業績評価を行ったことを報告しています。また、これらの報告資料内の図表は、社会の力・持続可能性・レジリエンス（しなやかさ）などを求めるような行為は収益を低下させる、といったネガティブな神話は崩壊したことを如実に語っております。事実、それらの銀行は伝統的な銀行と比較して貸付や預金に関してより高い成長水準を誇っているのです[141]。

3.13.3　インパクト投資

　投資を決定する際において、より総合的な価値づけの下でそれを行いたいとする投資家たちの要求に対し、当時非常に先鋭的な試みとして出された解決策

139　Piketty (2015).
140　http://www.gabv.org
141　GABV (2014).

第 3 章　さあ！　持続可能な世界を目指すわくわくするような旅に参加しよう！

は、1985 年カナダの VanCity 信用組合がより持続可能な投資機会を提供する
べく導入した最初のエシカル［ethical、道徳や倫理に問題がある企業を避け、健全な
社会に貢献する企業にのみ投資する］ミューチュアル［mutual、複数の投資家が資金
を提供し共同で運用をするオープンエンド型］ファンドでした。同ファンドには、
倫理的、社会的、そして環境面の基準に則るような格付け時の基準が加えられ
ています。この行動は、従来の収益性本位での伝統的な投資スタイルから、人、
地球、そして繁栄をもその成功指標として織り込む**インパクト投資**スタイルへ
と重要な変遷をもたらしました。インパクト投資は、当時はその言葉が生まれ
ただけという感じでしたが、2007 年にロックフェラー財団によって開催され
た Bellagio サミットにおいて初めて見出された概念です [142]。

　インパクト投資においては、全てのクラスの投資資産にわたってスピー
ディーにその適用がなされ、また更新されることが保証されています。そのよ
うなインパクト投資において最も重要な側面とは、その投資が与える影響（人、
地球、そして繁栄に）に対する評価と報告に対して投資家がコミットしている点
であり、並びに、情報の開示と説明の責任についても保証している点であるで
しょう。図の 3.14 においては、インパクト投資を伝統的投資と慈善事業との
間にあるものとして位置づけており、これには投資基準、測定基準、および
様々な名前で呼ばれ類似したアプローチで評価されるリスク収益性が評価基準
として含まれています。それらのアプローチには、持続可能な投資、社会的責
任投資（SRI）、持続可能で責任ある投資、プログラム関連型投資（PRI）、ミッ
ション関連型投資（MRI）などがあります。

　インパクト投資は、その先進的な物の考え方や規則の拘束からの解放感のた
め、個人投資家や家族事業の中で培われ、彼らの中で非常に人気があります。
一方、機関投資家もまたそれを受け入れ、彼らの成功を加速させました [143]。
大半の市場の参加者は、受託者としての道義上の責任を担っているため、非公
開の物件を扱うのでなければ、市場で示される金融商品の収益率を単純に預託
者に対して保証するという義務を持ちます。よって、インパクト投資による金

142　https://thegiin.org/impact-investing/need-to-know/#s2
143　Extel/UKSIF SRI & Sustainability Survey 2015 https://www.extelsurvey.com/Panel_Pages/
　　PanelPagesBriefings.aspx?FileName=Extel-UKSIF_SRI_Report_2015

255

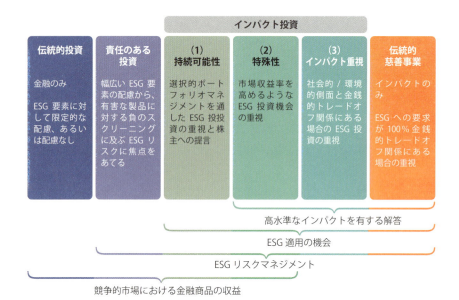

図 3.14　伝統的投資、責任のある投資、インパクト投資、慈善事業の位置づけ（出典：Lisa Brandstetter und Othmar M. Lehner, Impact Investment Portfolios Including Social Risks and Returns [2014]. Fig.4; based on Susannah Nicklin, The Power of Advice in the UK Sustainable and Impact Investment Market, Bridges Ventures [2015]）

融パフォーマンスは、未だ幅広い応用への鍵、という位置づけに留まるでしょう。一方で良いニュースとしては、環境、社会、そしてガバナンス（ESG）基準を用いた投資は、2014 年世界中で総じて 21.4 兆ドルにも上るということが挙げられます[144]。

3.13.4　主流となることが鍵

　この産業が劇的に成長を遂げるには、より優れた方法でリスクを緩和し、より簡便な基準の下で、より総合的な評価を図る手法を見出し、自身が主流となることが必須条件であります。そうすることによって、現在グローバルな資産

---

[144] 2014 Global Sustainable Investment Review by the Global Sustainable Investment Alliance. 2016 年 5 月 14 日最終確認
http://www.gsi-alliance.org/wp-content/uploads/2015/02/GSIA_Review_download.pdf

を 20 兆ドル以上取り扱っている大手機関投資家のような主流の投資家を呼び込むことができます[145]。このクラスの投資家に知られるようになることは、他の金融機関、代理店、あるいは政策関係者にもインパクト投資を浸透させる際に役立つでしょう。

　近年では、政府、代理店、先鋭的な投資家、ビジネスなど、全ての主体が適切な方向に動いているように思われます。2013 年の 6 月には、G8 ／ 20 における Social and Environmental Impact Investment Task Force（現在では Global Social Impact Investment Steering Group、GSG に代わっている）が英国デイヴィッド・キャメロン首相によって先鞭がつけられ、ロナルド・コーエン卿の指導下で活動しています。GSG は、全ての人々にとってより良い社会を建設するべく、わたしたちの能力を醸成していくだけのポテンシャルを持っています[146]。このイニシアティブは、世界中で政府が動かしているイニシアティブや規制においては既に大きな影響を与えております。

　2015 年の 10 月には、重要な躍進を感じる出来事が起こりました。当時米国労働省長官であったトーマス・ペレスが、「年金基金をインパクト投資で運用することの制限に係る指針」を廃止したのです[147]。慈善事業に関する規制に関してもまた、進歩がありました。2015 年 9 月 18 日より米国内国歳入庁（IRS）では新しい規制を執行し[148]、その下では財団は信託財産を自らの目的に合致する使命を重視する組織（mission-driven organization）に投資することができるようになり、その際金融的収益が低いことに対する罰則などは恐れる必要がなくなったのです。しかしながら、インパクト投資関連の諸団体は、英国や米国において近年選挙の動向からもたらされた政策的変化を、やや心配そうな様子でうかがっています。

145　Bryce, J., & Drexler, M., & Noble, A. 2013. From the Margins to the Mainstream Assessment of the Impact Investment Sector and Opportunities to Engage Mainstream Investors. The World Economic Forum Investors Industries における報告書、Deloitte Touche Tohmatsu との共著、2016 年 5 月 16 日最終確認 ,
　　http://www3.weforum.org/docs/WEF_II_FromMarginsMainstream_Report_2013.pdf.

146　http://www.socialimpactinvestment.org

147　Fitzpatrick (2016).

148　https://www.missioninvestors.org/news/irs-issues-notice-clarifying-treatment-of-mission-related-investments-by-private-foundations

3.13.5　グリーンボンド、クラウドファンディング、フィンテック

　良質な投資とは、何らかの機関や他の専門投資家へのトピックに限った話ではありません。他のアイデアにはグリーンボンド（Green Bond）があり、これは燃料を低炭素のものへと変えていこうとする試みです。このような債券は金融政策的道具であり、環境便益をもたらすグリーン事業に資金を呼び込むことができます。各年の発行量は、2011年でほんの30億ドルであったものが、2016年には950億ドルまで増加しています[149]。グリーン素材やエネルギー効率の向上、データセンターでの再生可能エネルギーなどの導入、これらの事業資金を調達するため、2016年にアップル社は15億ドルものグリーンボンドを発行し、そのような債券の発行においては当代随一のテクノロジー企業となったのです。2016年はまた最初の地方自治体によるグリーンボンドの発行がなされた年で、ラテンアメリカ（メキシコ市）においてエネルギー効率的な照明、運輸の更新、水関連インフラを支出先として5,000万ドルほど発行されました。2017年には、フランス政府は今までで最高額である70億ユーロもののソブリン・グリーンボンド［グリーン国債］を、エネルギー移行［転換］事業を支出目的として発行することを公表しました。

　2017年の経済協力開発機構（OECD）報告書では、2035年のグリーンボンドは未償還証券で4.7～5.6兆ドルほどの規模に上る可能性があり、欧州連合（EU）、米国、中国そして日本における三つの主要産業部門において毎年少なくとも6200～7200億ドルの発行が見込まれることが報告されました。

　これらのほとんどは伝統的な投資であります。しかしながら時に、外部の、あるいは末端に位置するような人たちが、差し迫った問題に対して偉大なる解決法を見出すことがあります。しかしそのような人々は、彼らのアイデアを実現する上で特に重要となる初期段階での資金調達について、それらの便宜をはかってくれるビジネス、行政機関あるいは専門投資家を見つけることができないでいます。

　「クラウドファンディング（crowdfunding）」は電子媒体を使って投資を促すやり方で、現在流行中であり、この手の問題にはもってこいの方法です。これは

149　Hideki Takada and Rob Youngman. 2017. Can green bonds fuel the low-carbon transition? OECD (2017) も参照。

第 3 章　さあ！　持続可能な世界を目指すわくわくするような旅に参加しよう！

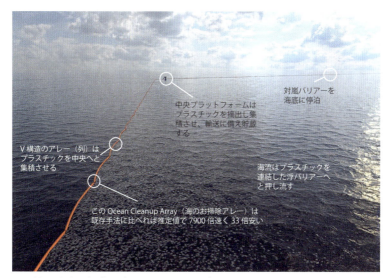

図 3.15　海のお掃除プロジェクトのアイデア（出典：www.theoceancleanup.com; 写真：Erwin Zwart/The Ocean Cleanup）

1990 年代後半に出現し、当初は音楽やその他の芸術などの分野で用いられていましたが、後に個人や組織が資金調達の機会を得るための全く新しい世界を拓くまでに進化しました。以下に挙げる環境分野における一例は、このアイデアがどのように地球に益するかを明快に描き出していると思われます。

何十年もの間プラスチックを使い続けた結果、わたしたちの海は取り返しのつかないほど汚染が進行してしまいました。何百万トンものプラスチック廃棄物が蓄積し、ほとんどが五つの大きな回転する海流、いわゆる渦に集積しております。

カルフォルニア沿岸を離れると、乾燥質量にして概算で動物性プランクトンの 6 倍にも匹敵するプラスチックが見えてきます[150]。世界中の人々がこれについて文句を言い始めましたが、しかし解決策は見つかりませんでした。そこに現れたのが 18 歳のオランダの若者、ボイヤン・スラットであり、彼は海で流れに乗っているプラスチックの断片を集積させ捕集する装置を発明したのです。図 3.15 ではこの計画の大きさを示しています。スラットはクラウドファ

150　Moore et al. (2001).

259

ンディングを使って、わたしたちの海からプラスチックごみを減らす実現可能性調査と実験事業に対して 2,200 万ドルを超える資金調達を達成しました。彼のコンセプトが公になるということは彼の設計が他者にも試されるということを意味するのですが、このことは結果として技術的プロセスに改善が施され、かつてない大きな実証規模の下で実験がなされることにつながりました。最初の原型装置は西日本における対馬海峡の沖で建設中です。

　技術と資金調達を結びつける他のアプローチにはフィンテック［Fintech：金融と技術を組み合わせた造語で、金融サービスと情報技術を結びつけたさまざまな革新的な動きを指し、身近な例ではスマートフォンなどを使った送金もその一つ］と呼ばれるものがあります。それは金融サービスをより効率的に、信頼性あるものになるよう設計されていますが、増幅的、急進的、破壊的な技術革新をもたらす手段を同時に導入してしまいます。一体どこまで行ってしまうのか、それは金融サービス産業の中でのアプリケーション、プロセス、プロダクツ、そしてビジネスモデルのさらなる発展次第となるでしょう。銀行業務において核となるサービスとは、様々な金融サービスを供給する取引メカニズムを通して、参画者に信用を与えることなのです。

　かつての技術の進歩は金融ビジネスへの参入障壁を低くするように作用し、経験者と非経験者問わず、その参画者は増えていきました。一方で、今日の金融システムは「ブロックチェーン (blockchain)」[151] 技術によって影響を受けております。これは分散化の理念から出現したもので、現存する銀行システムを根底から揺さぶりをかけるほどの潜在的な可能性を持っています。フィンテックで新規立ち上げを図ったベンチャーキャピタルや、ブロックチェーンやイーサリアム (Ethereum)[152] など新たに出現した技術を用いて行われた実験も、同じくその革命は未だ進行中であることを証明しています。2016 年初め、内部に 11 もの銀行メンバーを抱える「ブロックチェーンコンソーシアム R3 CEV」は、

151　ブロックチェーンとは 2008 年に開発されたビットコインプロトコルに基づいた分散型データベースであり、たとえオペレーター自身による行為であっても、焼き戻しや改訂などに対して堅固であり、データ記録リストの継続的な増加を維持し続けます。アプリケーションにはクラウドファンディング、ビットコイン取引、サプライチェーンの監査、シェアリング・エコノミーなどがあります。
　　http://en.wikipedia.org/wiki/Block_chain_%28database%29

第3章　さあ！　持続可能な世界を目指すわくわくするような旅に参加しよう！

イーサリアムとマイクロソフト・アズールによるブロックチェーンを用いて、最初の実験用台帳をサービスとして配布したことを公表しました[153]。

　背景にある理念は、情報を分散化し共有することによって、信用を創造し、ビジネス取引上で情報の非対称性を防ぐことにあります。各ブロックはそれ以前のブロックを保護しロックしますので、それを改変することは不可能です。信用チェーンが造られ、リスクと詐欺行為に走る誘惑が軽減されます。もしオープンで対称的な信用チェーンが築けるのであれば、「ブロックチェーン」技術において売り文句にされているように、金融ゲームは変わることになるでしょう。

3.14　GDP 以外で幸福度の評価を

　GDP の成長を社会の発展において最大の目的と考えること、いまや多くの報告でその欠点が指摘されています。その問題は多様です。GDP の成長は非経済的な目的においては的外れになるどころか、むしろ逆の方向で評価してしまいます。その上に、高度に情報化が進んだ経済では、GDP の成長は職の数を増やすことにはならないのです。

3.14.1　新たな指標への近年の研究

　近年では GDP に代わる指標について多くの研究がなされています——経済、環境、そして社会的な要因を共通枠組みの下で統合し、総じて進歩（あるいは後退）の度合いをより包括的な指標で示すというものです。多くの研究者は、要因や測り方を変え、一つあるいは幾つかについてこのような調整を行うこと

152　https://en.wikipedia.org/wiki/Ethereum——イーサリアムは暗号化技術に基づく仮想通貨であり、スマート契約機能性を持つブロックチェーンのプラットフォームです。これは分散した仮想的マシーンを提供します。イーサリアムはヴィタリック・ブテリンによって 2013 年末提案され、そのネットワークは 2015 年 6 月 30 日から動き始めました。

153　http://www.ibtimes.co.uk/r3-connects-11-banks-distributed-ledger-using-ethereum-microsoft-azure-1539044, Ian Allison, 2016-01-20
　　マイクロソフト・アズールは現在も拡大を続けるクラウドサービスの集合体であり、世界規模のデータセンターネットワークを介してインテリジェントアプリケーションのビルド、デプロイ、管理用のサービスを提供しています。

261

で、GDP の代理指標となるものを提案しております。他の研究者は複数の指標と共に「ダッシュボード」アプローチを用いることを推奨し、単一指標に頼りすぎることの危険性を示唆しております。イダ・カビスゼウスキー[154] は真の進歩指標（Genuine Progress Indicator）、エコロジカル・フットプリント、バイオロジカルキャパシティー、ジニ係数や人生の満足度などを含む多様な候補を取り上げております。

これら多数挙げられた代替案は次のように三つの大きなグループに分けることができます：

● 経済勘定に、公平性や環境などの非市場価値、社会的な便益と費用などを組み込み、修正を図る評価指標

● 社会調査結果に基づく「主観的な」指標からなる評価指標

● 色々な「客観的」指標を用いる評価指標

最初のグループに位置づけられる指標の一つには真の進歩指標（Genuine Progress Indicator、GPI）があり、これは持続可能な経済厚生指標（ISEW）の一つの種類として 1989 年に初めて提案されました。GPI は個人消費支出（GDP の最も大きな要因）から出発しますが、25 もの他の要因によって調整を加えられます。それらには所得分配、余暇の喪失、家庭崩壊の費用、失業、その他犯罪や汚染、資源の枯渇などネガティブな結果をもたらすもの、並びに、湿地帯・農地・森林・オゾン層の喪失そして長期的な気候変動による破壊など GDP の成長の対価として奪われる多数の環境価値などが計上されます[155]。

GPI はさらに GDP では評価されないポジティブな要素も取り入れており、項目の例としてはボランティアや家庭内労働などがあります。厚生を高める活動から低める活動を分離することで GPI は持続可能な経済厚生指標のより良い近似値となっています。しかしながら、GPI は持続可能性を評価する指標となるわけではありません。それは生物学的物理学的指標や他の指標と一緒に用いられるべき、経済厚生の指標なのです。結局、あるシステムが持続可能で

154　Kubiszewski (2014).

155　GPI の要因、 genuineprogress website (EU):
　　　https://genuineprogress.wordpress.com/the-components-of-gpi/

第 3 章 さあ！ 持続可能な世界を目指すわくわくするような旅に参加しよう！

GPI の要因

個人消費支出
所得分配
所得不平等性を調整した個人消費

■ 人工資本
■ 人的資本
■ 社会関係資本
■ 自然資本

加算
{
家庭資本サービス（人工資本）
高速道路や街路サービス（人工資本）
家庭内労働価値（人的資本）
ボランティア活動価値（人的資本）
}

差引
{
耐久消費財の費用（人工資本）
余暇時間の消失（人的資本）
通勤費用（人的資本）
交通事故費用（人的資本）
犯罪の費用（社会関係資本）
家庭崩壊の費用（社会関係資本）
失業の費用（社会関係資本）
家庭の汚染回避費用（自然資本）
水質汚染費用（自然資本）
大気汚染費用（自然資本）
騒音費用（自然資本）
湿地の喪失（自然資本）
農場の喪失（自然資本）
非再生資源の枯渇（自然資本）
長期的な環境の損傷（自然資本）
オゾン層喪失の費用（自然資本）
森林の喪失（自然資本）
}

正味の資本投資
正味の海外への貸借

図 3.16　真の進歩指標（Genuine Progress Indicator、GPI）（出典：Kubiszewski et al. 2013）

あることがわかるのは事後であって、予想値はあれども、直接持続可能性を示す指標はどこにもないのです。

　もし GDP を推計する際に産業連関表を用いるのならば、これらの計算過程は全て整合的に進むでしょう。その表の上では、人類の幸福に寄与するものと、差し引かれるべきものとに、各経済活動が分けられます（図 3.16 参照）。その他組み込むことが必要なものとしては、通常の市場には現れませんが、人類の幸福には大きな影響を与えうる財やサービスが挙げられます。ここ数年において、国際連合や世界銀行などたくさんのグループが生態系のもたらすサービスを組み込んだ国民経済計算の作成に取り組んでおります。これらの努力は、自然が

263

もたらすサービスを産業連関表に組み込み、修正を図ることで結実するでしょう。

　この20～30年において、持続可能な経済厚生指標（ISEW）やGPIは世界の20ヵ国ほどで計算されてきました。これらの研究では、ある閾値を超えると、GDPの成長は経済的な厚生の増加と相関を持たなくなることを示しております。この傾向は多くの国で共通しています。GPIはある一定の経済が発展する段階まではGDPと同様な軌道をたどるのですが、以降ではこの二つは乖離していきます。米国ではそれは1970年代半ばに、中国ではそれは1990年代に生じました。GDPは成長し続けているのに、GPIは変化しないか、ないしは減少を見せるようになったのです。

　近年では、世界人口の約53％とグローバルGDPの約59％を占める17ヵ国で算出されたGPI並びにISEWの値を用いて、グローバルGPIが計算されました。一人当たりグローバルGPIは1978年にピークを迎えます（図3.17）。興味深いことに、この1978年とは、人類のエコロジカル・フットプリント、すなわち、自然に対する人類の依存度を示す生物学・物理学上の指標の値が、地球が人類を養える許容量［環境容量］を超える頃合いにあたるのです。世界各地で算出された人生への満足度など他のグローバルな指標においても、このあたりから増加を見せなくなります。所得が向上すると、アルコール依存症、自殺、鬱、病弱、犯罪、離婚、その他社会的な病理疾患が増加し、人々の幸福度が下がりやすくなります。事実、この傾向は地球規模で共通です。

　GPIの重要な機能とは、正にこの点において危険信号を送ることでしょう。これは多数の便益と費用の項目から成り立ちますので、経済厚生においてどれが増加要因であり、減少要因なのか、それを識別するためにも有用となりえます。他の指標はある特殊な目的については良いガイドとなりえます。例えば、調査によって得られる人生の満足度ですが、これは全面的に自己報告による幸福度として良い指標となります。たとえどのような駆動力が背後にあるのかまではわからないとしても、個々の便益要因と費用要因における変化を観察し続けることにより、どの要因が経済的厚生を上げ下げしているのか、GPIは指し示してくれることでしょう。例えば、GPIでは資源消費の推移などを計上することはできますが、市場や政治の世界において自己変革をもたらすような動きまでを追跡することはできないでしょう。

図 3.17　グローバル一人当たり GPI とグローバル一人当たり GDP。一人当たり GPI は、GPI と ISEW が計算された 17 ヵ国についてのデータを集計し算定している。また、全ての国から算定された場合のグローバル一人当たり GDP と比較して、データ範囲の不完全性を調整する処理を施してある。全ての値は 2005 年時米国ドルで評価されている。（原典：Kubiszewski ら 2013）

　近年では米国におけるメリーランドとバーモント、二つの州政府が GPI を公式な指標として運用しております。加えて、多くの国や地域において GPI を推計するに必要なデータが取得可能となってきております。例えば、自然資本の移り変わりを首尾よく推定するに適したリモートセンシングデータ、また、個人の時間の使い方や人生における満足度など、これらに関する調査が定期的に実行されるようになってきているのです。不平等度を測定する新しい手段も開発されておりますし、犯罪や家庭崩壊、失業の費用、そして将来的には GPI に用いられると思われる他の評価指標についても、より詳細なデータが集められつつあります。GPI を算定するための最低限の費用はそれほど高いものではなく、データの制限も緩和されるようになってきており、ほとんどの国で比較的簡単に推計することができます。

3.14.2　GDP と GPI との乖離

　GDP は 1930 年代米国において造られ、世界がインフラや金融システムの修

繕と再建を急いでいた第二次世界大戦以降から継続的に用いられてきました。自然資源は豊富だと思われていました。人類の幸福において最優先される改善とは、インフラストラクチャーの再整備と消費の充実だったのです。比較的豊富であった自然資源や富の分配については無視して、比較的不足している市場財及びサービスの生産と消費を拡大することだけに集中する。そのような指標を造ることは当時では大きな意味があったのです。

　その目論見は成功しましたが、一方でこの数十年で世界は劇的に変わってしまいました。わたしたちは人の造ったインフラで満ちた世界に住んでおります。人類のフットプリントは非常に大きく育ってしまい、多くのケースでは有用な自然資源の制約が消費の制約よりも勝っており、真の進歩を抑制しています。

　おおよそ1950から1975年あたりにおいて、大半の国では一人当たりのGPIは増加しておりました。その理由は大きく第二次世界大戦後の再建努力に基づいています。多くの国にとってこの時代は、消費と人工資本の不足が幸福を追求する上での枷となっており、環境問題という外部経済はそれほど問題ではなかったのです。1970年代の半ばまでには、ほとんどのインフラが再建されました。しかしながら、所得の不平等と環境外部経済費用の増加は消費における成長便益を相殺し始め、一人当たりGPIは伸び悩むようになりました。

　GPIもやはり経済的な厚生を測る点に重きを置くものでありますし、幸福における他の重要な側面を置き去りにしていますので、人類の幸福を全て覆えるような完全な指標ではありえません。しかしながら、そもそも厚生というものを測れるように設計されたわけではないGDPよりは遥かに優れた指標であります。社会的な幸福あるいは厚生は、究極的には自然資本や人的資本、人工資本や社会関係資本を拠り所にしています。GPIはGDPと異なり、これらの蓄積に対する正味の影響も反映するように工夫されています。よって、経済的な厚生を表現するという意義からもGDPより優位な指標となります。GPIとGDPの推移は1978年頃から分岐し乖離を見せ始め、この頃からわたしたちの幸福度は減少し続けているように見えます。それは社会的な改善が必要であり、実施が可能であるような場所を示してくれているのです。

3.14.3　ハイブリッドアプローチに向けて
　ここまで紹介してきた全てのアプローチには、各々ポジティブな面もネガ

第 3 章　さあ！　持続可能な世界を目指すわくわくするような旅に参加しよう！

ティブな面もあります。よってわたしたちはこのように問いかけることでしょう。概ね全てのポジティブな面を携え、ネガティブな面を最小限にした、ハイブリッド指標を造り出すことは可能であろうか？　対して、コスタンザら[156]は次のように結論づけます。「GDP の後継者は、生態学、経済学、心理学、そして社会学にて醸成された知識を包括的に動員し、持続可能な幸福を測定して追求することに貢献する、そのような新しいモノサシでなくてはならない。この新しい基準は、いずれ来るコンクラーベ［ローマ教皇の選出会議］において、利害関係者達から広く支持を勝ちとらなければならない」

　このような背景に対し、持続可能な幸福度指標（SWI）が一つのハイブリッド指標候補となるでしょう。これは、経済、社会、そして自然という三つの基本的な部品を組み合わせ、持続可能な幸福度に対して貢献する部分をとらえます[157]。

正味の経済的貢献　GPI は幸福を形成する要素の内、正味での経済的貢献（生産や消費）を評価する指標と考えられます。GPI では個人消費に所得分配という重みを乗じ、GDP では評価されないいくつかのポジティブな経済的要素を加え、便益として算定すべきでない様々な費用を差引きます。ある種の自然資本や社会関係資本に対する費用は GPI の中に取り入れるべきなのですが、多くの項目についてそれは達成されていません（例：経済成長に伴った社会の分裂、コミュニティの喪失）。逆についても然りで、自然資本や社会関係資本から得られる幸福へのポジティブな便益について評価し算入する必要があります。目下の GPI の算定については、自然資本や社会関係資本からのポジティブな貢献分の評価と同様、SDGs から追加的な費用の推定値を補う必要があります。

自然資本／生態系サービスによる貢献　GPI では自然資本や生態系がもたらすサービスによるポジティブな貢献分を、空間的に詳細で、また、金銭換算も含むそれぞれ異なる単位量でも評価できるように設計されています[158]。これらは国や地方、地域規模で算出することができます。例えば、世界銀行による

156　Costanza et al. (2014a).

157　Costanza et al. (2016). さらなる考察については Fioramonti (2017) を参照。160 Wealth Accounting and Valuation of Ecosystem Service (WAVES):

158　Costanza et al. (1997, 2014b).

267

富の勘定と生態系サービスの価値（WAVES）プロジェクト[159] ではこの課題について積極的に取り組んでいるほか、生態系と生物多様性の経済学（TEEB）、生態系サービスパートナーシップ（ESP）、さらに政府間による新しい科学政策プラットフォーム（IPBES）などを設立するなど、さまざまな取り組みが始まっています[160]。

社会関係資本／コミュニティの貢献　社会関係資本からの幸福へのポジティブな貢献分に関しては、人生の満足度を構成する様々な要素に対しての調査を通じて、わたしたちはその大きさを知ることができます。例えば、地域で行われている世論調査（例：ユーロ世論調査、アフリカ世論調査など）と同様に、世界価値観調査（World Values Survey）においては、信頼性や社会関係資本の他の側面について質問事項を設けております。しかしながら、個人の人生の満足度のみならず、コミュニティや社会関係資本の価値をもっと明示的に尋ねるような質問項目を追加すべきと思います。

3.15　市民社会、社会関係資本、そして共同のリーダーシップ

本書の1章では（1.10節）、持続可能な発展に向けた国際連合アジェンダ2030のあらましが紹介されました。これは主に17からなる持続可能な発展の目標（SDGs）で構成されています。ビジネス社会や加盟国の政治における現実の世界では、経済や社会的な目標ばかりが優先され、それゆえに気候・海洋・生物の多様性について健全性を保ち、安定化を図る事柄については危うくなる一方でした（SDGs 13-15）。このようなゆがみを正すため、アジェンダ2030の言葉を用いれば、SDGsのそれぞれは密接かつ相互に関連し、総合的に見ることで初めて真の理解が得られるように設計されています。

159　Wealth Accounting and Valuation of Ecosystem Service (WAVES): https://www.wavespartnership.org/

160　Intergovernmental Science-Policy Platform on Biodiversity and Ecosystem Services (IPBES) 2014: http://www.ipbes.net/; The Economics of Ecosystems and Biodiversity (TEEB): -http://www.teebweb.org); and the Ecosystem Services Partnership (ESP): http://www.fsd.nl/esp

第 3 章 さあ! 持続可能な世界を目指すわくわくするような旅に参加しよう!

政府やビジネス社会においては固有の議題を持ち、皆あまりにも頻繁に既得権益の要求に応じるようなことばかりします。よって、市民社会はそれを持続可能なものへと転換させるという重要な役割を担います。しかしながら、それは市民社会だけでなしえることでもないのです。これらの挑戦は複雑であり、体系的で、広い範囲に及びます。よって、全ての部門が協力した時のみその変革は成功裡に進められることでしょう。メアリー・カルドー[161] は市民社会を「個人が個人同士であるいは政治や経済の権威と共に、賛成あるいは反対に向かって、交渉し、議論し、もがいていく過程」と定義しました。彼女は市民社会の役割と意味が時代と共にどのように移り変わっていったか、そのあらましを語りました——南米や東欧に生じた軍事政権への抗議行動から始まり、グローバル市民社会を表すにあたり、現在最も一般に用いられるものまで、その定義のリストを示したのです。この仕事は予想もせずに幸運なことに、さらなる歴史の深い部分に入り込み、労働組合、奴隷廃止論者、婦人参政権論者、その他多数の例が含まれるものまで、その定義を拡張することが可能となったのです。このように、より正義や分権化に関するものまで含むように市民社会組織 (CSOs) の定義を考えると、歴史的な妥当性がより高まります[162]。

一方で、信用、団結、協力、そして持続可能性の考え方などは、多くのCSOs にとってはそれほど重要なものではありません。一般に成功したと考えられる市民活動でも、他方では望ましくない影響を与えている事柄があるものです。そちらについてももっと注目するべきでしょう。「アラブの春」の一年目あたりの頃、独裁政権と硬直した状況にとって代わるような何か新しいもの、世界中の論者はその登場を歓迎したのです。しかし実際には、暴力的な Da'esh (「イスラム国」) グループや新しい独裁政権が代わりにおさまっただけであって、市民紛争が勃発し、中近東が世界のどこよりも問題ある地域になる頃には、そのような熱狂的支持はどこかへ消え去ってしまいました。

ここで認識すべきは、急進的右派も含む大衆迎合的な活動には、時に市民社会団体によるコミュニケーションスキルを活用している場合があることです。

---

161 Kaldor (2003); 585.
162 歴史的な概説については Tilly (2004) を参照。グローバルに因んだ内容は Keane (2003) を参照。

その暴力的な活動は、果敢な挑戦的姿勢を宣伝材料としてメディアに載せ、自らを有利に運ぶようにするものであり、彼らはそのようなスキルを絶えず磨いていたのです。怒りの感情こそが、ソーシャルメディアを通じて、ウィルスのように大変な速度で拡散してしまうことは覚えておくべきでしょう[163]。

怒りを抱いている者との議論の場で「別の事実」が争点となるような場合には、メアリー・カルドーが呼ぶところの「政治的取引」に陥らないよう、公的で「穏やかな」対話によって緊急にそのバランスを回復させる必要性があります。この対話には理由づけと繊細さが求められ、利益相反や感情によるこじれだけにならないように注意すべきです。これによって、合意を見出す土台となる**社会関係資本**を提供することができます。フランシス・フクヤマによれば、「関係」という抽象的な考えにすぎなかったものが、二人あるいはそれ以上の人たちの間において協力的でコミュニケーション可能な関係へと現実に変わる時、それは初めて生まれてきます[164]。これがさらには信頼性、ネットワーク、そして市民社会などの概念を広める社会関係資本を創出するのです。不確実性に対して開かれていることと、相手と上手く協力していく能力こそが、巨大なシステム変革をもたらす最も大きな可能性を授けるものなのです。

3.15.1　公的な会話：市民集会の概念

市民を公的な議論の場へといざなうため、真っ先にすべきことは、「穏やかな」対話の場を立ち上げることです。これは市民が公的な領域の中に組み込まれていくことを理解してもらうための重要な一歩なのです。現代の民主主義は自らの内部にエリート主義システムを必ず発達させており、このことが取り残されたと感じる人たちに強い抗議行動を引き起こさせる原因となっています。ブレグジット［英国が欧州連合（EU）から脱退すること］と米国のトランプ大統領が選ばれたことは最も衝撃的な二つの事例です。これらには類似して共通する過ちが含まれます。すなわち、公的に議論をすることの必要性と、直接的な意思決定の必要性とを混同してしまっていることです。後者については、大抵は情報を欠いた投票として実行され、十分な情報の行き渡りと透明性を備えた

163　Fan et al. (2014).
164　Fukuyama (2001).

270

公的議論が欠如しています。国民投票（もしくは似たようなやり方での選挙）はしばしば社会全体のためにもならないし、投票した人たちのためにもならないような不条理な結果を導いてしまいます。すなわち、**真**に公的な対話が必要なのです。そこでは人々は自分たちが集団の一員であること、自分が代表されていることを実感します。しかし、最も重要なのは**十分**に**情報提供を受けていること**です。そのような会合を開くような制度を立ち上げるべきかを議論するならば、2012 年に導入されたアイルランドの市民集会は非常に興味深い事例となるでしょう。市民は無作為に選出され、会合に参加して事案について議論し、議会が意思決定を図る際に参考となるような推奨案を提示します。

　政治家は市民が何を必要とし、欲しており、恐れており、望んでいるか、を知りえます。市民にとっては、意思決定過程から取り残された気分を味わうこともないし、いきなり畑違いの土俵に上げられ、かつて腰を落ち着けてゆっくりと考えたこともないような何かに対して、君は投票するのか否か？　と尋ねられることもありません。この市民集会のケースにおいては、参加者はその場で学び、議論し、意見を交換しながら、自分の意見を固めていくことができます。アイルランドの事例は、米国におけるネッド・クロスビーの**市民陪審**や、ピーター・ディーネルの言う**プラーヌンクスツェレ**［計画細胞、市民討議会］[165]と同じ論理基盤上にあり、その考え方はいずれも 1970 年代に見出されております。これらは、市民たちが意思決定や計画策定過程に参加する——陪審と同様にくじ引きで選出された市民が参加する——ことが必要であるという要求に基づいたものです。結果として導入されたプロセスは、よく引き合いに出されるような古代ギリシャにおける民主主義の原型に似ています。そこでは政治家は選挙ではなくくじ引きで任命されます。くじ引きによる市民の直接政治参加は、近代の民主主義の進化過程において消えてしまっています。古代ギリシャと現代との民主主義のこの重要な違いが、政治の領域を社会からこれほど引き離されたものにしてしまうことを部分的に認めてきました。今日では、住民投票のような見かけ上民主主義的な方法が、大衆迎合主義の動きに容易に利用されてしまい、拙速で、ろくに議論もしない行動が「人々に力を与える」という間違った約束につながってしまうのです。

165　http://www.planungzelle.de

3.15.2 社会関係資本の創出：多様な利害関係者による協力

　情報が十分に提供された上での公的な議論は、活発な市民社会に優れた土台を提供します。しかし、現在我々がさらされている複雑な世界規模の問題に対しては、それでは不十分です。

　機能不全状態にある現世界から、もっと機能する世界への移行を試みる時、市民社会でも政治家でもビジネス主体であっても、単一の主体のみでは完全な解決をもたらすことはできません[166]。彼らには各々違った役割で重要な知的貢献をする必要があります。また、市民社会団体、政府、そしてビジネスなどの組織はそれぞれかなり異なる文化を持ち、リーダーシップに関しての文化も異なります。これら3分野全てにとって重要なのは、各分野はそれぞれ別個に動いているということを認識することであり、それぞれの分野にとってなじみがないものを即座に疑いの目で見ないことです。これら三つの主体が協力することで初めて各システムが相互連結し、新しい社会関係資本が創出されるのです。多様な利害関係者による協力は、市民社会、ビジネス、そして政府が相互に助け合い学び合うために必要な技術革新と協働への道を拓きます。

　多様な利害関係者による協力は次のように特徴づけられます。

- 多数の主体は、よく利害で対立していますが、共に改善に向かってアプローチするときには同調することが求められます。
- 協力の効果は関係者をどれだけ巻き込むかにより、とりわけ通常業務をともにするのではない人たちが共同作業に取り組むべきです。
- 多元的な要素を持つ問題は、市場や政府の影響が予測できないために、典型的に**複雑**で、込み入っていて、時に**混沌**でさえあり、その解決策が求められます[167]。

　多様な利害関係者による協力というのは一つのシステムアプローチであり、一見複雑に見えるかもしれませんが、社会の変革をもたらすといった目的につ

166　Petra Kuenkel and Kristiane Schaefer: 2013. Shifting the way we co-create. How we can turn the challenges of sustainability into opportunities. The Collective Leadership Institute.

167　Snowden and Boone (2007).

いては努力がしやすいと言えます。それは既存の社会の仕組みに対して変容と再整理をもたらし、組織的な限界を乗り越えるような潜在可能性を持っています。その論脈の下でのリーダーシップとは、しばしば熱心な少数の創始者で構成される少数集団だけで始められ、共同体の変革という深淵な狙いを定め、共に創造していく過程そのものを意味するでしょう。

　行動を始めるだけの準備が整っている十分な数の利害関係者が集まらなければ、最も偉大な変化へのビジョンも無意味です。力があるにしろないにしろ、影響力を持つにしろ持たないにしろ、効果的な複数の主体による取り組みは利害関係者による十分な参画を必要とします。

　意識的な協力——多様な利害関係者による一時的あるいは継続するシステムの立ち上げ——とは人生を創出する術であります。人を中心に据え、人々が地球に起きている事柄に関心を持っている未来は、このような多くの絡み合った**協力**の構築を必要としています。

3.15.3　共同のリーダーシップの事例：コーヒーコミュニティによる共通行動規範

　筆者ペトラ・キュンケル[168]は、「共同のリーダーシップ」アプローチと共に、「コーヒーコミュニティにおける共通行動規範（Common Code of the Coffee Community、4C）」を、多様な利害関係者を調整する場合の一例として取り上げています。そこでは**リーダーシップコンパス**と呼ばれるものが（図3.18）、推進計画の立案時における道標として用いられています。

　4Cとは、コーヒー産業及び交易部門、コーヒー生産組織、そして国際市民社会組織、これら三つの部門間でのパートナーシップを発展させたものです。グローバルな共同体を構築しようとする際、4C機構は優れた参考例となるでしょう。これはコーヒーで生計を立てている人達が社会的、経済的、環境的状況の改善を目指して手を組むことから始まりました。達成された主要な改善点としては、行動規範の応用、農民への支援メカニズム、そして点検システムが挙げられます。

　4Cの取り組みは、他の多くの多様な利害関係者による取り組み同様、四つの異なる段階をたどっていきます[169]。このようなプロセスを通じて、**共同の**

168　Kurnkel (2016).

図 3.18 ペトラ・キュンケルによる共同のリーダーシップコンパス、コーヒーコミュニティにおける共通行動規範（Common Code of the Coffee Community）の作成時において、多数の利害関係者と共同作業を行うプロセスにおける指針として提示
*…今現在において起こっている経験に注意を向ける心理的な過程

リーダーシップコンパスにおける六つの次元を健全なバランスに保つことが重要ですが、段階ごとに異なった焦点があります（図 3.18 参照）。

第 1 段階：（協力のためのシステムの準備）では、対話の下でアイデアを出し合い、文脈を理解し、多様な利害関係者による取り組みを開始します。この 4C の取り組みでは、信頼関係の構築について重きを置き、現存するまたは将来構築しうる協力のあり方について検討します。計画の立案やプロセスの管理において

169　Kuenkel et al. (2009).

第3章 さあ！ 持続可能な世界を目指すわくわくするような旅に参加しよう！

このコンパスを用いることは、当初のアイデアの頃から、主だった市場がより持続可能性を得るよう導くまで、全ての部門の主体をこの対話に参加させることの助けとなるでしょう。なぜならば人々は繰り返し会って、コーヒー及び持続可能性に関する似たような事案や個別の課題について協力していくので、主流の基準を作り出すという考え方がゆっくりと根をはっていくことになるのです。困難な挑戦であり、難解な問題ばかりであったにも関わらず、取り組みはアジア、アフリカそして南米の多くの国々から支援をとりつけることができました。コーヒーの生産にはつきものだった不均衡に対し、構造的な変革をもたらすために、これは本当に良い機会であったと人々は実感しております。

第2段階：（協力体制の構築）では、目標を再構築し、資源を明確にし、取り組みの骨格を造り出し、そして行動計画に合意を得ていきます。利害関係者のグループを選定する際には、「利害がある人々を参加させること」と「公式の代表を参加させること」とが良いバランスとなるよう注意します。ここでの成果は、実行計画、関与する産業の将来の財政的貢献のための予算計画、そして利害関係者間における役割分担に関する同意です。

第3段階：（協力の実行）では、対立がないとはいえない、利害関係者の会合の潜在的な影響力を定期的に補強することが必要です。不信感は完全には消えることはないのですが、それでも全ての利害関係者は協力的であり続けることを学習しており、目に見える結果に向かって歩き出します。

第4段階：（次の段階に向かっての協力）2年後、基準が作成されて取り組みはこの段階に入ります。2006年には、将来的に取り組みの正式な形となるNPOを立ち上げることが、利害関係者の満場一致で可決されました。これはいわゆるグローバルなメンバーを募る組織（4C機構）であり、コーヒー産業が持続可能性を有するよう専心し、零細コーヒー農場経営者から大規模焙煎工場などコーヒーチェーン関係者に至るまで、そしてあらゆるサポーター的立場の人たちに対して、開かれています。

275

3.16　グローバルガバナンス

3.16.1　序論：国連システムと未来志向の考え

　ローマクラブの仕事の多くは、グローバルな課題と取り組みに関係しています。本書の 3 章に示された多くのアイデアは、直接的あるいは間接的に、グローバルなレベルで何らかの協調行動をとることや規則を設けることが必要であることを示しています。

　2.5 節では、「空っぽの世界」のフェーズにおいて現れた国民国家という「思想」は、**グローバルガバナンス**にかかるいくつかの法制度も含め、様々な点において全面的に見直す必要があることが指摘されました。これは特段新しいことではありません。国際連合が 1945 年に設立されて以来、世界大戦の恐怖は将来には取り除かれねばならない、また、世界の諸国家が寄り添い合い、有事の際には国家の力も超えるような力を持ちうるグローバルな機関を設置せねばならない、これらは皆が共感するところです。この本が目指すのは、国際連合を機能させることでも機能しなくさせることでもありません。しかし、あらゆる欠点を指摘したとしても、国連はなお絶対**必要**であり福音であることは誰もが否定はしないでしょう。

　とにかく、ここで目標とすべき事柄は、17 の持続可能な発展の目標を目指し、グローバルな協調の下で培われる支援や政策について、これを助けるようなアイデアや機関を見出すことであります。そのような目標に向かうものとして、国連システムの下での、あるいはその範疇を超えるような、いかなる場合の選択肢についても考えておくべきでしょう。

　手始めとして、グローバルガバナンスと国際協力のための二つの異なるアプローチをここで取り上げます。一つはヤーコプ・フォン・ユキュスキュルによって設立された NGO であり、ライト・ライブリフッド賞の設立母体かつ支援団体である、世界未来評議会（WFC：World Future Council）によるものであります。もう一つはポール・ラスキンの「大転換」です。

　WFC はこれまで数年にわたり、正義をその精神の核に据えて、「グローバル政策行動計画」（GPACT）[170] について取り組んできました。「未来の公正な世界へのロードマップ」が策定され、それは平和と安全、公平と尊厳、そして気候安定性を含む七つの部分から成ります。WFC のパンフレット内では、

GPACT に関して世界におけるたくさんのすばらしい政策が要約されています。例えば、ハンガリー法で基本的権利に対する行政監察官を設置したこと、ブラジルのベロオリゾンテ食料安全プログラム（Belo Horizonte's Food Security Programme）、英国エクセター大学の「一つの惑星経営学修士課程（One Planet MBA）」の事例です。さらにこのプログラムでは**公正な未来のための立法**の原則を立ち上げていて、これは世界中の政治家に向けて発信されています。

このように人々や組織は良質なグローバルガバナンスの確立に向けて熱心に取り組んでおりますが、このことは GPACT の理念に対しより多くの賛同を得ることにつながるでしょう。一度そのような動きが影響力を持ちえたならば、**持続可能な世界に向けてのグローバルガバナンス**について、より野心的な取り組みを始めようとする議論が世界中にあふれてくるでしょう。

本書の「第 1 章と第 2 章との関係」のところで述べたように、関連して同じような意欲的な考え方がポール・ラスキンからもうかがえます。彼の『アースランドへの旅』は、次のような問題意識をわたしたちに突きつけます。「21 世紀は 20 世紀における考え方や制度に引きずられている。ゾンビイデオロギー——領地排他主義、止めどなき消費主義、終わりなき成長幻想——が未だ脳の中で生き続けているのだ」[171]。ラスキンは三つの主要な経路を描きました。伝統的世界、野蛮化、そして大転換。図 3.19 にあるように、それぞれにはさらに二つの選択肢が開かれています。

ラスキンによる最新の小冊子では、市場主導型のガバナンスは野蛮化をもたらしてしまうか、あるいは少なくとも非常に不快な状況を生むことになる、といった不吉なトレンドが描き出されております。彼は、そのようなネガティブなトレンドと大転換の選択肢とを比較しながら考察を進め、九つの項目に注目しました。人口、世界総生産（GWP）、労働時間、貧困、エネルギー、気候、食料、棲息地と真水の減少、です。2100 年には、持続可能性や幸福といった評価基準の下で、九つの全てについて、大転換に向かった場合と比べ市場主導

170　World Future Council Foundation (2014). Global Policy Action Plan. Incentives for a Sustainable Future. Braunschweig: Oeding Print. さらなる情報は www.worldfuturecouncil.org　あるいは次のプログラムのコーディネーターのメールアドレスまでご連絡下さい、catherine.pearce@worldfuturecouncil.org

171　Raskin (2016)。p.21 からの引用。

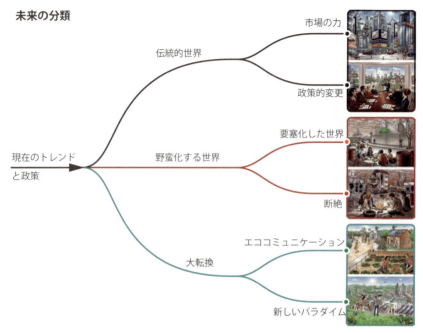

出典：www.tellus.org/integrated-scenarios/taxonomy-of-the-future

図 3.19　ポール・ラスキン「未来の分類」は、二つの望ましい世界と、二つの不快ではあるが耐えられる程度の世界、二つのおぞましい世界を、未来の選択肢として示している。（ポール・ラスキンの厚意による。www.tellus.org/integrated-scenarios/taxonomy-of-the-future）

型の世界の方が悪い結果となってしまいます。

　このことは、善人ではあるけれどひ弱な「改革派」政治家によって提唱される、介入を最小限に抑えた純粋市場メカニズムというのは時代遅れなのだ、という確信を強めます。対照的に、大転換においては、「節度ある多元主義の原則」を掲げるガバナンスと共に、**一つの世界とたくさんの場所**という地球時代をもたらします[172]。この原則に従えば、大量廃棄を生む消費や人口の密集などは抑えるべき対象となり、国際貿易や景気循環は安定化させ、一方で、教育、余暇、霊性、そして社会的な正義はもっと強力なものにできることになります。

172　前掲書、pp.84-87.

第 3 章　さあ！　持続可能な世界を目指すわくわくするような旅に参加しよう！

　現在のところ、もちろん『アースランドへの旅』は夢でありますが、しかし
世界が野蛮化してしまうような選択肢と比較すれば、実現が不可欠であること
も間違いないでしょう。

3.16.2　個別の仕事

　グローバルガバナンスは、ほとんどの場合、個別具体的な仕事で構成されて
います。国際連合のシステムの下では、平和維持という名目の下での局地的な
軍事介入、世界貿易機関（WTO）による交易上のルール設定、国連開発計画
（UNDP）や世界銀行による貸付並びに援助プログラム、あるいは世界保健機関
（WHO）主導による伝染性疫病撲滅キャンペーン、といった類の活動によって
目下そのような仕事は構成されています。これらの活動の多くは国家、市民社
会、そしてビジネスにおけるコミュニティによって広く支えられています。

　しかし今日では、本書でも示されているように、当然ながら新しい試みが見
られます。1.10 節では 17 の持続可能な発展の目標（SDGs）と国際連合アジェ
ンダ 2030 について言及され、1.5 節と 3.7 節については地球温暖化とその治療
について触れています。1.6.1 項では「未知の技術」について述べられ、特に
合成生物、ジオエンジニアリング、人工知能といったものは全て人類の許容量
を超えてコントロール不可能となる可能性があります。この三つはケンブリッ
ジ大学における存在に関するリスク研究センターによって取り組まれている
テーマでありますが、対象となりうる技術はこれらの三つに限られません。今
や、国際的な共同体の下で、このような技術評価を専門に行うような、グロー
バルに統治された機構あるいはネットワークを造らざるをえないでしょう。こ
れは、「技術革新共同体」の中ではとりわけポピュラーな考えである、技術進
歩を阻害する、あるいは官僚的にそれを統制する、といったことは意図してい
ません。ある種の警報を早い段階で発して、その技術進歩の再度の方向付けを
促すのです。金融的な意味では、これは大量の資本の誤った分配（そして後に
は破綻）を防ぐことを意味します。

　他の仕事としては、既に 3.11 節で暗に示しましたが、公共財と私的財との
バランスを図るようなメカニズムを設計し整備することが挙げられます。バラ
ンスが崩れたのは 1980 年代と 90 年代です。その期間、市場は多くの法的な制
約から解き放たれ、真の意味でグローバルとなる一方で、法は本質的に国家レ

279

ベルで留まっていましたから、市場が欲するところと法が欲しないところが同居している、といったアンバランスな状態が大量につくりだされてしまいました。

「市場」は二つの別個の生き物として考えるべきでしょう。一つは、その品質と価格によって成功の大きさが定まるような財・サービスの市場です。この市場の多くは良性なメカニズムを内包し、その品質と人々の値ごろ感をゆっくりと向上させていきます。このタイプの市場は、「幼稚産業」として初期段階で保護する必要がある場合、あるいは、幾分か注意深い制約を必要とするような大きな環境へのインパクトを伴う場合、などの例外的ケースを除けば、グローバル化することは可能です。

もう一つは**金融**市場です。それらは極度に強力なものとなり、相当に投機的な性質を帯びたものとなっています。ある推計によると（1.11.2 項を参照）、国境間において 100 ドルが動いたとするならば（その速度は光のそれに匹敵するでしょうが）、その内実際に財やサービスへの購入とあてられた金額は 2 ドル程度にすぎないそうです。金融市場において力を持った人達は、あらゆる国の立法機関に対し、最大の投資収益（RoI）の機会が得られるように、あるいはそれを支持するようなルールづくりをするよう圧力をかけます。実際には、ビジネスに対する課税率を下げる、規制を撤廃する、インフラ使用・土地・エネルギー・水・その他の資源の料金を低く維持する、時には投資活動に対して補助さえ出す、といった形で行われます。このような傾向は今や世界中に広がっており、管理責任を有する国が天然資源や公共インフラなど公共財について頻繁に大きな損失を被っていることは、それほど不思議なことではないでしょう。グローバルガバナンスへの挑戦とは、公共財と私的財そして厚生の、より良いバランスを単純に目指すものなのです。

社会的公平性も一つの公共財とみなすことができ、またそれは災難に遭遇しています。観察するに、グローバル化した資本市場の中では主に資本に課税される直接税は後退しつつあります。代わりに、富める者や法人は税金回避地へ避難できますが、それができないような貧しい家庭を痛めつける付加価値税（VAT）といった間接税が台頭してきております。繰り返しますが、グローバルガバナンスとは、このような税金回避地の機能を制限させるものであり、利益や資本、金融の流れに対する課税に調和をもたらすものであります。

3.16.3 COHAB：国民国家による共生状態

　グローバルガバナンスの強力な規則を伴う国際連合のトップダウン的な改革は、起こりそうにありません。よって別の方法を考えた方が有意義でありましょう。一つは、200近い世界の諸国家による「共生」というアイデアです。ドイツ・ハンブルク出身の科学者、ゲルハルト・ニースという人は、存続可能な世界に向けて運用戦略を練っています。彼はローマクラブによるデザーテック構想[173]［DESERTEC Foundation が提唱している地球規模で砂漠の太陽エネルギーや風力エネルギーを利用しようというコンセプト］の発案者の一人であり、Viable World Design Network の創始者でもあります[174]。これは寛容主義に則り、**グローバルコモンズ**［地球規模の共有地］を保護し発展させることを必須事項とするよう、国際連合の基本的な設計構造からその変容を求めるものです。例えば、アジェンダ2030における**環境**と発展に対するゴールに沿う形で、もっと安定な気候を保証するような活動などが挙げられるでしょう。

　かつて、英国における選挙権を持つ人々の多数派が、欧州連合（EU）は目的に対して大きくなりすぎたと考え、国事にあたって自らを「コントロール」する力を奪還すべく、その離脱を求める声が高まった時、いかなるグローバルガバナンスの考え方ももはや不可能であるかのように感じられました。しかし、投票した人々が認識していなかったからといって、わたしたちが直面しているグローバルな挑戦は消えてなくなりません。国家を超えた協力は、強さにおいても範囲においても拡大しつつ進めていかねばならないことなのです。

　ニースは彼のアプローチを「**存続可能な世界に向けての共生モデル**」［COHAB モデル］と呼んでいます。共生とは、国家や他の地理的構成単位が互いに戦ったり無視し合ったりする代わりに、共に生きていく方法を自己組織化することを意味します。

　「いっぱいの世界」（Full World）という言葉は、国家の主権に避けられない限界があることを意味します。国際連合は200近い国家から構成されています。各国家の内的主権は幾分か、他の全ての国家における外的主権に制限されてお

173　さらなる情報は次を参照。http://www.desertec.org

174　Gehard Knies. 2016. Model of a Viable World for 11 Billion Humans and Future Generations. タイプ打ち原稿。

ります。「いっぱいの世界」の中ではこれは重要な問題となりえます。さらに、あらゆる国家の**内的**主権は、各個人のエコロジカル・フットプリントの大きさに影響を受けます。地球に棲むあらゆる 75 億の人類が排出するどの CO_2 の 1kg も、全ての人類に対し、またあらゆる将来世代に対し、影響を与えることとなるのです。

　共生とは、つながりのあり方を最善の状態にし、最適化することを意味します。国家間における伝統的な敵対関係から、人類社会はグローバル共同体のビジョンを立ち上げねばなりません。それはどのように機能するのでしょうか？

　ニースは次のような五つの連続した発展段階を示しました。

第 1 段階：地球という惑星の居住可能性における政府間パネル― IPHE

　最初の段階では、気候変動における政府間パネル（IPCC）を地球居住可能性における政府間パネル[175]（IPHE）に格上げします。そこでは、わたしたちの惑星において十分な居住可能性を担保し再生を行うといったグローバルな約束を得るべく、基礎情報を集め始めます。IPHE に対する加入は任意ですが、この活動に加わることが自らに益するよう、何らかの誘因を付与することも可能です。

第 2 段階：グローバルな共生のための国家を代表する大臣

　第 2 の段階では、ニースは各国家がグローバルな共生のための大臣職を創設することを提唱しております。その仕事は、世界における重大な発展を認識し、自分の属する国家政府に持ち帰って人々が注目する場所へとそれを置き、国家の政策を通してそれを実行できるように導いていくことです。

第 3 段階ステージ 3：国際共生会議―気候会議のように

　既に共生というものが整っている 2、3 の国の共生大臣については、存続可能な世界を創り出すための様々なアイデア、政策、また国家の能力を、どのようにして統合していくか模索し始めてもいいでしょう。それらの大臣は「共生

175　Gehard Knies. 2017. Proposal to create an Intergovernmental Panel on Habitability of Earth for humanity, IPHEH, www.ViableWorld.net, Typescript.

第3章　さあ！　持続可能な世界を目指すわくわくするような旅に参加しよう！

会議」を組織することができます。その会議では、気候、水、食べ物、繁栄、人口の成長、地球における居住可能性を脅かす他の要因など、相互に連関するこれらの議題に対し、広い視野の下で適切な位置づけを図るブレインストーミングがなされます。彼らは共生におけるルールと共生の目標を立ち上げ、段階的にさらに多くの国家を魅了していくことでしょう。

第4段階：国家は敵から共生相手へと変異する

　国家はかつて増大し続けた軍事関連への支出を、生態的な被害を取り除くような、あるいは、母国海外問わず人類の発展に資するような、様々なプロジェクトに対して振り向けることができるようになります。彼らの軍事力は、徐々に存続可能な世界を護衛するような人やインフラへと置き換わっていくでしょう。

第5段階：共生に基づくグローバルガバナンス

　国家にこのような共生モデルを展開していけば、それが新しいかあるいは既に認知されているかは問わず、ほどよく組織化され建設的なやり方の下で、差し迫ったグローバルな問題を解決するような人類の能力を高めていくことになるでしょう。200からなる、独立した、しばしば敵対関係にある、現在のような国家集団ではなく、人類を一つの実在としてみなす「存続世界同盟」には、もっともっとたくさんの国家が加入してくることになります。その同盟の外にいることは恥ずかしく感じられることになるでしょう。その同盟が軍事部門の規模を縮小させつつ、統一性ある社会の下で専門知識を活用し、この惑星の社会的・生態的な存続可能性を高めることに成功した暁には、なおさらのことでしょう。

　COHABモデルは、今のところグローバル政策変革に対する一つの夢にすぎません。それでも、それには目標があります。それは国際連合（United Nations）というシステムにとって代わり、おそらくは人類連合（United Humanity）と呼ばれることでしょう。そこでは国連の特殊な機関の多くを維持することとなりますが、グローバルな有事の際には制裁措置をとる権限も付与されているでしょう。これがグローバルガバナンスの本質的な意味となるのです。

283

全ての人類が生き残っていく戦略を立てるためには、必ずしもグローバルな**政府**を必要とするわけではありません。どのようにしたら**ガバナンス**が機能するかについて、いくつか鍵となるパラメータのみが必要なのです。もちろん、グローバルな共生のための若干の規則や法典などは必要となります。人新世［人間が地球の生態系や気候に大きな影響を及ぼすようになった、18世紀後半の産業革命以降の時期を指す言葉］においては状況が著しく変化しましたから、それらの法典は国連憲章に取って代わるものとなるでしょう。民主主義的なプロセスは維持され強化されるべきでありますが、これは**補完性**の原理［なるべく小さな単位で自治を行い、それが不可能な事項のみをより上位の単位で統治する原理］の下になされます。これこそ、地域レベルに留まる事柄については、当地でつくった組織で対応し、また規制されるべきであることを物語っています。州や国、その他地理的な単位などより上位にある行政組織については、それらが尊重すべき民主的な代表を立てるべきです。グローバルな事案については上述の同盟のレベルで決定されるべきでありますが、一方で、地域的・国家的あるいはより下位レベルの地域に属する人々の繁栄と必要性を尊重することが常に求められます。

3.17　国家レベルの行動：中国とブータン

　持続可能性に関する政策は、国家で最優先されるべき政策です。もちろん、3章の始めに紹介した成功例は、地方自治体での例です。他の章では、ビジネスの世界や国際レベルでの成功事例について紹介してきました。国家レベルに関して言えば、約200からなる世界の国々に関して一貫性があるようなことを述べるのは不可能です。ここでは代わりに、二つの国を事例として紹介したいと思います。それらは人口規模や密度、工業化の度合い、そして世界の貿易における重要性という観点から、互いに対極的な存在と言えます。中国という巨人とブータンという小人です。しかし、いずれも特徴的で独自性のある戦略の下で、持続可能な発展について取り組んでおります。中国では急速な工業化と経済成長、そしてその後に経済に「グリーン化」をもたらす戦略を選択しました。ブータンでは先進的な環境保護アジェンダを掲げ、経済的利益よりも人々の幸福が重要であることを宣言しました。

3.17.1 中国とその第十三次五ヵ年計画

中国は今重大な変革期を経験しつつあります。重工業、廉価大量製造、そして侵略的なまでの輸出政策の時代は既に頭打ちとなっています。同時期において、大気と水の大量なる汚染は人々を悩ませ、食物の質に対する需要は供給を上回るようになってきました。当初は期待されていた二桁経済成長率の継続も新しい現実の前に崩れさり、投資家・投機家たちは多くの財産を失うに至りました。中国が第十三次五ヵ年計画を公表した2015年は、一言で言うと、このような状況でした。

五ヵ年計画は国家ないしは共産党というトップレベルで策定され、省や地方において実施される各法や規制の方向性を定めるものです。2006年から五ヵ年計画という名称は「ガイドライン」に変更されました。このことは、来る五年間に、人々の意志や市場もまた国の発展に影響を与えるということを意味するでしょう。しかし、各国に跨る読者のために、わたしたちはより親しんできた五ヵ年計画という言葉を使い続けることにします。2006年から2010年に至るまでの第十一次五ヵ年計画では、典型的に地方の環境問題を改善するという点に強調がなされています。2011年から2015年に至るまでの第十二次五ヵ年計画では、脱炭素化という力強い文言が付け加えられています。

2015年から始まる第十三次五ヵ年計画では、野心的な再生可能エネルギーの導入目標と共に、さらなるエネルギー効率の向上を図ることで、中国の炭素依存度合いを下げることの必要性が強く主張されています。このことは、2015年パリ協定にて、中国が気候の保護に関して公約したことと同一線上にあります。資源の効率、循環型経済の枠組みなどについても強調されています。

さらに、北京 - 天津の河北地域、長江デルタ、そして珠江デルタのさらなる発展のためには、自然生態系を保護していくことがことさら重要である、と数々の地域戦略の中にうたわれております。これらの多くは国連環境計画（UNEP）における「グリーン経済」計画に追随する形で取り組まれており、第十三次五ヵ年計画では「エコ文明」という概念の下に工業地域や都市商業地域クラスターの開発を図っております。

工業に対しては、同計画は「メイドインチャイナ2025における製造業行動指針」という十ヵ年展望の下、**グリーン製造業**という概念を導入しました[176]。

エコ文明の導入に際しては、今のところ所定の方法といったものはありませ

ん。良い先鞭のつけ方としては、現時点における環境の状態を査定し、生態的な限界（「線引き」）、特にそのベースライン（レッドライン）を、できるだけ科学的かつ合理的に定義することでしょう。その上で、生態系の質を回復するに役立つ評価方法を見出すことです。これらは地域の住民や農民と共に議論する必要があり、適切な訓練の実施や専門的知識の供与がなされるべきです。

　線引きは、行政地域ごとに、科学的な根拠の下になされるべきです。地域の計画担当者は、経済成長の結果、彼らが緑地を消費する代わりに、例えば、人工的な公園の設営、再生や植林を施した丘などを通して、これを相殺しようとするかもしれません。もっとも、人工林と自然林の対比では、当然ながらそこには持続可能性という視点において大きな違いがあります。

　2015年には中国は五つの都市を選定し、「自然資本バランスシート」[177] の試験的導入を図りました。そこではUNEPの「2012年環境経済勘定システム」を用いるので、正確なデータが必要とされます。この仕事をするには、縦割り行政による障害を打破しなければなりません。言い換えれば、**エコ文明**のプログラムは、単なるスローガンであったものから定量的で数値化された行動へと変革を図る、といった野心を抱いているのです。

　農民は明らかに利益を得るでしょう。例えば、割り当てられた土地を彼らは家を建てるにも使えますし、移転したり土地を取引したりすることもできるようになります。この選択肢は成功をつかむための特急を開通させるようなものであり、過去において農民にとって、このような選択肢はありませんでした。

　新しい社会的な取り組みとしては**インターネット＋**[178] があります。これは直販を認めるゆえに、伝統的な取引を営む者にとっては収入の機会を失わせるものです。インターネットは、新たな巨人であるアリババやタオバオ、京東商城、Alipay.com などを通して、電子商取引というものを明らかに発達させてきました。B2B［企業から企業へ］、C2C［消費者から消費者］、そして電子決済ポー

176　http://news.china.com/domestic/945/20150519/19710486/html
177　http://www.gov.cn/zhengce/content/2015-11/17/content_10313.htm; 五つの都市とは内モンゴルのフルンボイル、浙江省の湖州、湖南省の婁底、貴州省の赤水、陝西省の延安です。
178　「インターネット＋」とは2015年からの中国の独自の言葉で、インターネットと従来のビジネスモデルを結びつけることで新しいビジネスモデルを造り出すことを意味します。

タルは、製造業者、消費者、銀行を直接結び付けることに成功しました。その一方で、貨物交通とロジスティックス［物流］のインフラ整備に対して急激な需要の高まりをもたらし、自然景観など残っていた宝物まで浸食するに至ったのです。

中国は現在、西洋のトレンドである冷凍技術の活用と中央集権化によって、食料サプライチェーンを確立しつつあります。そのことによって国内農業従事者は、垂直農法［高層建築物の階層、及び高層の傾斜面を使用して垂直的に農作業、動物の育成を行う方法］、水耕、気耕、そして都市部の消費者にとって密接なCSA［農家と会員となった地域住民などの消費者が共同で地域の農業を支える手法］など、これらに関わる機会を突然得ることとなったのです。食の安全についても第十三次五ヵ年計画においては特別に心を砕いております。

現代の中国の製造業部門では、重工業において生産設備及び供給能力の過剰さが顕著であって、さらに経済協力開発機構（OECD）諸国のそれに匹敵する水準になってきた労働費用の上昇圧力が悩みのタネです。第十三次五ヵ年計画においては「メイドインチャイナ2025」がそれらへの対策として位置づけられ、そこでは目下米国、日本、ドイツにおいて盛んなビッグデータの利活用に向けて野心的な改革が試みられ、全ての関連する組織を通じて一貫性のあるリアルタイムな情報を流すことを狙いとしています。中国はコンセプトとして、資源効率の向上、製品のライフサイクルの視点からの脱炭素化・グリーン化、クリーン化、資源の循環的利用が可能な生産工程の設計などを掲げ、その重要性を強調しております。これは中国の諸都市がすさまじいまでの大気汚染に苦しんでいることへの対策の一環でもあります[179]。

中国科学アカデミーでは、エコ文明に向けて農業や工業が意識的に変革することを視覚的に表現したシンボルを造り、また効果的な道具立てを行うなどして、「技術革新実行計画」[180]をスタートさせております。このような道具やシンボルを造り出すことで、**エコ文明**へと近づいていくうちに必要なものが各々の経営者や顧客によって見出され、またプロセスの再デザインを図る際に大きな助けとなるでしょう。これは狭義の意味での基準ではなく、全体的かつ共生

179　中国環境省、http://www.ocn.com.cn/chanjing/201602/bndbu19094535.shtml
180　http://zjnews.zjol.com.cn/system/2014/10/10/020294575.shtml

的なアプローチなのです。

　農業にとっては、これは生物多様性を高め、化学農法を控えめにしながら高品質の農産物を増やすことを目的とするものであり、大量の農薬投与に頼りながら画一的で大規模な生産を行う従来型農法とは正反対のものであります。これは農民にとっても、より大きな責任を担うことを意味します。一つの地域農業における共生的考え方の例は、イン・シャン・ウェイ・イエ著『Immune Health exceeding Organic Cycle』[181] において見出すことができ、ここでは、かつては黄河河床だった、山東省の Cao Xian にある農業組合について触れております。同書によれば、ホルモン剤や動物への薬品の使用を止めるか最小限にするためには、飼料は厳しい監視下にある健康的な土壌で栽培し、動物の免疫機構を促進するような地域のハーブ種を添加物として用いることが必要だとされています。新鮮な牛乳の配達は、品質を維持するために所定の距離内に限定されます。有機農法は現時点の中国においても収益性はそれほど高くありません。その改善を図る最も良い方法は、彼らが彼らの農地において宿泊場所やレジャー、食品、観光を提供できるようなシステムを取り入れることでしょう。そうすれば農民は大企業の被雇用者ではなくパートナーになることができるでしょう。

　第十三次五ヵ年計画では資源の効率的利用についてかなり強調しており、それはかつての非効率な企業を倒産に追い込むやり方とはかけ離れたものです。『ブルー・エコノミー』（3.3節）[182] や『ファクター5』（3.9節）[183] などで示されているローマクラブの考え方は、中国においてもまた人気を博するものであります。また、『ゆりかごからゆりかごまで』[184] や『資源生産性の7段階』[185] も中国語で読むことができ、注目を集めております。同様に、90％ものエネルギー消費を節約できるとされるドイツで生まれたパッシブハウスは、中国の建築物に

181　"China Good Design", Chap. 2.3 Ying Xiang Wei Ye: Immune Health exceeding Organic Cycle, Yi Heng Cheng, China Science and Technology Publishing House, 準備中

182　Gunter Pauli Blue Economy, a Report to the Club of Rome, 中国語版、Yi Heng Cheng, Fudan University Publishing House, 2009.

183　Ernst von Weizsäcker, Karlson Hargroves et al. Factor 5, a Report to the Club of Rome, 中国語版 , Yi Heng Cheng, Shanghai Century Publishing, 2010.

184　William Mc Donough and Michael Braungart, "Cradle to Cradle" 中国語版 , 21 Century Agenda Management Company, Savage Culture Company Ltd., 2010.

185　Michael Lettenmeier, Holger Rohn, Christa Liedtke, Friedrich Schmidt-Bleek, "Resource Productivity in 7 Steps"、CTCI 財団による中国語版

第3章 さあ！ 持続可能な世界を目指すわくわくするような旅に参加しよう！

おいても設計基準となりつつあります[186]。このような基準を設定することは、中国における家屋の建築と改修において驚嘆すべき変革を与え、多くの人たちがそれによって暖房費の節約や新鮮な空気の循環、現代的な発光ダイオード（LED）の照明を享受できることとなるでしょう。

話は変わりますが、同じく『ブルー・エコノミー』では、砂（炭酸カルシウム）やプラスチックのごみから作られる「石の紙」[187]（石を粉砕した粉と少量の樹脂を原料とした、パルプと同等の機能を持つ、繊維のない新しい紙）について触れられています。これは劇的に水の使用、木質繊維、そして毒性を持つ化学物質の量を減らします。石の紙はリサイクルすることもできるし、製鋼時、ガラスやセメントの焼成時に添加物として加えることもできます。『ブルー・エコノミー』の思想は、実際BASF［ドイツ南西部のルートヴィヒスハーフェン・アム・ラインに本社を置く150年の歴史を持つ世界最大の総合化学メーカー］の「フェアブント」システムによく似ています。これは複合企業の中で動く化学物質やエネルギーをとらえたもので、廃棄物は可能な限り使用されるよう、一つの過程から次の過程へとフィードバックがかかるように設計されています。中国はこのシステムから既に便益を得ており、長江のBASF、南京六合区にある南京化学工業パーク、上海カオジン化学工業パークが代表例です。

クラスター化したり、カスケード［多段階］利用したりするなどは、今や未来工業パークにおける中心的技術的特徴となりつつあります。このようなシステムを組むことで、工業から生ずる二酸化炭素の80%までも削減することができ、硫黄酸化物、窒素酸化物、微粒子状物質（PM2.5）といった大気汚染物、そして水質汚濁物質までも減少せしめることが可能となります。ルーナン化学製品会社は山東省のTeng Xianに位置しており、石炭をスラリー状にして、マルチインジェクション型のガス化技術へと応用を図った最初の石炭化学工場です。その製造品となる化合物は、メタノールやアンモニアから一次あるいは二次的に派生する物質です。

---

186 パッシブ型省エネ住居建築物における設計基準
http://news.ces.cn/jianzhu/jianzhuzhengce/2016/05/98843_1.shtml

187 "China Good Design – Green Low Energy Innovation Design Case Study", Chap. 2.1 Stone Paper: Innovation of Nothing to Replace Something, Yi Heng Cheng wt al. (2016), China Science and Technology Press. 09.2016.

第十三次五ヵ年計画は長い目で見れば、最終的にグローバル経済のグリーン化への要求に沿っていくものと思われます。中国は世界でも最も大きな工業力を持つ国となり、そして多くの途上国へのモデルとなり、世界のグリーン化に向かって大きく貢献をしていく決意を固めたように思われます。

3.17.2　ブータン：国民総幸福量指標

　わずかな人口を抱えヒマラヤに所在するブータン国は、1970年に至るまでは実質的に他の世界から孤立していました。ブータンの四代目の王、ジグミ・シンゲ・ワンチュクは諸制度の変更を行い始め、この国の門戸を訪問者へ向けて開きました。改革には現代風の教育システムや現代風の経済を目指すことも含まれてはいますが、王は、国民総幸福量は国内総生産（GDP）以上に重要であると宣言し、人々の幸福、生物の多様性、持続可能性に比べ、GDPは物質的利得に重きを置きすぎていることを指摘しました。

　2008年に生じた世界金融危機の頃、国民総幸福量指標の考え方は多くのけん引力を得て、国連と世界的な知識層からなるサークルに熱狂的に支持されていきました。『世界幸福報告』は既に定期的に発刊されていましたが[188]、しかしブータンにとっては幸福の追求は特に哲学的議論を要するほどの事項ではありませんでした。例えば、環境保護は憲法にうたわれた任務です。ブータンの土地の50%は国立公園、自然保護区、生物回廊として保護区域に指定されております。この国はカーボンニュートラルであり続けることを誓約しており、少なくとも陸域の60%が永久に森林に覆われていることを確約しております。事実、現在における森林の炭素吸収能力は国から排出される炭素量の2倍にも達します！　ブータンでは木材の輸出が禁じられ、また月に一日は歩行者の日を設け、全ての私的所有車による道路利用を禁ずるようにしています。

　この憲法下では全てのブータン国民は環境保護に対して正式に責任を担うものとされ、ゆえに、国は経済的発展か環境保護かの狭間で迷うようなことがありません。ブータンでは幸運な地形のおかげで「自流［流れ込み］式」水力発電所を建設することができますが、これについては自然森林内の流域保護が責務として伴います。無害な水力発電による発電量は国の電力需要を十分に賄い、

188　Helliwell et al. (2016).

第3章　さあ！　持続可能な世界を目指すわくわくするような旅に参加しよう！

インドなど隣国への主要な輸出物とするだけの余裕があり、外貨の獲得に大きく貢献しております。ブータンは観光に対しても「影響はなるべく低く価値は高く」といった姿勢を見せており、マスツーリズムがもたらしうるある種のネガティブで文化的破壊をもたらす側面から距離を置くことを心がけています。

　様々な面から、ブータンは楽しそうで持続可能に見えます。もちろん逆の側面もあり、特に若者ですが、彼らは現代文明の恩恵にあずかりたいと思っているでしょう。2013年の国民選挙では、国民民主党の地滑り的大勝利に終わり、議会での議員席の数は2席から圧倒的多数を占める32席まで躍進することとなりました。（「幸福」や平和を特に重要視していた）先の与党は45から15へと30席を失うこととなりました。新しい首相、ツェリン・トブゲーは、この国の有名な幸福信条について、慎重かつ懐疑的な見解を示しております。

　しかしながら、今日の若い五代目の王、ジグミ・ケサル・ナムゲル・ワンチュクは、幸福はGDPのような物質至上的な価値の上に位置する、といった父の考え方を踏襲することに何ら疑念を持っていません。人々は彼を崇敬しております。ブータンはこうして発展を遂げたのだ、といずれの日にか語り草になることでしょう。

3.18　持続可能な文明に向けての教育

　ここまで論じてきたように、新しく多様な人類のニーズに答えるためには教育システム全体の劇的な変化が必要である、という点について、教育界の第一人者たちの中にコンセンサスが形成されつつあります[189]。教育だけでは持続可能性を達成することはできませんが、社会にとって一つの鍵であることは明らかです。教育目的は根本的な軌道修正を必要とします——すなわち、記憶や理解の仕方を学ぶ旧形態から、総合的に考える新しい方法へと転換を図らねばなりません。ここで真の狙いとは、全ての生徒たちが批判的に、自らの力で、独自に考え、問題を解決することができる、そのような力を醸成することです。一つのことだけに集中させる教育では、既に不十分なのです[190]。教育内容と

189　Heitor Gurgulino de Souza et al., "Reflections".
190　Zucconi (2015)

教育学に関する劇的な方向転換は、過去の経験から得てきた知見の伝達方法にも影響を及ぼすでしょう。しかしこのことは同時に、未だ想像できない未来に向かって適応し、またクリエイティブに反応するために必要な知識・スキル・能力を発展させることに資するのです。もし教育が社会と未来の間で結ばれる契約であるのなら、それは単なる過去の模倣にすぎない未来に向けての若者の準備過程であってはなりません。今や全く新しい契約が必要とされているのです。今日の教育が目指すべき目標とは、世界社会科学報告（WSSR）[191] が**未来リテラシー**と称したように、どのような未来に直面したとしてもダイナミックに歩調を合わせ、複雑性及び不確実性に立ち向かうことができるような若者を育むことです。以降においては、持続可能な発展を支持していくという目的に適うような将来の教育システムにとって、本質的である幾つかの事柄について触れていきます。

コラム：国連教育科学文化機関（UNESCO）：持続可能な発展のための教育（ESD）

　国際連合総会が 2005 ～ 2014 年を国連持続可能な開発のための教育の 10 年（UNDESD）と認めた後、UNESCO は、持続可能な発展に関するような原則、価値観、そして実践など、あらゆる側面において教育に総じて取り込むことを目標とし、対応し活動する機関となりました。この教育活動では、環境調和的で、経済は活性化し、社会的に公平であるような未来を若者や将来世代らが創造する、そのような行動の変革のもたらし方を模索していました。2014 年に UNDESD が完了年を迎えると、UNESCO はグローバルアクションプログラム（GAP）を開始し、持続可能な発展に向けた教育に関する世界中の活動を推進して、持続可能な発展の目標（SDGs）と SDG のための教育アジェンダ 2030 への礎にしようとしました。2016 年の 7 月には UNESCO がパリで開かれ、100 人近い世界中の GAP の主要メンバーが一同に会しました。2017 年には中間報告が公表され、2019 年には最終報告が出版される予定ですが、この会合はそれらに続く経過報告内容をまとめることを目的としております。これらの報告

191　ISSC and UNESCO (2013).

書は ESD（持続可能な発展のための教育）の実践ロードマップ上にある標識であり、全ての人にとってより良い持続的な未来を築くことを志向するものです。

将来の教育はアクティブかつ協働的。先行研究では、授業に対して読む、聞くなど受動的教育方法ではその理解度合いは最低レベルとなり、一方で、ディスカッションする、グループでプロジェクトを遂行する、共同研究をする、など協働的な教育課程を踏まえるとその学習効果は最大となることが報告されています。2009 年から 2012 年における総計 8,000 万人もの生徒を対象とし、50,000 を数える研究を網羅して 800 回にも及んだメタ分析の結果では、協同学習やピア・チューター［生徒どうしの相互教授］制度は生徒の学習に正の効果をもたらすことが示されていました。教室内で授業を受動的に聞くだけでは記憶率はたかだか 5% にすぎませんが、一方で行動を伴った実践型教育ではその数値は 75％にも及びます。最も高い数値、90% を示したのは、生徒が他の生徒に教える場合でした。このように教師の役割とは、かつてはガイドかもしくは情報を伝達するだけであったものから、生徒の自己学習、仲間との学習を促進するものへと進化していく必要があります。

コラム：カリフォルニア州ナパ高の事例

　カリフォルニア州にあるナパ新技術高等学校は、ナパ市がかつて企業グループに要請して、生徒たちがもっと多くの経験値を授けられるような高等教育カリキュラムの再設計を図った際、生まれた新しい協同学習モデルを取り入れた学校です。現教育では協調能力よりも個別パフォーマンスが評価されやすい、との企業からの意見を元に、学校はその教育スタイルを課程よりも人を重視するよう再設計を図ることにしました。今日では、教科書の知識習得レベルにばかりではなく、人生のスキルや文化に対する敬意、信頼や義務についても評価するように心がけられています。生徒たちはグループや自らの選択に基づいて、プロジェクトを構築して取り組んでいきます。ここでは生徒たちは学校の意思決定機関の一翼を担い、カリキュラムはプロジェクトベースとなり、教師は授業をする代わりに彼らの

活動を指導するようになりました。生徒たちが及第するか否か評価される際の基準の一つに、労働倫理があります。学校は生徒たちの助け合いを積極的に促し、競争が協調に置き換わった時に得られる便益を見出そうとしています。このモデルは、160校以上の参加を誇るグローバルニューテクネットワークにおいて、協調学習モデルの規範となっています。

将来の教育は人のつながりに基づく。近年広く台頭してきている学習モデルとは、人的ネットワークです。あらゆる生活や学習の場において電子情報機器が浸透してきているためか、わたしたちは本来教育というものが人と人との間における有機的な交換であることを忘れがちです。Massive Open Online Courses（MOOCs［ムークス：インターネット上で誰もが無料で受講できる大規模な開かれた講義のこと］）やバーチャルリアリティーを通した教育での例で見るように、インターネットやコミュニケーション技術の発達は、教育方法にも革命を起こしつつあります。それは、**人とのつながり**を醸成する限りにおいて、有意義であり効果的であるのです。同様にこれからの教育は、学生の各々の興味を引きつけ、彼らの熱意・行動力を開放させることが必要です。彼らは一人で考え、他の学生が学ぶのを助けていくことでしょう。

将来の教育は価値に基づく。ここでの価値とは、何世紀にも及ぶ人類が蓄えてきた知恵の本質を示します。そして構築される新しいシステムでは、個人的であれ社会的であれ、価値とは持続可能性の達成度合という基本原則を具現化したものでなくてはなりません。これらはまた、人類の願望を達成するための大きなエネルギー、それを供給してくれるような理想を吹き込むものにも留まりません。価値とは知識の一つの形態であり、人類の進化の力強い方向性です。それらは深淵な**実践上の**意義を示す、心理学的な技術であります。教育は、持続可能性と一般的な人々にとっての幸福に重きを置くような価値観にその土台を据えるべきです。持続可能性についての価値観を繰り返し吹き込んでいくことは、結果的にわたしたちの社会の価値観にパラダイムシフトをもたらすこととなります。これが生産や消費といった価値観よりも、人類、自然、そしてそれらの相互作用によってもたらされる大いなる幸福の実現を目指すことにつながるのです。本当の意味で世界的なもの、また、文化的な差異への敬意、これ

第 3 章　さあ！　持続可能な世界を目指すわくわくするような旅に参加しよう！

らの価値については意図的に強調する必要があるでしょう。持続可能性のための草の根的な活動としては、地域の価値の深いところにその土台を置くべきでしょう。価値はリーダー並びにリーダーシップにおける考え方の転換をもたらし、結果として行動をも変えていくのです。

将来の教育は持続可能性という科目に重点を置く。持続可能性の科学は比較的新しい学問ですから、伝統的かつ従来型の文化の一端とはなりえませんし、何世紀・幾世代にも渡って蓄積してきたいかなる知識にも基づかない教育システムの中に内包されているのです。わたしたちは持続可能な発展を達成するための方法を一刻も早く確立しなければならないこと、最近ではかなりその認識は広がったようです。とはいえ、全ての解答が見いだされているわけではなく、全ての適切な質問が見いだされているわけでもありません。そのため、持続可能性に対する教育の前準備としては、全ての枝葉を含む多様な分野の研究者による新しい展開が必要とされます。それはあらゆる研究的興味や見識を包含しているような多くのバックグラウンドを持つ学際チームを構築することで可能となるでしょう。その研究成果は、教室内での議論同様に、市民と政策担当者も取り込む討論の場においても広く公開される必要があります。教育と取り込まれる市民が広く包括的になるほど、その導入はより効果的となるのです。

将来の教育は総合的な考え方を育成する。20 世紀末には、分析的な考え方のある種の限界が（2.7 節参照）認識されつつあり、また、システム的な考え方へのシフトが強調されるようになりました。システム的な考え方とは、現象の相互関連性や相互依存性に焦点を当てることを指し、全体での理解ができるように、つとめて複雑なものを認識しようとします。しかしながら、システム的な考え方もやはり機械論的に偏った形で現実を見る傾向があり、有機的な全体性をとらえることができていません。システム的な考え方の限界は、現実を機械論的認識から脱して有機的認識でとらえるようにしなければ打破できません。発明や発見、創造的行為は明らかな矛盾を見直すことから得られます。総合的な考え方とは、認知し、組織化し、見直し、それぞれの構成要素を再結合し、根本的な現実を真に理解しようとすることであり、総合が単なる集計を超えていることと同様な意味合いで、システム的な考え方を超える所に位置していま

295

す。いかなる特化された専門分野にとらわれず、教育とはそのような総合的な見地を学生に提供するものでなくてはなりません。**いかなる専門分野も同じように社会の全体像の下で自らを評価しなければなりません。**

将来の教育の内容の多元性を尊重する。教育学の変化はその内容の変化に合わせるものでなくてはなりません。情報がいつも溢れており、ビッグデータに容易にアクセスできてしまう時代において、適切な内容を選択しシラバスを練っていくことは重要な責務です。現実の社会は複雑かつ総合的であり、単一の理論で説明することは不可能です。多くの大学では、特に法学や経済学は、ある特定の学際的な考え方のみを押しつけ、若者たちの心を多様に存在する矛盾や補完的な視点から遠ざけようとしています。今日の学生には、排他的でも拒絶するのでもなく、他の学際分野における知識を取得することに向かわせるような包括的な教育が必要です。欧州、北米、そしてその他の地域の経済学者とその学生が取り組んでいることは望ましい一つの兆候です。彼らは協調しながら、知的派閥主義に反対し、狭隘かつ権威主義的な学説のみを教えられるのではなく、全ての適切な見解も開示することを要求しています[192]。ちょうど遺伝学的な分岐が人類の進化について決定的であったように、文化的分岐は社会進化の触媒となるかもしれません。フィンランドの教育システムはカリキュラムにおける派閥主義の打破に働きかけるものであり（フランスにも類似するものがある）、**科目**に重点を置くのを少なくし、例えば欧州連合（EU）、あるいは生態学や宇宙論といった、より広範囲な**トピック**についてより焦点を当てるようにしています。それによって、多くの異なった専門分野からの見解を相互交換し、学生には幅広い学際的視野を与えています。

　このような試みは将来の教育に反映するべく、以下に紹介するローマクラブや北米の大学の事例のように、高校や大学の実際の現場において実践されています。

192　http://www.rethinkeconomics.org/, http://reteacheconomics.org/, http://www.isipe.net/, http://www.cemus.uu.se/, http://www.schmachcollege.org.uk/, 参照。経済学理論を見直すべきとする幾つかの取り組み。

296

第3章　さあ！　持続可能な世界を目指すわくわくするような旅に参加しよう！

　ローマクラブがかつて出版した『学習に限界はない』[193] に感銘を受け、ドイツローマクラブ協会では**ローマクラブスクール**のネットワークを開設しました。ここではスローガン「グローバルに考え、ローカルに行動せよ」の下、15 に及ぶ学校の生徒たちにグローバル市民としての道義心を授けています。学校はグローバルな視点とそれの実践方法を見つけるための学習環境を提供しています。カリキュラムはもっぱらプロジェクト型学習で構成されており、生徒たちは入学年次のグループに分けられ、そのグループ自らで定めた現象について取り組んでいきます。自己組織化、自我の目覚め、あるいはビッグデータに関する知識、協調などを含む学際的なスキルを身につけさせるため、教育は行われます。学校は学生に適切なローカルプロジェクトについても精力的に取り組むことを推奨しています。そこで彼らは、自己効力感［self-efficacy、ある行動や課題について自分が達成できるという信念または自信のこと］を醸成し、グローバル市民としての自身の潜在能力を向上させる機会を得るのです。

　カナダのマギル大学とヨーク大学は、米国のバーモント大学と共に、**人新世のための教育**に取り組んでいます。これは Ed4A（Education for Anthropocene）と呼ばれ、ガバナンス、法学、経済学、社会科学、また、システム科学やモデリングなど世界でも真新しい専門領域に至るまで、修士・博士の各大学院課程を網羅的に整備しています。既に広く関心をもたれている事柄ですが、先に紹介した MOOCs のコースもここに整備されております。最近では 40 人から 80 人と学生数も倍に増え、提携大学は北米を超えてオーストラリア、中国、インドへと広がっております。そのプログラムでは、自然と社会のシステムについて、過去にはどのように捉えられていたかではなく、現時点でのその在り方を熟知したガバナンスや経済の専門家を輩出していく上で、倫理や価値観の役割を重要としております。ローマクラブ会員のピーター・ブラウンは Ed4A の創始者の一人です。彼が述べるように、新しい教育システムが持続可能性の研究という新しい需要に対処していくためには必要なのです。それ抜きでは「人類計画の完全なる再考」は可能ではないのです [194]。

193　J. W. Botkin, Mahdi Elmandjra, Mircea Malitza. 1979. No Limits to Learning. Bridging the Human Gap. Now as a e-book at Elsevier Science Direct, 2014; CoR School contact: Eiken Prinz, Resenetr.2, 20,095 Hamburg; http://www.cluv-of-rome- schlen.org/ も参照

194　www.e4a-net.org

このような話を聞かされ、皆さんはいささかためらいを覚えたかもしれません。しかし、持続可能な発展についての教育への緊急な要請は、新しいパラダイムへの要望でもあるのです。あらゆるレベルにおいて、持続可能性の考え方を教育カリキュラムに取り入れることが必要です。しかし、それがなされたとしてもなお、世界経済そして人々の生活スタイルに望まれている迅速かつ急激な変化をもたらすには不十分でしょう。それには、これまでと大きく異なる訓練を受けた次世代の登場が必要であり、彼らは激変する社会に対して高い適応能力を携え、同時に、社会に対して責任感が強く、技術革新や創造的な思考力に富んでいなければなりません。将来の教育システムは今、革命的な移行過程の緒についたばかりです。それは測りしれないインパクトを将来のグローバル社会に与えるでしょう。物理的な教室、修道院生活を連想させる、外と断絶した大学キャンパス生活、学位・コース・講義時間といった気まぐれな硬直性、階級分けによる社会的障壁、そしてとりわけ教育を受けることができるかどうかという経済的障壁。この新しい教育システムは、これらを破壊してくれることでしょう。

参考文献

Admati A, Hellwig M (2013) The bankers new clothes. Princeton University Press, Princeton（ア　ナ　ト・アドマティ、マルティン・ヘルビッヒ『銀行は裸の王様である』土方奈美訳、東洋経済新報社（2014））

Agarwal A, Narain S (1991) Global warming in an unequal world: a case of environmental colonialism. Centre for Science and Environment, New Delhi

Ahmed N (2016) This could be the death of the fossil fuel industry – will the rest of the economy go with it? 30 April 2016. http://www.alternet.org/environment/we-could-be-witnessing-deathfossil-fuel-industry-will-it-take-rest-economy-down-it

Arent D (2016) After Paris the smart bet is on a clean energy future. Greenmoney Journal, July/August 2016

Batty M (2013) The new science of cities. MIT Press, Cambridge, MA

Benes J, Kumhof M (2012) The Chicago plan revisited. IMF working paper 12/2012

Bowers S (2014) Luxembourg tax files. http://www.theguardian.com/business/2014/nov/05/-spluxembourg-tax-files-tax-avoidance-industrial-scale

Brandstetter L, Lehner OM (2015) Opening the market for impact investments: the need for adapted portfolio tools. Entrep Res J 5(2):87–107. P. 5. http://papers.ssrn.com/sol3/papers.cfm?abstract_id=2519671

Brown G (2014) Keys to building a healthy soil. You Tube. https://www.youtube.com/watch?v=9yPjoh9YJMk

Brown K, Dugan IJ (2002) Arthur Andersen's fall from grace is a sad tale of greed and miscues. Wall Street Journal, 7 June 2002. http://www.wsj.com/articles/SB1023409436545200

Carbon Tracker Initiative (2017) Expect the unexpected: the disruptive power of low-carbon technology. London

Coady D, Parry I, Sears L, Shang B (2015) How large are global energy subsidies? IMF working paper WP/15/105. https://www.imf.org/external/pubs/ft/wp/2015/wp15105.pdf

Cordell AJ, Ran Ide T, Soete L, Kamp K (1997) The new wealth of nations: taxing cyberspace. Between The Lines, Toronto. isbn:1-89637-10-5

Costanza R, dArge R, de Groot R, Farber S, Grasso M, Hannon B, Limburg K, Naeem S, Oneill RV, Paruelo J, Raskin RG, Sutton P, van den Belt M (1997) The value of the world's ecosystem services and natural capital. Nature 387(6630):253–260

Costanza R, Kubiszewski I, Giovannini E, Lovins H, McGlade J, Pickett KE, Ragnarsdottir KV, Roberts D, Vogli RD, Wilkinson R (2014a) Time to leave GDP behind. Nature 505(7483):283–285

Costanza R, de Groot R, Sutton PC, van der Ploeg S, Anderson S, Kubiszewski I, Farber S, Turner RK (2014b) Changes in the global value of ecosystem services. Glob Environ Chang 26:152–158

Costanza R, Daly L, Fioramonti L, Giovannini E, Kubiszewski I, Mortensen LF, Pickett K, Ragnarsdottir KV, de Vogli R, Wilkinson R (2016) Modelling and measuring sustainable wellbeing in connection with the UN sustainable development goals. Ecol Econ 130:350–355

Creutzig F (2015) Evolving narratives of low-carbon futures in transportation. Transp Rev 36(3):341–360

Deloitte Center for Energy Solutions (2016) The crude downturn for exploration and production companies

Dezem V, Quiroga J (2016) Chile has so much solar energy it's giving it away for free. Bloomberg, 1 June 2016

Eisler R (2007) The real wealth of nations. Creating a caring economics. Berrett Koehler, San Francisco (リーアン・アイスラー『ゼロから考える経済学——未来のために考えておきたいこと』、中小路佳代子訳、英治出版 (2009))

Erdogan B, Kant R, Miller A, Sprague K (2016) Grow fast or die slow: why unicorns are staying. Viewed on 12 May 2016 at private. http://www.mckinsey.com/industries/high-tech/ our-insights/ grow-fast-or-die-slow-why-unicorns-are-staying-private?

Fan R et al (2014) Anger is more influential than Joy: sentiment correlation in Weibo. doi:https:// doi. org/10.1371/journal.pone.0110184

Fioramonti L (2017) The world after GDP. Polity books, Cambridge, UK

Fitzpatrick W (2016) Unlocking pension funds for impact investing. EMPEA, Legal and Regulatory Bulletin. Viewed on 15 May 2016 at http://empea.org/_files/listing_pages/ UnlockingPensionFunds_Winter2016.pdf

Frey C, Kuo P (2007) Assessment of potential reductions in greenhouse gas (GHG) emissions in freight transportation. North Carolina State University, Raleigh

Fukuyama F (2001) Social capital, civil society and development. Third World Q 22(1):7–20

Fulton K, Kasper G, Kibbe B (2010) What's next for philanthropy: acting bigger and adapting better in a networked world. Monitor Institute. Downloaded 12 May 2016, 2010 from http:// monitorinstitute.com/downloads/what-we-think/whats-next/Whats_Next_for_Philanthropy.pdf

GABV (2014) Global alliance for banking on values: real economy – real returns: the business case for sustainability focused banking. Full report. October 2014. Downloaded 14 May 2016 from http:// www.gabv.org/wp-content/uploads/Real-Economy-Real-Returns-GABVResearch-2014.pdf

Gilding P (2015) Fossil fuels are finished – the rest is just detail. Renew Economy, 13 July 2015. http:// reneweconomy.com.au/2015/fossil-fuels-are-finished-the-rest-is-just-detail-71574

Girardet H (2014) Creating regenerative cities. Routledge, Oxford

GuruFocus (2010) Gates Foundation Buys Ecolab Inc., Goldman Sachs, Monsanto Company, Exxon Mobil Corp., Sells M&T Bank, 17 Aug 2010. Viewed 10 Oct 2010 at http://www.gurufocus. com/ news.php?id=104835

Hardin G (1968) The tragedy of the commons. Science 162(3859):1243–1248

Hawken P, Lovins A, Lovins H (1999) Natural capitalism: creating the next industrial revolution. Little, Brown Co, New York (ポール・ホーケン、エイモリ・B・ロビンス、L・ハンター・ロビンス『自然資本の経済——「成長の限界」を突破する新産業革命』、佐和隆光監訳、日本経済新聞社 (2001))

Hayashi Y et al (2015) Disaster resilient cities – concept and practical examples. Elsevier, Amsterdam (林良嗣、鈴木康弘編著『レジリエンスと地域創生——伝統知とビッグデータから探る国土デザイン』、明石書店 (2015))

Helliwell J, Lay R, Sachs J (2016) World happiness report. Sustainable Development Solutions Network, New York

Henry JS (2012) The price of offshore revisited. Tax Justice Network. http://www.taxjustice.net/cms/ upload/pdf/Price_of_Offshore_Revisited_120722.pdf

Higgs K (2014) Collision course: endless growth on a finite planet. MIT Press, Cambridge, MA

第 3 章　さあ！　持続可能な世界を目指すわくわくするような旅に参加しよう！

Hoglund-Isaksson L, Sterner T (2009) Innovation effects of the Swedish NOx charge. OECD, Paris

IEA (2013) Global land transport infrastructure requirements. International Energy Agency.

ISSC and UNESCO (2013) World social science report 2013, changing global environments. OECD Publishing and UNESCO Publishing, Paris

Jamaldeen M (2016) The hidden billions. Melbourne, Oxfam, p 20

Kaldor M (2003) The idea of global civil society. Int Aff 79(3):583–593

Keane J (2003) Global civil society? Cambridge University Press, Cambridge

Kim YR (2013) A look at McKinsey & Company's biggest mistakes, 12 Sept 2013. https://www.equities.com/news/a-look-at-mckinsey-company-s-biggest-mistakes

Kohn A (1990) The brighter side of human nature: altruism and empathy in everyday life. Basic Books, New York

Koont S (2009) The urban agriculture of Havana. Mon Rev 60:44–63

Kubiszewski I (2014) Beyond GDP: are there better ways to measure well-being? The Conversation, 2 Dec 2014. http://theconversation.com/beyond-gdp-are-there-better-ways-to-measurewell-being-33414

Kubiszewski I, Costanza R, Franco C, Lawn P, Talberth J, Jackson T, Aylmer C (2013) Beyond GDP: measuring and achieving global genuine progress. Ecol Econ 93:57–68

Kuenkel P (2016) The art of collective leadership. Chelsea Green, White River Junction

Kuenkel P et al (2009) The common code for the coffee community. In: Volmer D (ed) Enhancing the effectiveness of sustainability partnerships. National Academies Press, Washington, DC

Kuipers D (2015) Buying the farm. Orion, July 2015. https://orionmagazine.org/article/ buying-the-farm/

Lovins A, Rocky Mountain Institute (2011) Reinventing fire. Bold business solutions for the new energy era. Chelsea Green, White River Junction, p xi（エイモリー・B・ロビンス、ロッキーマウンテン研究所『新しい火の創造――エネルギーの不安から世界を解放するビジネスの力』、山藤泰訳、ダイヤモンド社（2012））

Mankiw NG (1998) Principles of economics. The Dryden Press, Fort Worth（N・グレゴリー・マンキュー『マンキュー経済学』、足立英之、石川城太、小川英治、地主敏樹、中馬宏之、柳川隆訳、東洋経済新報社（2013））

Mann A, Harter J (2016). Worldwide employee engagement crisis. Gallup Business Journal, 7 Jan 2016

Maxton G, Randers J (2016) Reinventing prosperity. Greystone Books, Vancouver/Berkeley

McKinsey (2017) Basel IV: what's next for banks? Global Risk Practice, Apr 2017

Meadows D, Randers J, Meadows D (1992) Beyond the limits. Confronting global collapse. Chelsea Green, White River Junction（ドネラ・H・メドウズ、ヨルゲン・ランダース、デニス・L・メドウズ『限界を超えて――生きるための選択』、茅陽一監訳、ダイヤモンド社（1992））

Moore CJ, Moore SL, Weisberg SB, Lattin GL, Zellers AF (2001). A comparison of neustonic plastic and zooplankton abundance in southern California's coastal waters

Newman P, Kenworthy J (1989) Cities and automobile dependence: an international sourcebook. Gower, Aldershot

Newman P, Kenworthy J (2015) The end of automobile dependence. Island Press, Washington

OECD (2016) New steps to strengthen transparency in international tax matters. http://www.oecd.org/tax/automatic-exchange/news/new-steps-to-strengthen-transparency-in-international-taxmatters-oecd-releases-guidance-on-the-implementation-of-country-by-country-reporting.htm

OECD (2017) Mobilising bond markets for a low-carbon transition. OECD, Paris

Ogg JC (2016) Ahead of model 3: tesla value for 2019 versus Ford and GM Today. 24/7 Wall St, 29

301

Mar 2016. http://247wallst.com/autos/2016/03/29/ahead-of-model-3-tesla-value-for-2019-versus-ford-and-gm-today/

Pauli G (2010) The blue economy. Ten years, 100 innovations, 100 million jobs. A report to the Club of Rome（グンター・パウリ『ブルーエコノミーに変えよう——100 個のイノベーションで、10 年間に、1 億人の雇用をつくる。』、黒川清監訳、ダイヤモンド社（2012））

Pauli G (2015) The blue economy version 2.0. 200 projects implemented, US\$ 4 billion invested, 3 million jobs created. Academic Foundation, New Delhi and London

Piketty T (2015) La dette publique est. une blague! Interview by Reporterre viewed 14 May 2016 at http://pressformore.com/view/la-dette-publique-est-une-blague-la-vraie-dette-est-celle-ducapital-naturel

Piller C, Sanders E, Dixon R (2007) Dark clouds over good works of Gates Foundation. Retrieved 3 Oct 2010, from latimes.com/news/nationworld/nation/la-na-gatesx07jan07,0,6,827,615.story

Pledge G (2010) Forty U.S. families take giving pledge: Billionaires pledge majority of wealth to philanthropy. Retrieved 10 Sept 2010, from http://givingpledge.org/Content/media/PressRelease_8_4.pdf

Pyper J (2012) To boost gas mileage, automakers explore lighter cars. Scientific American

Radford T (2015) Stop burning fossil fuels now: there is no CO2 technofix. The Guardian, 2 Aug 2015

Randall T (2015) Fossil fuels just lost the race against renewables. Bloomberg Business, 14 Apr 2015. http://www.bloomberg.com/news/articles/2015-04-14/fossil-fuels-just-lost-the-raceagainst-renewables

Raskin P (2016) Journey to Earthland. The great transition to planetary civilization. Tellus Institute, Boston

Raworth K (2017) Doughnut economics. Penguin Random House, London（ケイト・ラワース『ドーナツ経済学——人類と地球のためのパラダイムシフト』、黒輪篤嗣訳、河出書房新社（2018））

RMI (2011) Reinventing fire: transportation sector methodology. Rocky Mountain Institute, USA

Rockstrom J et al (2017) A roadmap for rapid decarbonisation. Science 355:1269–1271

Sanders R (2006) Sustainability – implications for growth, employment and consumption. International Journal of Environment, Workplace and Employment, Jan. 2006

Seba T (2014) Clean disruption of energy and transportation: how silicon valley will make oil, nuclear, natural gas, coal, electric utilities and conventional cars obsolete by 2030, 20 May 2014. https://www.amazon.com/Clean-Disruption-Energy-Transportation-Conventional/dp/0692210539?ie=UTF8&redirect=true

Shaxson N (2012) Treasure islands: tax havens and the men who stole the world. Vintage, London（ニクラス・シャクソン『タックスヘイブンの闇——世界の富は盗まれている！』、藤井清美訳、朝日新聞出版（2012））

Snowden DJ, Boone M (2007) A leader's framework for decision making. Harv Bus Rev:69–76（デイビッド・J・スノウドン、メアリー・E・ブーン「クネビン・フレームワークによる臨機応変の意思決定手法」、松本直子訳、『DIAMOND ハーバード・ビジネス・レヴュー』、2008 年 3 月号、108-119）

Spratt D, Sutton P (2008) Climate code red: the case for emergency action. Scribe Publications, Brunswick

SRI-Rice (2014) The system of crop intensification. SRI International Network and Resources Center, Cornell University, and the Technical Centre for Agricultural and Rural Cooperation (CTA), Wageningen

Steffen A (2015) A talk given at a conservation meeting a hundred years from now. 3 Nov 2015. http://

www.alexsteffen.com/future_conservation_meeting_talk

Stuchtey M, Enkvist P-A, Zumwinkel K (2016) A good disruption redefining growth in the twenty-first century. Bloomsbury Publishing Plc, London

Takada H, Youngman R (2017) Can green bonds fuel the low-carbon transition? OECD, Paris

Tartar A (2016) World War II economy is a master class in how to fight climate change. Bloomberg Markets 8 Sep 2016

Tekelova M (2012) Full-reserve banking, a few simple changes to banking that could end the debt crisis. Positive Money, London

The Club of Rome (2015) The circular economy and benefits for society Swedish case study shows jobs and climate as clear winners. Club of Rome, Winterthur

The International Centre of Insect Physiology and Ecology (ICIPE) (2015) The 'push–pull' farming system: climate-smart, sustainable agriculture for Africa.

Thorndike J (2017) Refundable carbon tax – not perfect but good enough. Forbes. 19 Feb 2017

Tilly C (2004) Social movements, 1768–2004. Routledge, Oxford

Turner A (2016) Between debt and the devil: money, credit and fixing global finance. Princeton University Press, Princeton（アデア・ターナー『債務、さもなくば悪魔──ヘリコプターマネーは世界を救うか？』、高遠裕子訳、日経 BP（2016））

UN PRI (2013) Overcoming strategic barriers to a sustainable financial system: a consultation with signatories on a new PRI work programme. Viewed 13 May 2016 at https://www.unpri.org/explore/?q=Overcoming+strategic+barriers+to+a+sustainable+financial+system

UNEP (2016), Food Systems and Natural Resources (2016). By Henk Westhoek et al. UNEP, Nairobi

UNEP and International Resource Panel (2014) Assessing global land use: balancing consumption with sustainable supply. UNEP, Nairobi

Uphadhyay A (2016) Narendra Modi lures India's top fossil fuel companies to back solar boom. Live Mint, 22 July 2016. http://www.livemint.com/Industry/n6JGIUiAK3dBZHvUxWprWO/Narendra-Modi-lures-Indias-top-fossil-fuel-companies-to-bac.html

Uphoff N (2008) The system of rice intensification (SRI). Jurnal Tanah dan Lingkungan 10(1):27–40

Vaughn A (2016) Human impact has pushed Earth into the Anthropocene, scientists say. The Guardian, 7 Jan 2016. http://www.theguardian.com/environment/2016/jan/07/human-impacthas-pushed-earth-into-the-anthropocene-scientists-say

von Weizsacker E, Jesinghaus J (1992) Ecological tax reform. Zed Books, London

von Weizsacker E, "Charlie" Hargroves K et al (2009) Factor five: transforming the global economy by 80% improvements in resource productivity. Earthscan, London（エルンスト・ウルリッヒ・フォン・ワイツゼッカー、カールソン・ハーグローブス、マイケル・スミス、シェリル・デーシャ、ピーター・スタシノポウロス『ファクター 5 ──エネルギー効率の 5 倍向上をめざすイノベーションと経済的方策』、林良嗣監修、明石書店（2014））

WBGU (2009) Solving the climate dilemma: the budget approach. WBGU, Berlin

WBGU (2016) Humanity on the move: unlocking the transformative power of cities. German Advisory Council on Global Change, Berlin

West M (2016a) Oligarchs of the Treasure Islands. Interview with George Rozvany. 11 July 2016. http://www.michaelwest.com.au/oligarchs-of-the-treasure-islands/

West M (2016b) George Rozvany's silver bullet. 13 July 2016. http://www.michaelwest.com.au/george-rozvanys-silver-bullet/

Wolfensen K (2013) Coping with the food and agriculture challenge: smallholders' agenda. FAO, p 1. http://www.fao.org/fileadmin/templates/nr/sustainability_pathways/docs/Coping_with_food_and_agriculture_challenge__Smallholder_s_agenda_Final.pdf

Wolman A (1965) The metabolism of cities. Sci Am 213:179–190

World Future Council Foundation (2014) Global policy action plan. Incentives for a sustainable future. Oeding Print, Braunschweig. For more go to www.worldfuturecouncil.org or mail to the program's coordinator, catherine.pearce@worldfuturecouncil.org

Zucconi A (2015) Person centered education. Cadmus 2(5):59–61

Zucman G (2015) The hidden wealth of nations: the scourge of tax havens (transl. Fagan T). University of Chicago Press, Chicago. Data available here: www.gabriel-zucman.eu

結　論
──わたしたちと一緒に始めよう！

　わたしたち著者は読者の皆さんをこのわくわくする旅にお誘いします。本書の第3章は、いくつかの勇気ある個人や企業や国家が今行動を起こし、不幸、不満、そして停滞を離れることができることを示している事例でいっぱいです。第3章はさらに、利益を上げられる建設的な行動を生み出し、その行動を主流にするための政策手段が存在し、考えうることをも示しています。

　わたしたちの招待は、世界中の全ての国の人々へのものです。わたしたちの置かれている成功のための条件は大きく異なっていますが、世界では現在もっとも起こりそうにない場所で成功物語が誕生しているのです。

　何が大事か。ある成功のための条件は、あらゆるところで尊重されなければなりません。それは、まず、持続可能でない成長の軌道から離れること。持続可能でない成長は、将来世代に対しての不公正です。環境を「搾取し」、生物多様性を破壊し、気候を不安定にし続けることは、とりわけ最貧困層に対して不公正です。わたしたちが共有しているこの地球の全てのほかの生き物と同様に、貧しい人々は周辺地域環境と適度に安定な気候に依存して生活しています。

　地球上の現在の動向は持続可能ではなく、こうした挑戦への通常の解答はさらなる資源消費と堅く結びついた経済成長に大抵依存しています。継続する人口増大と結びつき、この解答は現在の動向をずっと持続可能でないものにします。その不可避の結果は地域と全地球での生態学的崩壊であり、多くの生き物とともに、持続可能な開発目標（SDGs）の13、14，15番の目標を完全に達成できなくしてしまいます。緊急に必要とされているものは新しい人類の目標であり、可能なら、新しい社会の啓蒙であることは避けがたいことのように見えます。新しい啓蒙の主な特徴の一つは**バランス**です。目標は、バランスの取れた世界であり、経済的SDGsと生態的SDGsの現在の目標間の現実的な調和

305

です。

　わたしたちは、技術者、発明家、実務家、そして投資家を、経済的成功と人々の充足を天然資源消費から切り離す仕事へと招待します。その計画には使用済み資源の再生が含まれます。また荒廃した土地を再生し、野生生物と肥沃な農業のための条件を向上させる作業が含まれます。

　わたしたちは、家族をつくる人々に、とりわけ人口増加が続いている国々において、[家族計画による]人口の安定化を目指すよう、呼びかけます。そして、政府には、子どもの数が少なくても老後の保障が得られるよう、家族のための社会保障制度を設立し維持するよう、要請します。

　わたしたちは、学術界の読者には、数学には満ちているが意味が空虚になりがちな機械論的唯物論的哲学を精密点検するのを手伝ってくれるようお誘いします。政府と学術機関の民間支援者に対しては分野横断型の研究と学位を支援するよう激励します。

　実業家の方々に対しては、表面的な財務的成功に関する四半期報告書ではなく、公共善と長期的視点を尊重するようお誘いします。そのためには、金融業界が現在乗っている業績変化の激しい列車を**降りて**、適切な利益幅に対してもっと辛抱強く、かつ現実的になることが必要だと申し上げたい。

　わたしたちは、実業界の方々に対して、利潤追求の基本的枠組みを変更して共通善への貢献が、財務的に罰せられるのでなく報われるように変えていくという世界観を持ち、政策立案者とつきあいを継続するようお誘いします。模範的な行動に報いること（そして賞賛すること）も薦めます。

　わたしたちは、政策立案者の方々に、人々の雇用に報い、天然資源の消費を厳しく罰するという新しい税の思想を採用し、同時に必要な資源は十分に手に入れることができるという全ての人のニーズを尊重し続けるよう、提案します。

　わたしたちは、政府に対し、国境を越えて集まり、「ともに暮らす」精神で共通の利点に基づいて協力するよう、お誘いします。

　最後に、しかし重要なこととして、批評家の皆さんが、このローマクラブからの報告書に関する事実や意図について見いだされた誤りについてお示しくださいますよう、お願いします。

本書に対する賞賛の声

ジェレミー・レゲット博士、ソーラーセンチュリーおよびソーラーエイド創立者・会長、カーボントラッカー会長

　ローマクラブは、石炭の時代に戻って欲しいという政治家よりも強力であることが明らかになった、わたしたちの脱炭素投資キャンペーンの力を以前から理解していました。親愛なるローマクラブ、国際舞台への復帰を歓迎します。

ケヴィン・チカ・ウラマ教授、アフリカ開発銀行、コートジボワール・アビジャン

　ローマクラブはもはや成長を止めることについて語っていません。より大胆になって、福利厚生の向上の万能薬であると多くの人によって見られてきた西洋／先進国の発展の道筋を超える新しい啓蒙を示唆しています。本書は、途上国、特にアフリカの開発実務家及び政策立案者にとって必読書です。

ヤネス・ポトチュニック博士、元欧州連合環境委員、国連環境計画国際資源パネル共同議長

　『成長の限界』は全ての詳細にわたって正確ではなかったかもしれませんが、核となる主張は常に生きており、今やこれまで以上に時宜を得たものです。しかしわたしたちの文明は「いっぱいの世界」の挑戦に対応するために新しい啓蒙を必要としています。ローマクラブの新しい報告書はまさにそれをここであなたに提供するものです（読みやすく、理解しやすく、否定することが難しく、無視することができない）。

筑紫みずえ、株式会社グッドバンカー創立者兼代表

　ローマクラブからの新しい報告書は、適切な投資をとても強調しています。

素晴らしい。希望が見出されます。これは日本の投資顧問会社であるグッドバンカーにおけるわたしたちの思想でもあります。

ルー・ヨンロン教授、中国科学院

新しいローマクラブの報告書は中国の第13次5ヵ年計画を見事に説明しているばかりでなく、新興経済国が環境配慮型社会を発展させるための「改革を深める」選択肢をも提示しています。報告書はまた、持続可能な世界への転換に向けて大変重要な分野を示しています。

ジェームズ・グスタフ・スペス教授、世界資源研究所創設者、前国連開発計画総裁

大変力強い新しいローマクラブ報告書！　著者らが適切に述べているように「いっぱいの世界」には新しい啓蒙に相当するものが必要です。とりわけ素晴らしいのは、本書は楽観的であり、何を今なしうるかについて具体的に示していることです。

マーク・スウィリング教授、ステレンボッシュ大学、南アフリカ共和国

新しいローマクラブ報告書はわたしたちの「いっぱいの世界」に対する新しい啓蒙を、勇気を持って提案しています。同時に、システムアプローチに基づいた公正な社会的移行が必要であると強調しています。報告書はさらに世界経済の残忍な金融化に対する力強い批判を述べています。

スニータ・ナライン、科学・環境センター所長、インド・ニューデリー

ローマクラブが力強い新報告書を出しました。報告書はこんにちの「いっぱいの世界」に見合った新しい啓蒙を示唆しています。また成功物語と、検討する価値のある大胆な政策提案を示しています。

ヨハン・ロックストローム教授、ストックホルムレジリエンス研究所長

科学的な主張は明確です。世界は地球規模の持続可能性に向けて切迫した社会的変容に直面しています。人類が21世紀を通じて繁栄する可能性は、プラネタリー・バウンダリー内、換言すれば——地球の限界という安全運行範囲内

にしかありません。新しいローマクラブの報告書は、持続可能な発展に向けた世界の移行の必要性、機会、そして便益に関する批判的で最先端の検証です。わたしたち全員が必要とする本です。

ケイト・ラワース、オックスフォード大学、『ドーナツ経済学が世界を救う』著者

　フォン・ワイツゼッカーとワイクマンは正しいのです。もし人類が今世紀に繁栄しようとするなら新しい啓蒙が必要です——そしてだからといって決然とした行動の前に啓蒙を待つこともできないのです。この豊かで時宜を得た本は、幅広い層の革新的な思想家の考えを引用し、誰もが反映するバランスの取れた将来に向かう今日の行動を力強く示しています。

ビクトリア・タウリ＝コーパズ、フィリピン、先住民族の権利に関する国連特別報告者

　報告書は、そうではなくても困難な世界にあって、楽観的です。私はバランスに着目した新しい啓蒙という考え方が好きです。アジアの諸文化は西洋の資本主義者や植民地主義者の国々より、新しい啓蒙の力をよりよく知っています。

クラウス・テプファー教授、元国連環境計画事務局長、ケニア・ナイロビ

　『成長の限界』から 45 年後のローマクラブからの新しい報告書です。わたしたちを勇気づける著作であり、楽観主義に満ちています！　内容は、人間が地球環境を大幅に改変するに至った人新世にふさわしい、新しい啓蒙を提案するところにまで及びます。

ジルベルト・ガロピン、ラテンアメリカンワールドモデルの共著者

　ローマクラブの最初の報告書に対するラテンアメリカの批評家の一人として、新しい報告書が焦点を変更して、地球規模の課題の基礎的根本原因と潜在的な解決策に挑んでいることを歓迎します。報告書は説得力を持って新しい啓蒙が必要であるばかりでなく可能でもあることを示しており、そして行動を起こすよう呼びかけています。

309

ダイアナ・シューマッハー、新経済学財団元所長、英国・ゴッドストーン

『成長の限界』から45年経って、遂にわたしたちはローマクラブからのもう一つの重要な報告書を手に入れました。しかしこのたび著者たちはさらに幅広く、より深く考察しています。わたしたちの現在の「いっぱいの世界」は、実利優先、還元主義、そして利己主義を超える新しい啓蒙を必要としていることを示唆しています。彼らの呼びかけが人々に受け入れられるよう、切に望んでいます。

コニー・ヘーデゴア、元欧州連合気候大臣

ローマクラブからの新しい報告書はちょうど良い時期に出版されました。時間は限られており、わたしたちは経済の全ての主要な分野を変容させ、プラネタリー・バウンダリー内に留まり続ける必要があります。このためにはより体系だった方法が必要であり、とりわけ長期的な事柄を優先しなければなりません。わたしたちを導く様々な価値が広く行き渡る必要があり、著者たちが新しい啓蒙を訴えているのはまったく正しいと信じています。

索　引

■　英数字

2030 アジェンダ（2030 Agenda）　8, 73, 74, 78, 239

2 度目標（2° Target）　45, 47, 210

3D プリンター（3D printer (printing)）　226

6 度目の大量絶滅（Sixth extinction）　21

Attac 運動（Attac movement）　247

BASF　289

BedZED　199

Bellagio サミット（Bellagio Summit）　255

Cao Xian（中国山東省）　288

COHAB　281-284

CRISPR-Cas9　29, 54, 133

DNA　133, 143

EcoIslam　109

Ernst & Young　236

ETC グループ（Erosion, Technology and Concentration (ETC) group）　134

Facebook　250

Giving Pledge　251

Global Alliance for Banking on Values (GABV)　254

KPMG　236

Massive Open Online Courses (MOOCs)　294, 297

PwC　236, 237

TalentNomics　61

Teng Xian（中国山東省）　289

UNCTAD（United Nations Conference on Trade and Development）　66

UNESCO（United Nations Educational, Scientific and Cultural Organization）　292

WBGU（ドイツ）　197, 206-207

WhatsApp　250

World3（モデル）　38, 226

■　あ　行

アースランド（Earthland）　100, 277, 279

アームストロング、カレン（Armstrong, Karen）　112

アイスラー、リーアン（Eisler, Riane）　154, 241

アイデ、ラナルド（Ide, Ranald）　227-228

相乗り（Carpools）　221

アガルワル、アニル（Agarwal, Anil）　206

アグロエコロジー（Agro-ecology）　190-191

アグロフォレストリー（Agro-forestry）　192

アジア（Asia）　50, 59, 72, 80, 119, 141, 150, 275, 309

アジェンダ 21（Agenda 21）　4, 75, 115

アズベリー、アンナ（Asbury, Anna）　154

アダム・スミス研究所（Adam Smith Institute）　125

アップル（社）（Apple (corporation)）　228

アデレード（オーストラリア）（Adelaide）　200-202

アドマティ、アナト（Admati, Anat）　30, 232

アフガニスタン（Afghanistan）　26, 55, 79

アフリカ（Africa）　22, 26, 55, 58-59, 61, 65-66, 68, 72, 78, 80, 119, 192, 194, 275, 307

アフリカ世論調査（Afrobarometer）　268

アムステルダム（オランダ）（Amsterdam）　199

アラブの春（Arab Spring）　22, 269

アリストテレス（Aristotle）　110, 247

アリババ（Alibaba）　286

アルゼンチン（Argentina）　22, 195

アンダーソン、ケヴィン（Anderson, Kevin）　47

イーサリアム（Ethereum）　260-261

イェール（米国コネチカット州）（Yale）

311

233

イエメン（Yemen）　22, 61

生きている経済（Living Economoy）　113

維持管理（Maintenance）　89, 200, 217

イスラム教（Islam, Islamics）　28-29, 110, 112, 141

イタリア（Italy）　155, 181, 233

いっぱいの世界（Full world）　12, 33-36, 55, 89-95, 99, 112, 142, 148-149, 153, 157, 281-282, 307-308, 310

遺伝子型（Genotype）　131

遺伝子ドライブ（Gene drives）　54-55

遺伝子プール（Gene pool）　132-133

イブン・スィーナー（Ibn Sina）　110

イブン・ルシュド（Ibn Rušd）　29, 110

医薬品（Pharmaceutical）　181

イリアス（Iliad）　111

イロコイ族同盟（Iroquois Confederacy）　157

イングランド（英国）（England）　25, 64

イングランド銀行（Bank of England）　204

インターネット（Internet）　28, 52, 61, 85-86, 227, 286, 294

インド（India）　39, 47, 51, 56-57, 61, 63-64, 73, 75, 78, 171, 174-177, 206, 220, 291, 297

陰と陽（Yin and Yang）　150-152

インパクト投資（Impact investing）　254-257

インフラストラクチャー（インフラ）（Infrastructure）　63-64, 84, 88, 154, 191, 198, 200, 209, 214, 217, 219-221, 225, 231, 236, 238, 242, 258, 265-266, 280, 283, 287

ヴァレラ、フランシスコ（Varela, Francisco）　141

ウィーン（オーストリア）（Vienna）　247

ウィキペディア（Wikipedia）　82, 227

ヴィクター、ピーター（Victor, Peter）　135

ウィラマントリー、クリストファー・グレゴリー（Weeramantry, Christopher Gregory）　110

ウィルキン、ハロルドとロス（Wilkin, Harold and Ross）　195

ウィルキンソン、リチャード（Wilkinson, Richard）　154

ウィルソン、エドワード・オズボーン（Wilson, Edward Osborne）　54

ウーバー（Uber）　84, 226, 228

ウェーバー、アンドレアス（Weber, Andreas）　141

ウェーバー、ヨハン・バプテスト（Weber, Johann Baptist）　248-249

ヴェニス（イタリア）（Venice）　199

ウォール街（Wall Street）　32, 250

ヴォルテール（Voltaire）　148

宇宙船地球号（Spaceship Earth）　33-34, 100

ウプサラ（スウェーデン）（Uppsala）　47

海鳥（Seebirds）　53

ウルグアイラウンド（Urguay Round）　117

運輸（交通）（Transport）　63, 84, 89, 144, 189-190, 200, 202, 204, 219-221, 226, 258, 263, 287

英国（Britain）　23-24, 26, 31-32, 40, 47, 51, 53, 57, 72, 78, 90, 116-117, 121, 126, 149, 155, 199, 204, 234, 257, 270, 277, 281

エールリッヒ、パウル（Ehrlich, Paul）　61

易経（I Ching）　151

エクアドル（Ecuador）　199

エコー・チェンバー（Echo chambers）　27

エコデザイン指令（Eco-design directive）　218

エコ文明（Eco-civilization）　64, 189, 285-287

エコポリス（Ecopolis）　195-202

エコロジカル・フットプリント（Ecological footprint）　7, 37, 62, 64, 78-80, 97, 262, 264, 282

エネルギー効率（Energy efficiency）　187, 189, 207, 209, 214, 216, 218-219, 222, 244, 258, 285

エネルギー転換（Energy transition）　226

エラスムス（Erasmus）　148

エリトリア（Eritrea）　22

エルドリッジ、ナイルズ（Eldredege, Niles）　133

エレファントカーブ（Elephant curve）　24-25

エレン・マッカーサー財団（Ellen MacArthur Foundation）　215-216

沿岸域（Coastal areas）　43, 198

エントロピー（Entropy）　92-93

エンパワーメント（Empowerment）　171-172, 174-177

欧州（Europe, Eurepean）　23, 26-29, 33-35, 48, 51, 70, 72, 80, 94, 116-117, 123, 130, 147-150, 153-154, 156, 199, 208, 213, 215-218, 231-232, 238, 246-247, 254, 258,

312

270, 281, 296, 307, 310

欧州議会（European Parliament）　216

オーストラリア（Australia）　58, 97, 155,
194-195, 200-202, 206, 218, 220, 222-224,
232, 297

オーストリア（Austria）　78, 155, 246,
248-249

オートポイエーシス（Autopoiesis）　141

オーバーシュタイナー、ミヒャエル
（Obersteiner, Michael）　77

オズボーン、マイケル（Osborne, Michael）
88

汚染（Pollution）　7, 12, 33, 35, 37-38, 41, 63,
70, 75-76, 92, 107-108, 119, 156, 161, 182,
197-198, 201, 213-215, 229, 243, 245, 252,
259, 262-263, 285, 287, 289

オゾン層（喪失）（Ozone depletion）　57,
262-263

オバマ、バラク（Obama, Barack）　48, 50, 71,
231

オヘイガティ、ショーン（Ó hÉigeartaigh,
Seán）　52

オランダ（Netherlands, The）　78, 155, 200,
216, 259

温室効果ガス排出（Greenhouse gas (GHG)
emissions）　48, 50-51, 66, 75-76, 97, 165,
191, 195, 202, 204, 210, 212, 214, 219-223

■　か　行

カーツワイル、レイ（Kurzweil, Ray）　86

ガーディアン紙（Guardian, The）　44

カートライト、マーク（Cartwright, Mark）
150

カーボンニュートラル（Carbon-neutral）
202, 211, 223, 290

カーボンプライシング（Carbon pricing）
165, 242

解決群（Resoltique）　3, 114-115

開発のための農業知識・科学・技術の国際的
評価（International Assessment of
Agricultural Knowledge, Science and
Technology for Development (IAASTD)）
65-69, 190-191

外部性（Externality）　35, 92, 228

海洋（Oceans）　41, 43, 46, 49, 63, 74-75,

119-120, 148, 161, 181, 268

海洋法（Law of the Sea）　148

カイロ行動計画（Cairo Plan of Action）　60

科学、技術、工学、そして数学（Science,
technology, engineering, and mathematics
(STEM)）　88

化学物質（Chemical）　41, 47, 53, 68, 85, 138,
140, 166, 181, 194, 243, 289

格付け機関（Rating agencies）　30

核の冬（Nuclear Winter）　56

核兵器（Nuclear weapons）　55-58

陰の銀行制度（Shadow banking）　234

過剰消費（overconsumption）　22

課税（Taxation）　44, 154, 217-218, 226-229,
234-236, 242-243, 280

加速（Acceleration）　29, 33, 35, 43, 61, 66, 75,
83, 87, 174, 183, 187, 203, 212, 217, 255

カナダ（Canada）　64, 109, 128, 155, 195, 212,
227, 255, 297

カビスゼウスキー、イダ（Kubiszewski, Ida）
262

株主価値（Shareholder value）　23, 118

カプラ、フリッチョフ（Capra, Fritjof）
140-141, 152

貨幣創造（Money creation）　230, 233-234

空っぽの世界（Empty world）　12, 33-36, 55,
90-95, 111, 148, 153, 157, 276

ガラパゴス諸島（エクアドル）　130-131

ガリアノ、エドゥアルド（Galeano,
Eduardo）　71

カリウム（Potassium）　196, 198

カリフォルニア大学バークレー校（UC
Berkeley）　186

カルカッタ（インド）（Kolkata）　199

カルドー、メアリー（Kaldor, Mary）
269-270

環境容量（Carrying capacity）　58, 63, 80, 195,
264

還元主義（Reductionism）　136-144, 226, 310

韓国（Korea）　72, 109

関税貿易一般協定（Global Agreement on
Tariffs and Trade (GATT)）　69, 117, 124,
127

環大西洋貿易投資パートナーシップ
（Transatlantic Trade and Investment
Partnership (TTIP)）　70-71

313

環太平洋パートナーシップ (Trans-Pacific
Partnership (TPP)) 71
ガンディー、インディラ (Gandhi, Indira)
75
ガンディー、マハトマ (Gandhi, Mahatma)
172
カント、イマニュエル (Kant, Immanuel)
148
キガリ（ルワンダ）(Kigali) 49
気候変動 (Climate change) 7, 21, 36, 41-42,
44-53, 55, 61, 74, 98, 109, 113, 119, 137,
168, 182-183, 197, 199-200, 203-214, 217,
224, 229, 238, 240-242, 262, 282
気候変動に関する政府間パネル
(Intergovernmental Panel on Climate
Change (IPCC)) 47, 282
技術評価 (Technology assessment) 279
寄生 (Parasites) 133, 194
規制者 (Regulators) 234-235
規制撤廃 (Deregulation) 23, 30, 32, 73, 117,
127
キト（エクアドル）(Quito) 199
キノコ (Mushrooms) 180-181
キム、ジム・ヨン (Kim, Jim Yong) 242
ギャラップ・ヘルス (Gallup Healthways)
163
キューバ (Cuba) 192-193
キュンケル、ペトラ (Kuenkel, Petra)
273-274
教会 (Churches) 34, 61, 109, 113, 148-149
教皇フランシスコ (Pope Francis) 8, 12,
107-112, 149, 153, 163
共産主義 (Communism) 22, 116-118, 123
競争 (Competition) 73, 84-85, 116-117, 125,
127, 130-131, 133-135, 143, 146, 153-154,
163-164, 173, 184-185, 216, 245, 247-248,
256, 294
共通善 (Common good) 163, 246-249, 306
共同のリーダーシップ (Collective
leadership) 273-275
共有地の悲劇 (Tragedy of the Commons)
247
ギリシャ (Greece) 111, 155, 233, 271
キリスト教 (Christian, Christianity) 28-29,
109, 111-112, 141
キング、アレクサンダー (King, Alexander)

3, 114
銀行業務 (Banking) 32, 237, 249, 260
近東 (Near East) 26, 29, 55, 269
金融化 (Financialization) 25-26, 30-33, 236,
308
金融危機 (Financial crisis) 30-31, 72, 229,
232-233, 238, 290
グールド、スティーブン・ジェイ (Gould,
Stephen Jay) 132
クムホフ、マイケル (Kumhof, Michael)
234
クラウドファンディング (Crowd funding)
258-261
グラノフ、ジョナサン (Granoff, Jonathan)
57
グリーンピース (Greenpeace) 70
グリーンビルディング (Green Buildings)
176, 222
グリーンベルト運動 (Green Belt
Movement) 205
グリーンボンド (Green Bonds) 258
クリステンセン、クレイトン (Christensen,
Clayton) 82-83
クルッツェン、パウル (Crutzen, Paul) 42
グローバリゼーション (Globalization) 23,
117, 126-128, 178, 247
グローバルガバナンス (Global governance)
242, 276-284
グローバル政策行動計画 (Global Policy Action
Plan (GPACT)) 276
クロスビー、ネッド (Crosby, Ned) 271
経験主義 (Empiricism) 136
経済協力開発機構 (OECD) 99, 123, 215, 229,
235, 258, 287
経済理論 (Economic theory) 92, 95, 126, 134,
145-146, 240
ゲイツ、ビル (Gates, Bill) 228, 251
ケイマン諸島（英国）(Cayman islands) 124
啓蒙 (Enlightenment) 8, 12, 28-29, 33-36, 99,
110, 113, 125-126, 141, 148-156, 305,
307-310
ケインジアン (Keynesian) 92, 121
ケインズ、ジョン・メイナード (Keynes,
John Maynard) 162
ゲール、ヤン (Gehl, Jan) 202
原材料 (raw materials, feedstock) 47, 84, 119,

索　引

180

原子力（Nuclear energy）　22, 183-184, 186, 189-190, 203, 245

工業（Industry）　24, 37-39, 54, 58, 66, 124, 139, 168, 173, 177, 180, 185, 190, 198, 205-206, 208, 219, 244-245, 284-285, 287, 289-290

公共財（Public goods）　70-71, 73, 118, 154, 209, 279-280

公共調達（Public procurement）　248

工場食料生産（Factory farming）　43

厚生（Welfare）　91, 93, 96, 98, 127, 135, 154, 206, 214-215, 218, 262, 264, 266, 280, 307

合成生物学（Synthetic biology）　52

交通（運輸）（Transport）　63, 84, 89, 144, 189-190, 200, 202, 204, 219-221, 226, 258, 263, 287

交通手段の転換（Modal shift）　220

黄土高原（中国）（Loess plateau）　226

コー、マーティン（Khor, Martin）　72

コーテン、デビッド（Korten, David）　112-113

コーヒーコミュニティにおける共通行動規範（Common Code of the Coffee Community）　273-275

コーン、アルフィー（Kohn, Alfie）　247

国際エネルギー機関（International Energy Agency (IEA)）　189, 221

国際再生可能エネルギー機関（International Renewable Energy Agency (IRENA)）　189

国際資源パネル（International Resouce Panel (IRP)）　191, 214

国際通貨基金（International Monetary Fund (IMF)）　61, 123, 128-130, 187, 230, 234, 236-237

国際電気通信連合（International Telecommunications Union (ITU)）　225

国際連合（United Nations (UN)）　8, 11, 59, 73, 115, 147, 252, 263, 268, 276, 279, 281, 283, 292

国際労働機関（International Labour Organization (ILO)）　173

国内総生産（Gross Domestic Product (GDP)）　31-32, 43, 93-97, 99, 135, 161, 164, 209, 212, 215, 239, 250, 254, 261-268, 290-291

国民総幸福量指標（Gross National Happines Index）　290-291

穀物（Cereal crops）　68, 194

国連環境計画（United Nations Environment Programme (UNEP)）　65, 77, 94, 99, 171, 191, 243, 353, 285-286, 307, 309

国連持続可能な開発のための教育の10年（UN Dacade of Education for Sustainable Development (UNDESD)）　292

国連食糧農業機関（UN Food and Agriculture Organization (FAO)）　168

国連人口基金（United Nations Population Fund (UNFPA)）　59

コチャバンバ宣言（Cochabamba Declaration）　113

コペンハーゲン（デンマーク）　199, 202, 206-207

コモンズ（Commons, The）　130, 179, 281

雇用（Jobs）　24, 59, 62, 71, 76, 88-89, 98-99, 120-121, 144-145, 171-182, 188-189, 191, 193, 201-202, 212, 216-217, 288, 306

■　さ　行

サーキュラー・エコノミー（Circular economy）　164-165, 213-218, 226

サービス経済（Service economy）　165-166

災害（Disasters）　7, 22, 65, 96, 199-200

再生可能エネルギー（Renewable (energies)）　45, 85, 175, 182-190, 196, 198, 202-203, 207, 209, 214, 216-217, 222, 227, 258, 285

再生都市（Regenerative city）　195-202

再生力のある（Regenerative）　161-170

債務危機（Debt crisis）　32, 123

災厄（Disasters）　37, 44, 46, 51-58, 120, 139, 156, 238

サウジアラビア（Saudi Arabia）　207

ザカリア、ファリード（Zacharia, Fareed）　23

座礁資産（Stranded assets）　186, 188, 203

ザッカーバーグ、マーク（Zuckerbert, Mark）　225

サックス、アダム（Sacks, Adam）　170

サッチャー、マーガレット（Thatcher, Margaret）　117, 121

サットン、フィリップ（Sutton, Philip）　170

315

砂漠化（Desertification） 68, 74, 108

サブプライム危機（Subprime Crisis） 204

セイボリー研究所（Savory Institute） 168-169

サルデーニャ（イタリア） 181

散逸構造（Dissipative structures） 92

産業（Industry） 25, 38, 40, 44-45, 47, 52, 58, 62, 66-67, 70, 72, 74, 85, 87-88, 97, 123, 128, 141, 149, 170, 173-174, 178-179, 186-187, 189-190, 194, 203-204, 210-211, 215, 227-228, 236, 244-245, 253, 256, 258, 260, 263-264, 273, 275, 280, 284

サンダース、リチャード（Sanders, Richard） 232

ジェイコブソン、マーク・ザカリー （Jacobson, Mark Zachary） 186

ジェヴォンズのパラドックス（Jevons Paradox） 94

シェブロン（Chevron） 88

シェルンフーバー、ジョン（Schellnhuber, John） 210

ジオエンジニアリング（Geoengineering） 46-47, 52, 279

ジオポリマー・コンクリート（Geopolymer concrete） 223

シカゴ経済学派（Chicago Shool of Economics） 125

事業論理（Business logic） 215

資源生産性（Resource productivity） 165, 215, 218-224, 242-244, 288

市場原理（Market doctrine） 115, 117-136

システム理論（Systems theory） 141

慈善事業（Philanthropy） 250-252, 255-257

自然資本主義（Natural Capitalism） 164-166

持続可能性（Sustainability） 27, 33, 62, 64, 80, 87-88, 97, 99-100, 147, 150, 153, 163, 165, 191, 197, 201, 229, 232, 239, 248-249, 253-254, 256, 262-263, 269, 275, 277, 284, 286, 290-291, 294-295, 297-298, 308

持続可能でない（Unsustainable） 37, 58-69, 84, 97, 305

持続可能な開発（発展）（Sustainable Development (SD)） 4, 8, 11-12, 51, 58, 60, 65, 74, 76, 79-80, 83, 97, 99, 157, 172-174, 176, 199, 225-226, 228, 236, 246, 268, 284, 292-293, 295, 298, 309

持続可能な開発目標（SDGs） 4, 42, 53, 59, 73-81, 115, 173-174, 214, 239, 267, 268-269, 276, 279, 292, 305

持続可能な経済厚生指標（Index of Sustainable Economic Welfare） 262, 264

持続可能な幸福度指標（Sustainable Wellbeing Index (SWI)） 267

失業（Unemployment） 22, 78, 119, 172-174, 180, 215, 218, 228, 241-242, 262-263, 265

自動運転車（Driverless car） 189

ジニ係数（Gini coefficient） 262

死亡率（Fertility rates） 154-155

資本主義（Capitalism） 12, 22-23, 83, 115-124, 126, 149, 164-170, 309

市民社会組織（Civil society organizations (CSOs)） 45, 48, 50, 269, 273

地元（indigenous） 35, 176, 193

シャーマー、オットー（Scharmer, Otto） 33

社会基盤（Infrastructure） 117

ジャカルタ（インドネシア） 199

ジャクソン、ティム（Jackson, Tim） 135

上海（中国）（Shanghai） 199, 289

自由化（Liberalization） 23, 72, 117, 124

主権（Sovereignty） 70, 117, 147-148, 281-282

珠江デルタ（Zhujian Delta） 285

種の絶滅（Species extinction） 7, 29

シュンペーター、ジョセフ（Schumpeter, Joseph） 82-83

小規模農家（Smallholder farmers） 66, 192

証券化（Seculitization） 30

情報（ビット）税（Bit Tax） 227-229

情報通信技術（ICTs） 83, 85, 87, 175, 224-229

ジョージェスク＝レーゲン、ニコラス （Georgescu-Roegen, Nicholas） 92

食の安全（Food safety） 287

植林（植樹）（Tree planting） 205, 211-212, 286

女性と男性（Female-male） 35, 151

ジョバンニ、エンリコ（Giovannini, Enrico） 135

ジラルデット、ハービー（Girardet, Herbie） 13, 196-197, 201

シリア（Syria） 29

シリコンバレー（Silicon Valley） 242

シン、ハンス・ヴェルナー（Sinn, Hans Werner） 117

索　引

シンギュラリティ（Singularity）　86-87

人口（Population）　11, 22, 24-25, 33, 35, 37,
43, 47, 53-55, 58-64, 66, 68, 76, 79-80, 92,
96, 98, 139, 147, 150, 153, 161, 174, 195,
199, 220, 238, 241, 249, 264, 277-278,
283-284, 290, 305-306

人口増加（Population growth）　55, 58, 60, 306

人工知能（Artificial intelligence (AI)）　52, 86,
142-143, 279

新古典派（Neoclassical）　92, 95, 145-146, 165

人新世（Anthropocene）　3, 11, 42-44, 109,
284, 297, 309

京東商城（Jingdong）　286

真の進歩指標（Genuine Progress Indicator
(GPI)）　262-267

森林（Forests）　38, 54, 74, 95, 120, 149, 172,
193, 196, 198, 211-212, 215, 262-263, 290

森林伐採（Deforestation）　66, 108, 209, 212,
215

水耕（Hydroponics）　287

スイス（Switzerland, Swiss）　78, 121, 155

スウェーデン（Sweden, Swedish）　47, 75, 78,
155, 199, 212, 216, 230, 245

スタインドル゠ラスト、デヴィッド（Steindl-
Rast, David）　141

スタッチティー、マーティン（Stuchtey,
Martin）　226

スタヘル、ヴァルター（Stahel, Walter）　215

スタンフォード（米国カリフォルニア州）
（Stanford）　186, 189

ステフェン、ウィル（Steffen, Will）　40

ストックホルム（スウェーデン）
（Stockhom）　75, 199, 308

ストリーク、ヴォルフガング（Streek,
Wolfgang）　126

スプラット、デイヴィッド（Spratt, David）
170

スペイン（Spain）　110, 155, 216, 233, 248

スミス、アダム（Smith, Adam）　125-127,
130, 148, 227

スラット、ボイヤン（Slat, Boyan）　259

スリランカ（Sri Lanka）　110

スローターダイク、ペーター（Sloterdijk,
Peter）　149

正義（Justice）　69, 109, 112, 154, 163, 205, 269,
276, 278

税収中立（Revenue neutral tax）　245

棲息地損失（Habitat losses）　68

生態系サービス（Ecosystem services）　91, 93,
140, 190, 267-268

生態系と生物多様性の経済学（The
Economics of Ecosystems and Biodiversity
(TEEB)）　67, 268

成長の限界（Limits to Growth）　3, 7-8,
33-34, 36-39, 97, 114, 157, 226, 307,
309-310

製品ではなくサービスを（Services instead of
products）　215

生物多様性（Biodiversity）　11, 36, 41, 53,
65-67, 73-76, 86, 97, 107-108, 119, 148, 168,
181, 191, 201, 268, 288, 305

生物多様性条約（Convention of Biological
Diversity）　55

製薬（Pharmaceutical）　252

西洋的価値（Western values）　28

世界教会協議会（World Council of Churches
(WCC)）　109, 113

世界銀行（World Bank）　65, 77, 128, 130, 242,
263, 267, 279

世界経済フォーラム（World Economic
Forum）　25, 88, 215

世界幸福報告（World Happiness Report）
290

世界人口（World population）　22, 24-25, 35,
43, 58, 60-63, 66, 76, 80, 92, 98, 139, 264

世界大戦（World war）　31, 48, 109, 115-116,
121, 147, 209, 238, 266, 276

世界貿易機関（World Trade Organization
(WTO)）　69-73, 117, 127-130, 148, 242,
279

世界未来評議会（World Future Council
(WFC)）　276

石炭（Coal）　33, 40, 47, 50, 67, 170, 184-185,
188-190, 203-204, 211, 219, 222, 238, 289,
307

責任ある投資（Responsible investing）　255

責任投資原則（Principle of Responsible
Investing (UN PRI)）　252

石油（Oil）　33, 39, 46, 50, 53, 96, 119, 122-123,
182, 184-185, 188-190, 192-193, 204-205,
210-212, 219, 245

石油危機（Oil shock）　123

317

石油輸出国機構（OPEC） 245
ゼネラルモーターズ（General Moters） 190
セバ、トニー（Seba, Tony） 189
ゼロ・エミッション研究構想（Zero
　Emissions Research Initiative (ZERI)）
　180-181
戦後経済（Post-war economy） 208-213
漸増主義（Incrementalism） 209
全体費用（Full cost (pricing)） 217
ソヴィエト連邦（Soviet Union） 116, 123,
　192, 245-246
創造（Creation） 29, 32-33, 36, 45, 82,
　110-111, 119, 127, 151-152, 156, 162, 164,
　166-167, 170-171, 174, 178-179, 182-183,
　196, 198, 229-230, 233-234, 261, 273-274,
　292, 295, 298
送粉者（Pollinators） 54, 139-140
相補性（Complementarity） 137-138, 152-153
ソウル（Seoul） 109
ソーシャルメディア（Social media） 27-28,
　227, 270
蘇州（中国）（Suzhou） 226
租税回避地（Tax havens） 30, 124, 228,
　236-237
ソマリア（Somalia） 22
ソロモン、スーザン（Solomon, Susan） 21
尊厳（Dignity） 163-164, 171, 247, 276
存在に関するリスク（Existential risks） 51,
　279
存在に関するリスク研究センター（Centre
　for the study of existential risks (CSER)）
　51, 279
存続世界同盟（Viable World Alliance） 283

■ た　行

ダーウィン、チャールズ（Darwin, Charles）
　125, 130-134, 141
ターナー、アデア（Turner, Adair） 32, 230
ターナー、グラハム（Turner, Graham） 34,
　39
ダールステン、ウルフ（Dahlsten, Ulf） 230
大恐慌（Great Depression） 127, 233
第十三次五ヵ年計画（13th Five Year Plan）
　285-290
大転換ネットワーク（Great Transition

Network (GTN)） 100, 120
第二法則（熱力学）（Second Law (of
　thermodynamics)） 93
堆肥（Compost） 193, 202
太陽エネルギー（Solar energy） 86, 90-91,
　184, 281
ダウ・ジョーンズ（Dow Jones） 185, 203
タオバオ（Taobao） 286
多元主義（Pluralism） 135, 278
短期（Short-term） 23, 33, 46, 67, 108,
　118-120, 153, 210, 240, 252-253
炭素予算法（Carbon budget approach） 46,
　205-208
ダンフォース（米国イリノイ州）
　（Danforth） 195
チェコ（Czech Republic） 116, 216
チェルノブイリ原子力発電所事故
　（Chernovyl disaster） 183
地球温暖化（Global warming） 3, 46, 49, 74,
　86, 107, 115, 157, 185-186, 205, 208-213,
　279
地球憲章（Earth Charter） 163
地球幸福度指数（Happy Planet Index） 164
地球サミット（Earth Summit） 50, 75, 97,
　115, 253
畜牛（Cattle） 67, 92, 205
窒素（Nitrogen） 41, 43, 66, 170, 196, 198, 245,
　289
地の支配（Dominium terrae） 111
中央銀行（Central banks） 30, 204, 214,
　229-231, 250
中国（China） 24-25, 27, 39, 48, 50-51, 56-57,
　63-64, 66, 69, 71-72, 78, 116, 150, 157,
　183-184, 188-189, 206, 220, 226, 240, 258,
　264, 284-290, 297, 308
超過分（Overshoot） 46-47, 222
長期（Long-term） 7, 12, 33, 36, 54, 72, 83,
　108, 111-112, 118-119, 132, 147-148, 153,
　155, 167, 174, 185, 188, 191, 194-195, 210,
　219, 240-241, 252-254, 262-263, 306, 310
長江デルタ（Yangtse Delta） 285
鳥類（Birds） 42
直接規制（Command and control） 243
貯蓄銀行（Savings banks） 248-249
デ・グラウウェ、ポール（de Grauwe, Paul）
　154

索　引

デ・スピノザ、バルーフ（de Spinoza, Baruch）　148

ディアマンデス、ピーター（Diamandis, Peter）　86-87

ディーネル、ピーター（Dienel, Peter）　271

ティビ、バッサム（Tibi, Bassam）　29

ディベロップメント・オルタナティブズ（Development alternatives (DA)）　168, 171-177, 180

テイラー、フレデリック（Taylor, Frederick）　141

デイリー、ハーマン（Daly, Herman）　12, 13, 33, 91, 111, 135, 142

ティンダール・センター（Tyndall Centre）　47

デカップリング（Decoupling）　94, 99, 243

デカルト、ルネ（Descartes, René）　136, 148

デザーテック構想（Desertec）　281

デジタル化（Digitization）　29, 83-86, 88-89, 217, 225-226

テスラ（Tesla）　190, 219

鉄道（Rail）　200, 220-221

テラス研究所（Tellus Institute）　100, 120

デロイト（Deloitte）　188, 136

点滴灌漑（Drip Irrigation）　223-224

天然ガス（Gas）　33, 39-40, 50, 123, 184-185, 189-190, 204-205

デンマーク（Denmark）　78, 155, 183, 195, 202, 206

ドイツ（Germany）　27, 78, 116-117, 155-156, 178, 183-184, 192, 197, 199, 205-207, 209, 221-222, 248, 281, 287-289, 297

投機（Speculation）　11, 23, 30-33, 230-231, 234, 244, 252, 280, 285

東京（Tokyo）　199

道教（Taoism）　152

投資（Investments）　12, 23, 26, 30-33, 43, 46, 48, 62, 70, 73, 89, 94-95, 98, 117-118, 121, 123, 126, 146, 154, 157, 165, 167, 173-174, 176, 182-183, 189, 191, 195, 198, 200, 203-204, 209-210, 217, 220-221, 229-231, 233, 235, 237, 244, 249-261, 263, 280, 285, 306-308

透明性（Transparency）　165, 234-235, 248, 270

トーゴ（Togo）　61

ドーナツ経済学（Doughnut economics）　238-242, 309

ドーハ・ラウンド（Doha Round）　69

トービン税（Tobin tax）　234

毒性化学物質（Toxic chemicals）　66, 68, 140, 289

都市化（Urbanization）　58-64, 195-202

都市人口（Urban population）　43, 62-64

土壌（Soils）　36, 38-39, 54-55, 65, 74-75, 138-139, 168-170, 191, 193, 195-196, 198, 205, 211-212, 215, 243, 253, 288

途上国（南の国）（Developing countries）　55, 58-62, 65, 68-69, 72, 75-78, 97, 123, 168, 173, 188, 191-194, 205-207, 227, 233, 236, 290, 307

特化（Specialization）　71, 127-129, 135, 145, 195, 296

トブゲー、ツェリン（Tobgay, Thering）　291

ドブジャンスキー、テオドシウス（Dobzhansky, Theodosius）　131

トランプ、ドナルド（Trump, Donald）　23, 48, 50-52, 70-72, 123-124, 149, 188, 204, 231, 270

トルコ（Turkey）　27, 61

■　な 行

ナイル川デルタ（Nile River Delta）　199

ナパ（米国カリフォルニア州）（Napa）　293

ナライン、スニータ（Narain, Sunita）　206, 308

南京（中国）（Nanjing）　289

ナンシー（フランス）（Nancy）　199

南北アメリカ（Americas, The）　33, 50, 58

難民（Refugees）　7, 22-23, 26, 55, 119

ニース、ゲルハルト（Knies, Gerhard）　281-282

ニカラグア（Nicaragua）　192

ニコマコス倫理学（Nicomachean Ethics）　247

二次利用物質（Secondary materials）　213, 217-218

ニューサウスウェールズ州（オーストラリア）（New South Wales）　194

ニュートン、アイザック（Newton, Isaac）　136-137, 140, 148, 240

319

ニューヨーク（米国）（New York） 199

人間開発指数（Human Development Index（HDI）） 79-80

人間主義経営（Humanistic management） 164, 167

ネオニコチノイド（Neonicotinoids） 54, 140

ネパール（Nepal） 61

ノーベル賞（Nobel Prize） 42

ノーワーク、マーティン（Nowak, Martin） 247

農業（Agriculture） 53-54, 57, 63, 65-69, 72, 89, 132-133, 139, 147, 150, 168, 173, 175, 178, 180-181, 190-196, 198, 205, 211-212, 219, 223-226, 238, 243, 287-288, 306

ノバモント（Novamont） 181

ノルウェー（Norway, Norwegian） 78, 155, 167, 216

■ は 行

バークレイズ銀行（Barclays Bank） 204

パース（オーストラリア）（Perth） 220

バーゼルIV（Basel IV） 232

バートレット、ブルース（Bartlett, Bruce） 25

バーモント州（米国）（Vermont） 265, 297

ハイエク、フリードリヒ・フォン（Hayek, Friedrich von） 121

バイオポリス（Biopolis） 197

バイオミミクリ（Biomimicry） 165-166

バイオリファイナリー（Biorefinery） 181

廃棄物の焼却（Waste incineration） 217

排出量取引制度（Emissions Trading System（ETS）） 51, 208

ハイゼンベルク、ヴェルナー（Heisenberg, Werner） 137, 152

ハイデルベルク（ドイツ）（Heidelberg） 222

バウアー、ヨアヒム（Bauer, Joachim） 247

ハウグランド、ビョーン（Haugland, Bjørn） 168

ハウズ、マイケル（Howes, Michael） 97-98

パウリ、ギュンター（Pauli, Gunter） 13, 177-182

パキスタン（Pakistan） 56-57, 61

パスカル、ブレーズ（Pascal, Blaise） 148

バス高速輸送システム（Bus Rapid Transit）

221

爬虫類（Reptiles） 42

パッシブハウス（Passivhaus） 221-222, 288

パトナイク、プラバト（Patnaik, Prabhat） 73

母なる地球（Mother Earth） 113

ハビタット3（Habitat III） 197, 199

バフェット、ウォーレン（Buffett, Warren） 251-252

バラヴィアノス・アルバニティス、アグニ（Vlavianos Arvanitis, Agni） 197

ハラリ、ユヴァール・ノア（Harari, Yuval Noah） 142-144

バランス（Balance） 12, 30-31, 71, 73, 109-110, 118, 126, 150-156, 167, 197, 207, 237-239, 253, 270, 274-275, 279-280, 286, 305, 309

パリ協定（Paris agreement） 44-51, 203, 205-206, 210-212, 285

ハリケーン（Hurricanes） 49

ハリファ（Khalifah） 109

繁栄を再発明する（Reinventing prosperity） 240

ハンガリー（Hungary） 23, 277

バンクーバー（カナダ）（Vancouver） 64, 109

バンコク（タイ）（Bangkok） 199

ハンセン、ジェームズ（Hansen, James） 21, 44, 208

ハンブルク（ドイツ）（Hamburg） 199, 281

ハンマルビー・ショースタッド（スウェーデン・ストックホルム）（Hammarby Sjöstad） 199

比較優位（Comparative advantages） 125, 127-130, 135

ピクセル・ビル（Pixel Building） 222-223

ピケット、ケイト（Pickett, Kate） 154

ピケティ、トマ（Piketty, Thomas） 75-76, 120, 254

非識字（Illiteracy） 78

ヒッグス粒子（Higgs boson） 138

ピノチェト、アウグスト（Pinochet, Augusto） 116

ヒューター、ジェラルド（Hüther, Gerald） 247

ヒューム、デイヴィッド（Hume, David）

索　引

126, 148

ビュック、フィリップ（Buc, Philippe）　112

氷河時代（Ice age）　53, 56

表現型（Phenotype）　131-132

ビョルクマン、トマス（Björkman, Tomas）　146

ピラー、チャールズ（Piller, Charles）　252

貧困（Poverty）　22, 24-25, 61, 66, 74-76, 78, 115-117, 119-120, 123, 168, 172, 174, 182, 194, 206, 226, 232, 240-243, 245, 277, 305

貧困指数（Povertiy Index）　25

ヒンズー教（Hinduism）　152

ファクター5（Factor five）　218-224, 288

フィッシャー、アーヴィング（Fisher, Irving）　233-234

フィッシャー、ロナルド（Fisher, Ronald）　131

フィリピン（Philippines）　27, 309

フィンクバイナー、フェリックス（Finkbeiner, Felix）　205

ブータン（Bhutan）　157, 284, 290-291

フェルバー、クリスチャン（Felber, Christian）　246-249

不確定性関係（Uncertainty relation）　137, 152

福島（Fukushima）　183

仏教（Buddhism）　152

ブッシュ、ジョージ・ウォーカー（Bush, George Walker）　25, 51

フラー、バックミンスター（Fuller, Buckminster）　162

フライブルク（ドイツ）（Freiburg）　199

ブラウン、ピーター（Brown, Peter）　297

ブラジル（Brazil）　22, 78, 97, 115, 224, 253, 277

プラスチック廃棄物（Plastic waste）　259

プラネタリー・バウンダリー（Planetary boundaries）　11, 34, 40-42, 93, 178, 239, 308, 310

フランクリン郡（米国バージニア州）（Franklin County）　222

フランス（France）　26, 28, 56-57, 114, 116, 155-156, 192, 199, 216, 247, 258, 296

フランス革命（French Revolution）　156

フリードマン、ミルトン（Friedman, Milton）　121-122

ブリスベーン空港（オーストラリア）（Brisbane Airport）　223

ブリニョルフソン、エリック（Brynjolfsson, Erik）　120

ブルー・エコノミー（Blue Economy）　177-182, 288-289

ブループラネット賞（Blue Planet Prize）　22

ブルントラント、グロ・ハルレム（Brundtland, Gro Harlem）　4, 21, 83, 225

フレイ、カール・ベネディクト（Frey, Carl Benedikt）　88-89

ブレグジット（Brexit）　270

ブレトン・ウッズ（Bretton Woods）　124, 127

ブロックチェーン（Blockchain）　260-261

文化的革命（Cultural revolution）　109

分子生物学（Molecular biology）　138

分析哲学（Analytic philosophy）　137, 140, 153

ベアランズ、ウィリアム（Behrens III, William）　36

米国（United States of America (US/USA)）　23-25, 29, 31-32, 48, 50-52, 54, 56-57, 69, 70-72, 75-76, 78, 81, 87-89, 100, 116-117, 120-124, 127-128, 133, 155, 163, 185, 195, 197, 199, 203-204, 207-209, 220, 222, 231, 233-234, 237, 245-246, 250-252, 257-258, 264-265, 270-271, 287, 297

米国議会（US Congress）　71, 231

米国内国歳入庁（US Internal Revenue Service (IRS)）　257

平和（Peace）　8, 26-27, 56, 74, 109, 115, 163, 238, 276, 279, 291

北京（中国）（Beijing）　285

ベニース、ヤロミール（Benes, Jaromir）　234

ベネズエラ（Venezuela）　22, 70

ヘルウィグ、マーティン（Hellwig, Martin）　30

ベルテルスマン（Bertelsmann）　27

ペレス、トーマス（Perez, Thomas）　257

ベロオリゾンテ（ブラジル）（Belo Horizonte）　277

変異（Mutations）　132-133, 283

貿易（Trade）　25-26, 64, 66, 69-73, 75, 77, 117, 123-130, 135, 148, 191-192, 178-179, 284

法廷（Tribunal）　58

暴力（Violence）　28, 42, 112, 152, 156,

321

269-270
ボーア、ニールス（Bohr, Niels）　137-138
ポートランド（米国オレゴン州）（Portland）
　199
ポーランド（Poland）　216
ボールディング、ケネス（Boulding,
　Kenneth）　33
ホールデン、ジョン・バードン・サンダース
　ン（Haldane, John Burdon Sanderson）
　131-132
ホールドレン、ジョン（Holdren, John）　61
ポスト・トゥルース（Post truth）　27
ボストン（米国）（Boston）　100, 120
北極域（Arctic）　49
ホピ（Hopi）　150, 153
ポピュリズム（Populism, populist）　23-26
ホリスティック（Holistic）　168-169, 194
ホンジュラス（Honduras）　22

■　ま　行

マーシャルプラン（Marchall Plan）　48, 116
マータイ、ワンガリ（Maathai, Wangari）
　205
マイクロソフト（Microsoft）　251, 261
マカフィー、アンドリュー（McAfee,
　Andrew）　120
マクストン、グレアム（Maxton, Graeme）　9,
　13, 119, 162, 240-242
マクロン、エマニュエル（Macron,
　Emmanuel）　26
マコヴィナ、ブライアン（Machovina,
　Brian）　68
マスターズ、ジェフ（Masters, Jeff）　50
マダガスカル（Madagascar）　79, 193
マッキンゼー（McKinsey & Co）　61, 189,
　213, 232
マトゥラーナ、ウムベルト（Maturana,
　Humberto）　141
マニラ（フィリピン）（Manila）　199
マラケシュ（モロッコ）（Marrakech）　48-49
見えざる手（Invisible hand）　125-126, 134
水（の）供給（Water supply）　191, 200
水の浄化（Water purification）　86
ミツバチ（Honeybees）　54, 139-140
緑の成長（Green Growth）　94

南スーダン（South Sudan）　22
南の国（途上国）（Developing countries）　55,
　58-62, 65, 68-69, 72, 75-78, 97, 123, 168,
　173, 188, 191-194, 205-207, 227, 233, 236,
　290, 307
ミャンマー（Myanmar）　55
未来の分類（Taxonomy of the Future）　278
未来リテラシー（Futures literacy）　292
民主主義（Democracy）　22, 27, 29, 34, 118,
　227, 240, 242, 247-248, 270-271, 284
ムーアの法則（Moore's law）　85, 87, 210
無条件のベーシックインカム（Unconditional
　basic income）　229
メイドインチャイナ 2025（Made in China
　2025）　285, 287
メキシコ（Mexico）　55, 70, 128, 169, 258
メドウズ、ドネラ（Meadows, Donella）　36,
　162
メトカーフの法則（Metcalfe's law）　85
メリーランド州（米国）（Maryland）　265
メルボルン（オーストラリア）（Melbourne）
　222-223
メンデル、グレゴール（Mendel, Gregor）
　131-132
毛沢東（Mao Zedong）　116
モン・ペルラン協会（Mont Pèlerin Society）
　121-122
問題群（Problematique）　3, 22, 114-115
モンテスキュー、シャルル＝ルイ・ド・
　（Montesquieu, Charles-Louis de）　148
モンビオ、ジョージ（Monbiotl, George）　44

■　や　行

ユーロ世論調査（Eurobarometer）　268
ユーロ通貨圏（Euro zone）　26
ユキュスキュル、ヤーコプ・フォン
　（Uexküll, Jakob von）　276
揺さぶり（Disruption）　81-89, 153, 224-229,
　260
揺さぶりをかける技術（Disruptive
　technologies）　81-89, 224-229
輸送（Transport）　43, 62, 67, 86, 123, 127, 140,
　193, 196, 198, 219, 221, 259
豊かさ（Affluence）　60-61, 63, 74-76, 79, 86,
　152, 178

322

索　引

ユダヤ教（Judaism）　111-112, 141
ユニコーン（Unicorn）　250
ユヌス、ムハマド（Yunus, Muhammad）　249
ゆりかごからゆりかごまで（Cradel to cradle）　35, 288
抑圧（Suppression）　112
ヨハネスブルグ（南アフリカ共和国）（Johannesburg）　65
予防原則（Precautionary principle）　70

■　ら　行

ライフサイクル（全期間 / 利用期間）分析（Life-cyle analysis）　218, 222, 287
ライプニッツ、ゴットフリート・ヴィルヘルム（Leibniz, Gottfried Wilhelm）　148
ラウダート・シ（Laudato Sí）　12, 107-112, 149, 153
ラスキン、ポール（Raskin, Paul）　100, 120, 276-279
ラテンアメリカ（Latin America）　59, 258, 309
ラブロック、ジェームズ（Lavelock, James）　21
ラワース、ケイト（Raworth, Kate）　238-240, 309
ラン、マイク（Rann, Mike）　201
ランダース、ヨルゲン（Randers, Jørgen）　36, 119, 226, 240-242
リーター、バーナード（Lietaer, Bernard）　252
リープライヒ、マイケル（Liebreich, Michael）　184
リオ・デ・ジャネイロ（ブラジル）（Rio de Janeiro）　97, 115, 253
リカード、デイヴィッド（Ricardo, David）　125, 127-130
利害関係者（Stakeholder）　65, 267, 272-275
リッター、アルフレッド（Ritter, Alfred）　192
リッタースポーツ（Ritter Sport）　192
リフキン、ジェレミー（Rifkin, Jeremy）　85, 227
リン（Phosphorus）　38, 41, 66, 196, 198, 215
臨界点（Tipping points）　39-40, 45

リンネ、カール・フォン（Linné, Carl von）　130
ルイージ、ピエル・ルイジ（Luisi, Pier Luigi）　140-141
ルーズベルト、フランクリン・デラノ（Roosevelt, Franklin Delano）　32, 233
ルソー、ジャン・ジャック（Rousseau, Jean-Jacques）　148
冷戦（Cold War）　28, 56-57, 115-116, 136
レーガン、ロナルド（Reagan, Ronald）　25, 117, 121-122
連帯（Solidarity）　113, 233, 248
労働生産性（Labor productivity）　119, 215, 228, 241-242
ローマクラブスクール（Club of Rome Schools）　297
ロコフ、ヒュー（Rockoff, Hugh）　209
ロシェル公園太陽村（オーストラリア）（Lochiel Park Solar Village）　201
ロズバニー、ジョージ（Rozvany, George）　237
ロック、ジョン（Locke, John）　126, 136, 148
ロックストローム、ヨハン（Rockström, Johan）　40-42, 120, 210, 239, 308
ロックフェラー（財団）（Rockefeller (foundation)）　255
ロビンス、エイモリー（Lovins, Amory）　21, 182-183, 203
ロビンス、ハンター・L（Lovins, Hunter L.）　9, 13, 162
ロブスター（Lobsters）　181
ロボット税（Robot tax）　228
ロム、ジョー（Romm, Joe）　49
ロンドン（英国）（London）　62, 64, 72, 199, 204, 220

■　わ　行

ワイラー、ラウル（Weiler, Raoul）　68
ワグナー、アンドレアス（Wagner, Andreas）　133-134

323

◆編著者紹介

エルンスト・フォン・ワイツゼッカー（Ernst Ulrich von Weizsäcker）

ローマクラブ共同名誉会長。ドイツのエッセン大学生物学教授、カッセル大学創設学長、ヴッパータール気候・環境・エネルギー研究所の初代所長、国連環境計画（UNEP）国際資源パネル共同議長などを歴任。ドイツ連邦議会議員・環境委員会初代委員長に就任し、今日ドイツが環境王国と言われる基本理念を作り上げた。省資源・エネルギーの方法と可能性を説いた『ファクター4──豊かさを2倍に、資源消費を半分に』（1995年）などの著者として世界的に著名であり、WWF（世界自然保護基金）インターナショナル環境保護賞としてエディンバラ公爵金賞、ドイツ連邦共和国大十字勲章などを授与されている。

アンダース・ワイクマン（Anders Wijkman）

ローマクラブ共同名誉会長、Linköping 大学名誉博士。欧州議会議員、国連事務総長補、国連開発計画政策局長、スウェーデン赤十字事務総長などを歴任。現在、ワールドフューチャーカウンシル会員、国連環境計画（UNEP）国際資源パネル委員、スウェーデン・ロイヤルアカデミー会員、スウェーデン・リサイクル産業協会会長、スウェーデン国際開発協力庁（SIDA）理事、スウェーデン超党派環境委員会委員長などの要職を務める。目下、2050年の低炭素社会戦略策定に打ち込み、文筆家・欧州のオピニオンリーダーとして活躍している。

◆監訳者紹介

林 良嗣（はやし・よしつぐ）

中部大学持続発展・スマートシティ国際研究センター長、名古屋大学名誉教授・元環境学研究科長。ローマクラブ日本支部長、清華大学傑出客員教授。リーズ大学、ドルトムント大学、同済大学の客員教授、世界交通学会会長などを歴任。1990年代に通勤者の1割が8時間超えの大渋滞に襲われたバンコクにTOD（公共交通指向型都市開発）を提唱し、鉄道指向都市への転換に貢献。一方、人口減少に向けて都市のストック化とスマートシュリンクを両輪とする次世代への「継承可能都市」の概念を提唱。著書に『都市のクオリティ・ストック』（鹿島出版会、2009）、『持続性学』（明石書店、2010）、『レジリエンスと地域創生』（明石書店、2015）、*Intercity Transport and Climate Changes*（Springer, 2014）など、持続発展に関する和洋著書、論文多数。

野中ともよ（のなか・ともよ）

NPO法人ガイア・イニシアティブ代表、ローマクラブ執行役員、中部大学客員教授。NHK、テレビ東京でキャスターを務めた後、財政制度審議会、中央教育審議会など政府審議会委員を歴任。またアサヒビール、ニッポン放送など多くの企業役員を歴任。2005年三洋電機代表取締役会長に就任し、"いのち"を軸にした環境負荷の低い商品づくりをVISIONに掲げ卓越した経営手腕を示す。2007年NPO法人ガイア・イニシアティブを設立。人間も地球という生命体ガイア（GAIA）の一員として振る舞うべきことを説き、地球環境・エネルギー問題と地域活性化に取り組む。全国日本学士会「2018

年度アカデミア賞社会部門」受賞。著書に『私たち「地球人」』（集英社、1992）、『心をつなぐ生き方』（サンマーク出版、2004）など多数。

◆訳者紹介
中村秀規（なかむら・ひでのり）［訳者代表　担当：はしがき、要旨、謝辞、第1章、第2章、第3章7-9節、結論、賞賛、索引、全体調整］
富山県立大学工学部准教授。1997年東京大学大学院理学系研究科修士課程地球惑星物理学専攻修了後、JICAに入り国際開発業務に従事。経営コンサルティング業務を経て2005年米国コロンビア大学大学院国際公共研究科修士課程政治経済開発専攻修了。同年国際連合児童基金ウガンダ事務所インターン。地球環境戦略研究機関、名古屋大学大学院環境学研究科などを経て、現職。2012年東京工業大学大学院社会理工学研究科博士課程社会工学専攻修了、博士（学術）。専門は環境政策、環境ガバナンス、臨床環境学、社会工学。

森杉雅史（もりすぎ・まさふみ）［担当：第3章13-18節］
名城大学都市情報学部教授。名古屋大学大学院経済学研究科理論経済学専攻（修士）・工学研究科地圏環境工学専攻（博士）、環境学研究科都市環境学専攻助手を経て現職。環境省（地球環境推進費S-4・S-8）や文部科学省（SI-CAT）からの委託研究を通し、温暖化による各種被害（砂浜、スキー場、水害、熱中症・熱ストレス、白神山地や白川郷など世界遺産を有する観光業）や適応策効果への経済学的評価手法の開発に携わる。科学研究費、OECDとの共同研究において、インド・東南アジアの水質汚染問題を対象とした統計的生命価値と経済発展段階の関連性についての研究に従事。2017年地球環境論文賞（土木学会）受賞。

柴原尚希（しばはら・なおき）［担当：第3章1-6節］
中部大学工学部准教授。名古屋大学大学院環境学研究科において、社会資本のライフサイクルアセスメント（LCA）をテーマに博士（環境学）を取得後、助教として土木計画学や都市環境学に関する教育・研究に携わる。その後、（一社）産業環境管理協会において、企業のLCA算定支援やプロジェクトマネジメント、国・自治体の環境・エネルギー関連事業の検証・評価などを通じて、ライフサイクル思考の社会への普及に努める。2018年より現職。2019年、日本LCA学会奨励賞受賞。

吉村皓一（よしむら・こういち）［担当：第3章10-12節］
（一社）日本UNEP協会理事。（一社）環境未来研究会理事長。（一社）日本ペンクラブ会員・環境委員。1967～1992年、シーメンス日本法人に勤務。1992～2003年、日欧技術インターフェイス㈱社長。2003～2013年、㈱エルメック勤務。2014年～ドイツ語翻訳家（環境分野）。エルンスト・フォン・ワイツゼッカーら著『ファクター5』（明石書店、2014）日本語版の訳者代表をつとめた。

ローマクラブ『成長の限界』から半世紀

Come On!　目を覚まそう！
──環境危機を迎えた「人新世」をどう生きるか？

2019 年 12 月 30 日　初版第 1 刷発行
2022 年 3 月 15 日　初版第 2 刷発行

編 著 者	エルンスト・フォン・ワイツゼッカー
	アンダース・ワイクマン
監 訳 者	林　良嗣
	野中ともよ
訳者代表	中村秀規
訳　　者	森杉雅史
	柴原尚希
	吉村皓一
発行者	大江道雅
発行所	株式会社 明石書店

〒 101-0021 東京都千代田区外神田 6-9-5

電話	03（5818）1171
FAX	03（5818）1174
振替	00100-7-24505
	https://www.akashi.co.jp

組版	朝日メディアインターナショナル株式会社
装丁	明石書店デザイン室
印刷・製本	モリモト印刷株式会社

定価はカバーに記してあります。　　　　　　ISBN978-4-7503-4932-9

ローマクラブ・レポート

ファクター5

エネルギー効率の5倍向上をめざすイノベーションと経済的方策

エルンスト・ウルリッヒ・フォン・ワイツゼッカー ほか 著
林良嗣 監修　吉村皓一 訳者代表

A5判／並製／400頁　◎4200円

地球温暖化や人口増加により危機にある地球環境の中で人類が繁栄を維持するためには、環境負荷を今の5分の1に軽減する必要がある。各産業分野で5倍の資源生産性を向上させる既存の省エネ技術を紹介しながら、これら技術の普及による経済発展のために欠かせない政治・経済の枠組みを含めた社会変革を提案する。

●内容構成●

Part I ファクター5への全体的システム・アプローチ
第1章 産業全体のファクター5
第2章 建築
第3章 鉄鋼とセメント
第4章 農業
第5章 交通
Part II 「足るを知る」は人類の知恵
　競争から共生へ 経済のパラダイム変革が持続可能な開発を可能にする
第6章 法的規制
第7章 経済的手段
第8章 環境リバウンド
第9章 長期的環境税
第10章 国家と市場のバランス
第11章 足るを知る

交通・都市計画のQOL主流化
経済成長から個人の幸福へ
林良嗣、森田紘圭、竹下博之、加知範康、加藤博和 編
◎4500円

環境共生の歩み
四日市公害からの再生 地球環境問題・SDGs
林良嗣、森下英治、石橋健一、日本環境共生学会 編
◎2900円

持続性学
名古屋大学環境学叢書2
自然と文明の未来バランス
林良嗣、田渕六郎、岩松将一 ほか編
◎2500円

東日本大震災後の持続可能な社会
名古屋大学環境学叢書3
ローマクラブメンバーとノーベル賞受賞者の対話
林良嗣、安成哲三、神沢博、加藤博和 ほか編
◎2500円

中国都市化の診断と処方
名古屋大学環境学叢書4
世界の識者が語る診断から治療まで
開発・成長のパラダイム転換
林良嗣、黒田由彦、高野雅夫 ほか編
◎3000円

持続可能な未来のための知恵とわざ
名古屋大学環境学叢書5
伝統知とビッグデータから探る国土デザイン
林良嗣、中村秀規 編
◎2500円

レジリエンスと地域創生
林良嗣、鈴木康弘 編著
◎4200円

道路建設とステークホルダー　合意形成の記録
四日市港臨港道路霞4号幹線の事例より
林良嗣、柴原淳 著
◎2000円

〈価格は本体価格です〉